应用转型驱动下的会计学课程教学重构：混合教学模式与能力培养一体化探索

李红梅　著

中国商业出版社

图书在版编目 (CIP) 数据

应用转型驱动下的会计学课程教学重构 : 混合教学模式与能力培养一体化探索 / 李红梅著 . -- 北京 : 中国商业出版社, 2025. 5. -- ISBN 978-7-5208-3451-3

I. F230

中国国家版本馆 CIP 数据核字第 2025M99D14 号

责任编辑 : 林　海

策划编辑 : 佟　彤

中国商业出版社出版发行

(www.zgsycb.com 100053　北京广安门内报国寺 1 号)

总编室 :010-63180647　　编辑室 :010-83118925

发行部 :010-83120835/8286

新华书店经销

廊坊市广阳区九洲印刷厂印刷

*

787 毫米 ×1092 毫米　16 开　13.5 印张　261 千字

2025 年 5 月第 1 版　2025 年 5 月第 1 次印刷

定价 :78.00 元

* * * *

(如有印装质量问题可更换)

前言

会计学作为一门实践性极强的学科，其教学质量的提高直接关系到人才培养的效果。在当前应用转型的背景下，传统会计学教学模式逐渐暴露出一些问题，教学内容与行业需求脱节、教学方法单一、学生实践能力不足等现象普遍存在。这些问题不仅制约了会计学教育的发展，也影响了应用型人才的培养质量。在此背景下，探索一种能适应新时代需求的教学模式成为当务之急。

2023年11月，“会计学”被邢台学院立项为线上线下混合式一流课程。混合教学模式的出现为会计学教学改革提供了新的思路。作为一种将线上与线下教学相结合的模式，混合教学模式不仅能突破传统课堂的时空限制，还能通过多样化的教学手段提高学生的参与度和实践能力。混合教学模式在会计学教学中的应用并非简单的技术叠加，而是需要在教学目标、内容设计、方法创新等方面进行系统性重构。本书正是基于这一背景，试图从理论与实践两个层面探讨混合教学模式在会计学教学中的应用路径。

书中首先从应用转型的背景出发，分析了会计学教学重构的相关内容；通过对传统教学模式的反思，指出了当前教学中存在的主要问题，并提出了混合教学模式作为解决方案的理论依据。其次从教学目标、教学内容、教学方法、能力培养等多个维度，系统阐述了混合教学模式在会计学教学中的具体应用。特别是在能力培养方面，强调通过混合教学模式实现知识传授与能力提升的有机统一，构建了一套完整的能力培养体系。再次在技术支持与资源建设方面，探讨了如何通过数字化手段优化教学资源配置，提高教学效率。最后结合具体案例，分析了混合教学模式在实践中的应用效果，并提出了教学效果评价的指标体系；通过对实践经验的总结，为会计学教学改革提供了可借鉴的路径；通过理论与实践相结合，为会计学教学改革提供了思路和方法。

教学改革是一个动态的过程，需要根据实际情况不断调整和优化。希望本书能为高校教师、教育研究者及教学管理者提供参考，推动会计学教学的创新发展。

目 录

第一章　应用转型背景下的会计学教学重构……001
第一节　应用转型的内涵与会计学教学的关系……001
第二节　会计学教学重构的必要性与紧迫性……008
第三节　混合教学模式的理论基础与发展趋势……014

第二章　会计学课程教学现状与问题分析……021
第一节　传统会计学教学模式的特点与局限性……021
第二节　会计学教学中的能力培养短板……027
第三节　教学资源与技术支持的应用现状……034

第三章　混合教学模式的理论框架构建……041
第一节　混合教学模式的核心要素……041
第二节　混合教学模式的设计原则……049
第三节　混合教学模式在会计学中的应用路径……055

第四章　会计学课程教学目标的重新定位……063
第一节　应用型人才培养的目标设定……063
第二节　能力导向的课程目标设计……069
第三节　教学目标与行业需求的对接……075

第五章　混合教学模式下的课程内容重构……083
第一节　会计学课程内容的模块化设计……083

第二节　理论与实践内容的深度融合 ······ 092
第三节　课程内容的动态更新机制 ······ 098

第六章　混合教学模式的教学方法创新 ······ 105
第一节　线上线下结合的课堂教学设计 ······ 105
第二节　案例教学与项目驱动的应用 ······ 111
第三节　互动式教学与翻转课堂的实践 ······ 118

第七章　会计学教学中的能力培养体系构建 ······ 126
第一节　核心能力框架的构建与分解 ······ 126
第二节　能力培养与课程教学的有机融合 ······ 134
第三节　能力评价体系的建立与实施 ······ 140

第八章　混合教学模式的技术支持与资源建设 ······ 147
第一节　教学平台的选择与优化 ······ 147
第二节　数字化教学资源的开发与应用 ······ 154
第三节　技术支持下的教学管理与评估 ······ 159

第九章　混合教学模式的实施效果评价 ······ 167
第一节　教学效果评价的指标体系构建 ······ 167
第二节　学生能力提升的实证分析 ······ 174
第三节　教学反馈与持续改进机制 ······ 181

第十章　会计学教学重构的实践案例与经验总结 ······ 187
第一节　高校会计学混合教学模式的实践案例 ······ 187
第二节　教学重构中的关键问题与解决方案 ······ 192
第三节　未来会计学教学发展的趋势与展望 ······ 198

参考文献 ······ 206

第一章

应用转型背景下的会计学教学重构

在教育领域积极寻求创新与突破的当下，应用转型已成为众多学科顺应时代发展的关键举措。会计学是一门与经济社会紧密相连的学科，同样面临着应用转型带来的机遇与挑战。经济环境的变化和新兴技术的广泛应用，使传统会计学教学模式逐渐显露出与现实需求的脱节之处。在这样的背景下，深入探讨应用转型背景下的会计学教学重构显得尤为必要。本章将从应用转型的内涵与会计学教学的关系出发，分析教学重构的必要性与紧迫性，对混合教学模式的理论基础与发展趋势展开研究，为后续的教学改革探索提供理论依据与方向指引。

第一节　应用转型的内涵与会计学教学的关系

在教育改革中，应用转型已成为众多学科发展的关键方向，会计学教学也深受影响。理解应用转型的内涵，并明确其与会计学教学的关系，是推动会计学教学改革、培养适应社会需求人才的重要前提。本节将从应用转型的深度解读、会计学教学与应用转型的关联纽带，以及应用转型对会计学教学的全方位影响这几个方面展开探讨，挖掘其中的内在联系，为会计学教学的变革找准方向。

一、应用转型的深度解读

（一）应用转型的概念溯源与演变

应用转型的概念在教育与社会经济相互作用下逐步形成。早期教育重理论知识传授，培养的人才多面向学术研究。但随着社会经济发展，各行业急需能快速适应岗位、解决实际问题的应用型人才，应用转型的概念由此诞生。起初，应用转型主要体现在职业教育领域，旨在让教育内容与职业岗位需求精准对接，着重培养学生实践操作技能。在会计学方面，早期会计职业培训课程依据会计岗位工作流程和技能要求设计教学内容，帮助学生掌握会计凭证填制、账簿登记、报表编制等基础实操技能，满足基础会计岗位用人需求。后来，应用转型范围不断扩大，普通高等教育也参与其中。高校不仅要求学生掌握专业知识和技能，还注重培养综合素养、创新思维和解决复杂问题的能力。高校会计学专业加强与企业合作，通过共建实习基地、开展产学研项目等，让学生参与企业真实的会计核算、财务分析工作，提升实践能力。近年来，信息技术的发展为应用转型带来新变化。数字化、智能化技术推动教学模式和方法创新，线上线下融合教学、虚拟仿真实验教学等新兴方式兴起。会计学教学借助财务软件模拟企业财务流程，利用在线课程平台开展教学活动，增强学生学习效果。

（二）应用转型在不同学科领域的共性与差异

1.应用转型在不同学科领域的共性方面

各学科应用转型都致力于培养适应社会需求的人才，重视提升学生实践能力，在教学中引入实际案例，帮助学生通过解决问题加深知识理解。各学科都积极与行业企业合作，共建实践教学基地、邀请专家参与教学，促进教育与产业融合，让学生了解行业动态和需求。会计学也遵循这些共性。通过会计实验课程和企业实习，让学生在模拟或真实环境中进行账务处理和财务报表分析；引入企业财务案例，培养学生分析和解决问题的能力；与企业合作，邀请财务专家分享经验，让学生明确企业对会计人才的要求。

2.应用转型在不同学科领域的差异方面

理工科应用转型常与工程实践结合。如机械工程专业学生参与机械设计、制造项目，运用专业知识解决工程问题，培养设计、工艺和创新能力，教学中大量使用实验设备和模拟软件。文科领域更侧重培养社会调研、数据分析和沟通表达能力。如社会学专业学生深入社会调研，分析社会现象数据并撰写报告。文科专业还注重人文素养和思辨性思维培养。医学领域应用转型专业性和实践性强。医学生需长时间在医院实习，参与临床诊断、治疗工作，积累经验，提升应对病症能力，培养团队协作和医患沟通能力。会计学应用转型有自身特点。经济全球化和数字化发展，使会计工作从传统记账算账向财务分析、风险防控、战略决策支持拓展，要求会计学教学培养学生综合能力。会计学与信息技术融合加深，新兴事物不断涌现，教学需培养学生掌握大数据分析、会计信息系统操作等数字化技能。

（三）应用转型在会计学所属学科门类中的独特意义

会计学隶属于管理学学科门类，应用转型在这一领域具有独特且重要的意义。

会计学是一门商业语言，旨在为经济活动提供准确的财务信息，其专业性和实用性极强。应用转型有助于会计学教学紧密贴合市场需求，培养出更具实践能力和创新精神的专业人才。在当今经济全球化和数字化的时代背景下，企业面临着日益复杂的财务环境和多样化的财务需求。传统会计学教学模式培养出的学生难以满足企业对财务人员的关于财务数据分析、风险防控、业财融合等方面的能力需求。通过应用转型，会计学教学应及时引入最新的会计法规、财务技术和行业案例，让学生了解行业前沿动态，掌握实际工作中所需的技能和知识。[1]

应用转型对于会计学学科的发展具有重要推动作用。它促使会计学教学内容和研究方向不断创新。大数据、区块链等新兴技术在会计领域的应用，使会计学的研究范畴不断拓宽，出现了数据驱动的财务决策、区块链技术在会计信息安全中的应用等新的研究方向。应用转型鼓励会计学教师开展产学研合作，将教学与科研紧密结合，提高教师的教学水平和科研能力，进而推动会计学学科的整体发展。[2]

应用转型有助于提升会计学专业学生的就业竞争力。在就业市场上，具备实践经验和综合能力的会计学专业人才备受青睐。通过应用转型，学生在学习过程中能参与实际的会计项目，积累实践经验，提高解决实际问题的能力。这使他们在毕业后能更快地适应工作岗位，为企业创造价值，从而在激烈的就业竞争中脱颖而出。

二、会计学教学与应用转型的关联纽带

社会的快速发展和经济的变革，使会计学教学与应用转型之间的关联日益紧密。以下将详细探讨这一关联纽带的具体表现及重要性。

（一）会计学教学目标与应用转型目标的契合点

会计学教学目标聚焦于培育专业素养全面的会计人才，涵盖扎实的会计理论知识、娴熟的实践技能、高尚的职业道德以及综合素养，这与应用转型目标存在诸多紧密且关键的契合点。

应用转型的核心在于培养应用型人才，以满足社会经济快速发展的多元需求，这与会计学教学目标在知识传授方面高度契合。会计学教学不仅要求学生深入掌握基础会计、财务会计、管理会计等核心知识体系，构建坚实的专业基础，还积极鼓励学生广泛涉猎经济学、金融学、信息技术等相关领域知识。在学习财务会计时，学生了解金融市场动态对企业财务决策的影响，能更好地理解财务报表中的数据变化；掌握信息技术知识，有助于运用会计软件提高工作效率。如此一来，学生拥有

[1] 王蕾，葛军.应用型本科院校会计专业课程思政建设研究：基于数智化背景[J].财会通讯，2024(5):166-171.

[2] 杨子睿.大数据背景下应用型会计人才培养的转型思考探索[J].纳税，2018(15):100.

了更广阔的知识视野，在面对复杂经济环境时，能综合运用多学科知识解决会计问题，成为适应时代发展的复合型人才，这正是应用转型培养目标所期望的。

能力培养是会计学教学与应用转型目标的一个重要契合点。会计学教学着重培养学生的会计核算、财务分析、审计等专业技能，高度关注沟通协作、自主学习和创新能力的发展。以财务分析能力为例，学生需要运用所学知识对企业财务状况进行深入剖析，为决策提供依据；而在团队合作的会计项目中，沟通协作能力就显得尤为重要，学生需要与团队成员密切配合，共同完成任务。这些能力都是应用转型所强调的应用型人才的必备技能。通过会计模拟实验、企业实习等实践教学环节，学生将理论知识应用于实际工作场景，不断锻炼实践操作能力，切实满足应用转型注重实践能力培养的目标要求。

从职业素养层面分析，会计学教学始终强调职业道德和诚信意识的培养，这是会计行业的基石。在会计工作中，财务数据的真实性和保密性至关重要，会计人员必须坚守职业道德底线。应用转型同样重视人才的职业素养培育，要求学生具备良好的职业操守和强烈的责任感。会计学教学目标与应用转型目标在职业素养培养上相互呼应，为学生未来的职业发展奠定坚实基础。会计学教学目标与应用转型目标在知识、能力和职业素养等各个层面紧密契合，为会计学教学在应用转型背景下的改革指明了清晰的方向，有助于推动会计学专业教育更好地适应社会经济发展的需求。

（二）会计学专业特性与应用转型要求的适配性

1.实用性与实践融合的适配

会计学是一门实用性很强的学科，其理论与实践紧密相连。从基础的会计凭证填制开始，每一张凭证都记录着企业真实的经济业务往来，是对实际交易的书面反映。账簿登记是对这些凭证信息的系统整理，清晰呈现企业经济活动的脉络。财务报表编制是将企业一段时间内的财务状况、经营成果和现金流量进行综合展示，为企业内外部使用者提供决策依据。这一系列环节都围绕企业实际经济活动展开。应用转型强调教育与实践深度融合，为会计学教学带来了新契机。在这一背景下，会计学教学可充分利用企业实际案例，以某企业的成本核算案例为切入点，让学生深入了解不同成本计算方法在实际中的应用。会计学教学还能运用企业财务数据，使学生在分析真实数据的过程中，掌握财务分析技巧。通过这些方式，学生得以在真实情境中学习和实践，将理论知识与实际操作紧密结合，切实提高对知识的应用能力，更好地适应未来工作岗位的需求。[1]

---

[1] 李丽，李洁.应用型本科院校会计学专业实践教学体系构建研究 [J]. 中国管理信息化，2019, 22(17):214-215.

2.规范性、政策性与行业动态跟踪的适配

在会计学领域，规范性和政策性贯穿始终。会计准则与会计法规是会计工作的基石，从根本上规范着会计业务的处理流程和标准。收入确认准则的变更，直接影响企业何时、如何确认收入，进而改变财务报表的呈现结果。经济全球化和数字化进程加快，使经济环境复杂多变，政策调整频繁，这些规范和政策也在持续更新。应用转型背景下，会计学教学需要及时跟踪行业动态并将最新政策法规融入教学内容。以新出台的税收政策为例，若教学中未能及时体现，学生所学知识就会与实际脱节，在工作中无法正确进行税务处理。这就要求会计学教师保持对行业政策变化的敏锐度，主动更新教学内容。在讲解增值税相关知识时，若有新的税率调整政策或税收优惠政策出台，教师应第一时间将这些内容融入教学，结合实际企业案例，让学生明白新政策对企业税务处理和财务核算的具体影响，让学生在学习过程中接触最新的行业规范，更好地适应会计工作环境。

3.跨学科性与复合型人才培养的适配

会计学具有显著跨学科特性，与经济学、管理学、法学、信息技术等多领域知识相互交融。经济学的宏观经济形势、微观经济理论影响企业财务决策和会计核算；管理学的组织架构、战略规划知识助力会计人员从企业整体运营角度开展财务分析与管理；法学中的税收法规、企业法等直接约束会计工作，税务筹划需在法律框架内进行，要求会计人员熟悉相关法规；信息技术改变会计工作方式，会计信息系统广泛应用，掌握信息技术知识成为会计人员必备技能。应用转型旨在培养复合型人才，会计学的跨学科特性与之契合。开展跨学科教学，设置融合多学科知识的课程、组织跨学科实践活动、让学生参与企业真实项目，能帮助学生融会贯通不同学科知识，提升综合素养，满足应用转型对人才的要求，使其在实际会计工作中发挥更大价值。在企业真实项目里，学生运用经济学知识分析市场环境对企业成本和收益的影响，借助管理学知识优化财务流程，依据法学知识确保税务处理合规，利用信息技术高效处理财务数据，提升解决实际问题的能力。[1]

（三）会计学教学成果对应用转型实践的支撑作用

会计学教学成果对应用转型实践具有重要的支撑作用。高质量的会计学教学能为社会输送大量优秀的专业人才，这些人才是应用转型实践的重要力量。他们凭借扎实的专业知识和实践技能，在企业财务管理、审计、税务筹划等领域发挥着关键作用。在企业财务管理中，会计学专业人才能运用所学的财务分析方法，为企业的决策提供准确的数据支持，帮助企业优化资源配置，提高经济效益。在审计工作

[1]　盖地，周守华.新时代会计学科发展与会计人才培养[J].会计研究，2019(1):3-11.

中，他们能依据专业的审计知识和技能，对企业的财务报表进行审查，保障财务信息的真实性和可靠性，维护市场经济秩序。这些专业人才的实践活动，推动了企业的发展和行业的进步，为应用转型在会计领域的实践提供了有力的人力支持。会计学教学过程中积累的丰富教学资源和研究成果，也为应用转型实践提供了支持。会计学教师在教学研究过程中开发的案例库、教学软件等，可应用于企业的员工培训和内部管理。一些会计案例能帮助企业员工更好地理解财务知识和业务流程，提高工作效率；教学软件则是模拟企业的财务运作环境，为员工提供实践操作的平台。会计学领域的研究成果，对新的会计理论和方法的探索，能为企业的财务创新和管理决策提供理论依据，推动企业在应用转型过程中不断优化财务管理模式，提升竞争力。

三、应用转型对会计学教学的全方位影响

市场经济的深入发展和企业需求的变化，促使应用转型已成为会计学教学不可回避的重要议题。这一转型不仅关乎会计学教学的内容与方法，更深刻地影响着会计人才的培养模式和目标。下面将详细探讨应用转型对会计学教学所带来的全方位影响。

（一）在教学理念更新方面的影响

应用转型深刻影响了会计学教学理念，促使其发生了一系列重大变革。传统的会计学教学通常侧重于知识的传授，以教师为中心，学生则处于被动接受知识的地位。这种单向灌输的教学模式难以充分调动学生的学习积极性和创造力，难以培养出适应现代社会需求的会计人才。

应用转型的推进，使会计学教学理念逐渐转向以学生为中心，强调对学生自主学习能力、实践能力和创新能力的培养。教师不再是单纯的知识传播者，而是转变为学生学习过程中的引导者和促进者。他们开始关注学生的个体差异和学习需求，设计多样化的教学活动，项目驱动式教学、案例教学等，以激发学生的学习兴趣和主动性。在这些教学活动中，学生被置于主体地位，通过解决实际问题来学习和掌握知识，从而有效提升了他们的实践能力和创新思维。应用转型还推动了会计学教学理念从注重理论教学向理论与实践相结合转变。教师更加重视实践教学环节，将理论教学与实践操作紧密结合。他们通过与企业合作建立实习基地、开展实践项目等方式，为学生提供了丰富的实践机会。学生在真实的工作环境中锻炼实践能力，不仅加深了对理论知识的理解，还培养了解决实际问题的能力。这种理论与实践相结合的教学模式，有助于学生更好地适应未来会计工作的需求，成为具备扎实理论基础和丰富实践经验的应用型人才。

教学理念的更新为会计学教学改革奠定了坚实的思想基础。它促使教师不断反思和改进教学方法，积极探索适应时代发展需求的教学模式。它也为学生提供了更加广阔的学习空间和发展平台，使他们能在学习过程中充分发挥自己的潜力和创造力。这种教学理念的更新将有助于培养出更多符合社会需求的会计学专业人才，为会计行业的持续发展注入新的活力。

（二）在教学体系构建方面的影响

在课程设置方面，为了满足应用转型的需求，会计学专业增加了实践课程的比重。除了传统的会计实验课程，还开设了企业综合实践、创新创业实践等课程。这些课程让学生有更多机会参与实际项目，提高实践能力。会计学专业还加强了跨学科课程的设置，开设了大数据分析、人工智能与会计等课程，培养学生的跨学科思维和综合素养。在教学内容方面，应用转型促使会计学教学内容更加贴近实际工作。教学内容不仅涵盖了基础的会计知识和技能，还融入了最新的会计法规、会计准则以及行业发展动态。数字化技术在会计领域的广泛应用，使教学内容中增加了财务机器人应用、财务共享服务等相关知识，使学生能掌握行业前沿技术，更好地适应未来的工作岗位。在教学方法和手段方面，应用转型推动了会计学教学的创新。线上线下融合的混合教学模式逐渐成为主流，教师通过在线教学平台发布教学资源、组织讨论、进行作业批改等，学生根据自己的时间和进度进行自主学习。虚拟现实、仿真技术等也被应用于会计学教学中，为学生创造更加真实的实践环境，提高教学效率。[1]

（三）在教学资源整合方面的影响

在师资队伍建设方面，应用转型要求会计学教师不仅具备扎实的理论知识，还要有丰富的实践经验。高校开始加强与企业的合作，聘请企业的高级财务管理人员作为兼职教师，参与会计学教学。这些兼职教师能将企业的实际案例和工作经验带入课堂，丰富教学内容，提高教学的实用性。高校也鼓励会计学教师到企业挂职锻炼，提升自身的实践能力，实现师资队伍的多元化和实践化。在教学硬件资源方面，应用转型促使高校加大对会计学教学实验室的建设投入力度。如建设了会计手工模拟实验室、会计电算化实验室、虚拟仿真实验室等，为学生提供更加完善的实践教学环境。这些实验室配备了先进的教学设备和软件，能模拟企业的财务工作流程，让学生在实践中提高操作技能。在教学软件资源方面，应用转型推动了数字

[1]　徐丹丹.数智时代应用型本科高校会计人才培养模式创新与改革研究[J].老字号品牌营销，2024(24):213-216.

化教学资源的开发和整合。高校和教育机构开发了大量的在线课程、教学课件、案例库等数字化教学资源，这些资源通过教学平台进行整合和共享，方便教师和学生使用。教师根据教学需求选择合适的教学资源，丰富教学内容；学生在课后自主学习，巩固所学知识。教学资源的整合为会计学教学提供了有力的支持，促进了教学质量的提高。

第二节　会计学教学重构的必要性与紧迫性

在应用转型的大背景下，会计学教学正处于关键变革节点。传统教学模式已难以满足新时代的需求，新兴行业崛起、技术快速革新以及市场竞争加剧，都对会计学教学提出更高要求。因此，深入剖析会计学教学重构的必要性与紧迫性，显得尤为重要。这不仅关乎创新型会计人才的培养，更对会计行业的可持续发展具有深远意义。本节将从传统会计学教学的困境、应用转型带来的挑战以及教学重构的重要意义这几个方面展开详细探讨。

一、传统会计学教学的困境剖析

（一）教学内容陈旧性问题分析

传统会计学教学内容在应对快速变化的经济环境和会计领域的新发展时，显现出明显的陈旧性问题。这种陈旧性不仅体现在知识内容的滞后，还体现在教学结构的不合理，严重制约了会计学专业的教学质量和学生的专业素养提升。

经济环境的动态演变和会计法规的频繁更新，对会计核算和报表编制等方面提出了新要求。然而，部分教材和教学资料未能及时跟进这些变化。新的收入准则和租赁准则的出台，对会计处理的流程和方法产生了深远影响。但许多教学材料仍沿用旧准则进行讲解，导致学生在学习中无法掌握最新的会计处理方法，进入职场后难以适应实际工作需求。信息技术在会计领域的深度渗透，特别是大数据、人工智能等新兴技术的应用，改变了会计工作的面貌。财务机器人能高效处理大量重复性的会计工作，提高了工作效率。传统教学内容缺乏对这些前沿技术的介绍和讲解，学生无法了解这些新技术在会计实践中的应用，限制了他们未来在职场中的竞争力。

传统会计学教学内容的整体架构存在不合理之处。部分课程之间内容交叉重复，不仅浪费了宝贵的教学资源，还加重了学生的学习负担。在基础会计与中级财务会计课程中，某些基本核算原则和方法被重复讲解，导致学生缺乏新鲜感和学习动力。一些基础课程与专业课程之间的衔接不够紧密，学生在知识体系的构建上容易出现断层。从基础会计到高级财务会计的过渡中，缺乏必要的过渡性课程或教学内容，使学生在面对复杂会计问题时感到无所适从。这些问题的存在，严重制约了会计学教学的发展。教学内容的陈旧性不仅影响了学生对新知识、新技能的掌握，还限制了他们创新思维和实践能力的培养。必须对传统会计学教学内容进行更新和优化，以适应经济环境的发展、会计法规的更新以及信息技术的进步，培养出符合时代需求的会计学专业人才。

（二）教学方法滞后性表现探讨

在课堂教学中，讲授法占据主导地位，教师是知识的主要输出者，学生处于被动接受的状态。这种教学方式限制了学生的主动性和创造性，不利于培养学生的自主学习能力和思辨性思维。在讲解会计理论知识时，教师通常单纯地照本宣科，学生机械地记录笔记，缺乏对知识的深入思考和理解。案例教学和实践教学的应用不足也是一个突出问题。虽然案例教学在一定程度上能帮助学生将理论知识与实际应用相结合，但在实际教学中，案例的选择通常缺乏针对性和时效性，无法充分体现会计行业的最新发展动态。实践教学环节更是薄弱，学生参与实际项目的机会有限，实践操作技能难以得到有效锻炼。一些高校的会计实践教学仅局限于简单的会计模拟实验，实验内容过于理想化，与企业实际业务存在较大差距。教学方法的单一性还体现在对信息技术的利用不足上。尽管多媒体技术已广泛应用于教育领域，但在会计学教学中，部分教师仅仅将其视为展示课件的工具，未能充分发挥其在互动教学、模拟实践等方面的优势。在线教学平台的使用也不够深入，缺乏有效的教学设计和管理，无法满足学生个性化学习的需求。

（三）实践教学环节薄弱的成因挖掘

挖掘实践教学环节薄弱的成因是传统会计学教学的一大困境，其成因较为复杂。从课时安排来看，实践教学的课时占比较低，无法满足学生对实践操作技能培养的需求。在许多高校的课程设置中，实践教学所占的比重相对较低，通常不超过总课时的20%，在一些高校的会计学专业课程设置中，实践教学课时甚至仅占总课时的10% ~ 20%。这使学生在有限的时间内难以系统地掌握会计核算、财务分析等实践技能。

实践教学基地建设不完善是重要原因之一。一些高校与企业的合作不够深入，导致实践教学基地的数量和质量都无法满足学生的需求。许多高校与企业的合作不够紧密，实践教学基地数量不足、质量不高，无法为学生提供真实、丰富的实践环境。部分实践教学基地仅仅是形式上的挂牌，学生在实习过程中难以参与企业的实际会计工作，无法获得有效的实践锻炼。实践教学内容与实际工作脱节严重。实践教学通常过于侧重理论知识的验证，而忽视了对实际工作中复杂问题的模拟和解决能力的培养。在会计手工模拟实验中，业务流程通常较为简单，数据单一，与企业实际的财务工作场景相差甚远。学生在实践过程中无法接触企业面临的财务风险、税务筹划等实际问题，导致其在毕业后难以快速适应工作岗位的要求。这种侧重理论验证而忽视实际问题解决能力培养的教学模式，限制了学生对真实工作环境的适应能力的培养。

教师实践经验的缺乏是影响实践教学质量的重要因素。许多高校的会计教师缺乏实际的工作经验，这使他们在实践教学过程中更多的是在传授理论知识，而不能引导学生进行有效的实践操作。学生对实践教学的认知不足也是导致实践教学环节薄弱的原因之一。部分学生对实践教学的重要性认识不足，或许会在实践课程中寻求其他的娱乐方式，这不仅影响了实践教学的效果，也影响了学生自身的学习效果。[1]

二、应用转型对会计学教学的新挑战

科技的发展和企业经营模式的创新，使应用转型已成为会计学领域不可阻挡的趋势。这不但为会计学教学带来了崭新的机遇，同时也衍生出一系列新的挑战。这些挑战不仅关乎教学内容的更新与拓展，更牵涉教学方法的革新与教学模式的转变。下面将深入剖析应用转型对会计学教学所引发的诸多新挑战，并探讨如何应对这些挑战，以期培育出契合新时代需求的会计人才。

（一）新兴行业对会计人才知识结构的新要求

新兴行业的蓬勃发展，如互联网金融、人工智能、大数据等，对会计人才的知识结构提出了全新的要求。这些新兴行业的业务模式和运营特点与传统行业存在显著差异，要求会计人员不仅具备扎实的会计专业知识，还需跨越学科界限，掌握多领域的知识与技能。如互联网金融领域的崛起，使会计人员面临着更为复杂的交易模式和大量的线上交易、虚拟资产处理。这要求他们不仅要精通传统的会计核算和财务分析，还需深入了解金融科技、风险管理以及区块链等前沿技术。

这些新兴技术的应用，使会计核算和风险控制变得尤为复杂，会计人员必须不断提升自己的数据处理与分析能力，灵活运用人工智能技术进行数据挖掘和分析，以支持企业作出更加精准的决策。会计部门信息系统的日益复杂，使会计人员还须具备良好的信息系统运维能力，包括系统的配置、维护和优化等，确保信息系统的

[1] 安存红，李焦，周少燕.应用型本科院校会计学专业实践教学模式研究[J].经济管理文摘，2020(18):183-184.

高效运行和数据的安全性。在新兴行业中，信息系统是企业运营的核心支撑，会计人员必须熟练掌握其操作和维护，以保障数据的准确性和完整性。

新兴技术为会计职业带来了新的创新机遇和挑战。会计人员需要积极主动地学习和应用新兴技术，提出创新的解决方案，推动会计工作的转型和升级。在共享经济等新兴领域，会计处理方法尚未形成统一规范，会计人员必须运用创新思维，结合行业特点，探索新的会计处理方式，为企业提供准确的财务信息。在团队合作与沟通方面，新兴行业中的会计工作通常涉及多个部门和团队的合作。会计人员须具备良好的沟通和协作能力，与其他相关部门和团队进行密切的合作和沟通，确保信息的准确传递和工作的顺利进行。这种跨职能、跨部门的协同工作能力，对于提高会计工作的效率和质量至关重要。[1]

（二）技术革新（如大数据、区块链技术）带来的挑战

1.数据处理与分析能力培养的欠缺

在大数据时代，企业产生的财务数据量呈爆炸式增长，数据类型也越发多样化，包括结构化数据、半结构化数据和非结构化数据。这一变化对会计人员提出了全新的要求，他们必须具备数据挖掘、数据分析和数据可视化的能力，以便从海量数据中提取有价值的信息，为企业的决策提供坚实的数据支持。传统会计学教学在这方面却显得力不从心。在传统的教学模式中，对数据处理和分析能力的培养通常被忽视，学生很少接触相关的工具和方法。他们更多的是在学习会计理论、会计准则和账务处理流程，而对于如何利用现代技术手段进行数据分析则知之甚少。这种教学模式的弊端在学生毕业后进入职场时尤为明显。面对复杂的数据处理任务，他们通常感到力不从心，难以快速适应大数据环境下的会计工作要求。会计学教学必须与时俱进，加强对学生数据处理与分析能力的培养。这不仅要求教师在教学内容中增加数据分析的相关内容，还需要引入现代技术手段，如数据分析软件、数据挖掘工具等，让学生在实践中掌握数据分析的技能。只有这样，才能培养出符合大数据时代需求的会计专业人才，为企业的持续发展提供有力的支持。

2.区块链技术对会计记账与审计的影响

区块链技术以其去中心化、不可篡改等特性，对传统的会计记账方式和财务审计模式产生了颠覆性的影响。区块链技术的应用，使会计信息的记录和存储变得更加安全、透明，有效减少了信息被篡改和伪造的风险，提高了会计信息的可信度。这一技术革新对会计人员提出了新的要求。在区块链环境下，会计人员不仅需要掌

[1]　田璐.新兴技术对会计职业的影响与变革研究：以人工智能和区块链为例[J].中国集体经济，2024(5):181-184.

握传统的会计记账方法，还必须深入了解区块链的基本原理和技术架构，以便能对区块链上的交易数据进行准确的会计处理和审计。传统会计学教学在这方面却存在明显的不足。当前的教学体系中，对区块链技术的介绍相对较少，学生缺乏相关知识和实践经验，难以适应这一技术革新带来的挑战。面对这一现状，会计学教学必须紧跟时代步伐，加强对区块链技术的教育。学校应引入区块链相关课程，系统讲解区块链的基本原理、技术架构以及其在会计领域的应用。通过实践项目、案例分析等方式，让学生亲身体验区块链技术在会计记账和审计中的实际应用，培养他们的实践能力和创新能力。

3. 会计信息系统升级与变革的挑战

技术的发展，使智能化会计信息系统的普及已成为大势所趋。这些系统不仅提高了财务处理的效率，还实现了财务流程的自动化和智能化。这一变革对会计学教学提出了新的挑战。智能化会计信息系统的应用，要求学生不仅掌握传统的会计知识，还必须熟悉各种会计软件和信息系统的操作，具备系统维护和故障排除的能力。这意味着学生需要具备更强的技术素养和实际操作能力，以便在未来的职场中能迅速适应并熟练操作这些先进的会计信息系统。在目前的教学中，相关课程的设置和实践操作环节通常未能充分满足这一需求。学生缺乏实际操作的机会和经验，难以在实践中锻炼和提升自己的技术能力。这种教学与实践的脱节，导致学生在毕业后进入职场时，需要花费大量时间和精力来熟悉和适应新的会计信息系统，影响了他们的工作效率和职业发展。会计学教学必须紧跟时代步伐，加强对智能化会计信息系统的教育。学校应优化课程设置，增加相关技术的教学内容，并通过校企合作、实习实训等方式，为学生提供更多的实践机会，让他们在实践中学习和掌握会计信息系统的操作和维护技能。只有这样，才能培养出适应未来会计行业需求的复合型人才。

（三）市场竞争环境变化对会计人才能力的挑战

在日益激烈的市场竞争环境下，企业对会计人才的能力要求发生了显著变化。除了专业技能，更注重会计人才的综合素养和创新能力。会计人员需要具备较强的沟通协作能力，能与企业内部的其他部门以及外部的合作伙伴进行有效的沟通和协调。在企业的业财融合过程中，会计人员需要与业务部门密切合作，了解业务流程，为业务决策提供财务支持。如果缺乏沟通协作能力，将难以实现业财的有效融合。创新能力也是市场竞争环境下会计人才必备的能力之一。企业为了在竞争中脱颖而出，不断寻求创新的商业模式和管理方法，这就需要会计人员能提供创新性的财务解决方案。在企业的成本控制和绩效管理方面，会计人员运用创新的管理会计工具和方法，为企业制定更加科学合理的成本控制策略和绩效评价体系。市场竞争的加剧还要求会计人员具备较强的风险意识和应对能力。企业面临的财务风险日益复杂多样，如汇率风险、利率风险、信用风险等。会计人员要能够及时识别和评估这些风险，并采取有效的措施进行防范和控制。传统会计学教学中对风险意识和风险管理能力的培养相对薄弱，无法满足市场竞争环境下企业对会计人才的需求。[1]

三、会计学教学重构的重要意义彰显

会计学教学在应用转型中面临着深刻的变革。这一重构过程不仅关乎教学体系的更新与完善，更承载着培养适应新时代需求的会计人才的重要使命。下面将详细阐述会计学教学重构的重要性，以及其在提高教学质量、满足社会需求、促进学科发展等方面的显著意义。

（一）对培养创新型会计人才的推动作用

在当今快速发展的时代，会计学教学重构对于培养创新型会计人才起着至关重要的推动作用，其从教学内容、教学方法以及课程体系等多个维度为创新型人才的培育奠定坚实基础。

更新教学内容是激发学生创新思维的重要一环。科技的飞速发展，使会计领域也在不断革新，将会计领域的前沿知识和新兴技术融入教学刻不容缓。在教学中引入大数据分析、人工智能在会计中的应用等内容，能让学生及时了解行业的最新发展趋势。以大数据分析在财务风险预警中的应用为例，学生在学习过程中，接触通过对海量财务数据和非财务数据的挖掘与分析，构建风险预警模型的方法，这会促使他们思考如何运用这些新技术解决传统会计在风险评估方面的局限性问题，从而培养学生的创新意识，让学生明白创新并非遥不可及，而是可以基于现有的知识体系和新技术的融合来实现。

创新教学方法为学生创新能力的提升提供了广阔空间。传统教学模式通常侧重于知识的单向传授，而项目驱动式教学、案例教学等创新方法则打破了这种局限。在项目驱动式教学中，学生不再是被动的知识接受者，而是需要自主设计项目方案、收集数据、进行分析和决策。在模拟企业财务决策项目中，学生要根据给定的市场环境和企业财务状况，制定投资、融资等决策方案，这一过程不仅要求学生运用所学的会计学知识，还需要他们发挥创新思维，探索最优的解决方案。在案例教学中，通过分析复杂的实际会计案例，学生学会独立思考、自主探索，从不同角度提出解决问题的思路，提高了创新实践能力。

---

[1]　赵息，王璐婵．基于跨学科视角的会计人才培养模式创新研究[J]．商业会计，2018(10):114-116.

教学重构还体现在构建跨学科的课程体系上，这对培养学生的综合素养和创新能力意义重大。会计学与经济学、管理学、信息技术等多个学科密切相关。通过开设跨学科课程，让学生掌握多学科的知识和方法，能拓宽学生的思维方式。在融合了信息技术和会计学的课程中，学生学习如何利用会计信息系统进行数据处理和分析，了解信息技术对会计工作流程和内部控制的影响。这种跨学科的学习为学生的创新提供了更广阔的空间，使他们能从不同学科的视角出发，提出创新性的会计解决方案，更好地适应未来复杂多变的会计工作环境。

（二）对促进会计行业可持续发展的价值

在会计行业面临深刻变革的背景下，对教学进行革新与重构对于促进会计行业的可持续发展具有不可估量的价值。经济的发展和技术的进步，使会计行业正经历着新的变化。通过教学革新，能培养出适应这些变革的高素质会计人才，为行业的持续繁荣提供坚实的人才基础。这些具备创新思维和跨学科知识的会计人才，将成为推动会计行业在技术应用、业务拓展等方面不断创新的重要力量，进而提升行业的整体竞争力。教学革新还有助于促进会计行业与其他行业的深度融合与发展。在当今时代，行业间的界限越发模糊，会计行业需与金融、信息技术、制造业等多个领域紧密合作。通过培养兼具会计专业知识与跨行业能力的复合型人才，加强会计行业与其他行业的沟通与协作，共同推动行业间的协同发展。在企业的数字化转型进程中，会计人员可与信息技术专家携手，共同研发适合企业的财务信息系统，实现财务与业务的无缝对接。教学革新还将助力会计行业的国际化进程。经济全球化的深入，使会计行业的国际交流与合作日益增多。培养具有国际视野和跨文化交流能力的会计人才，将更好地适应国际会计市场的需求，提升会计行业在全球舞台上的影响力和竞争力，为会计行业的可持续发展注入新的活力。[1]

第三节　混合教学模式的理论基础与发展趋势

在会计学教学寻求突破与创新的进程中，混合教学模式崭露头角，成为推动教学变革的关键力量。它融合线上线下教学优势，为解决传统教学困境带来新契机。深入探究混合教学模式的理论基础，明晰其发展轨迹与未来走向，对优化会计学教学实践、提高教学质量意义重大。本节将从其理论基石、发展历程与特点，以及未来在智能化、个性化、跨学科等方面的发展趋势展开详细剖析，为会计学教学改革提供坚实的理论支撑与方向指引。

---

[1]　徐圣男，杨姣鹤，代阳阳．新质生产力发展趋势下会计专业教改研究 [N]. 青海日报，2024-10-24.

一、混合教学模式的理论基石

（一）情境学习理论与混合教学场景创设

情境学习理论深刻揭示了学习与情境之间的内在联系，强调知识是在真实或模拟的情境中通过互动和实践逐步获得的。在会计学教学的革新与重构中，情境学习理论得到了广泛的应用，特别是在混合教学模式的创设中，这一理论更是发挥了关键作用。

线上教学平台为混合教学模式提供了丰富的虚拟学习情境。通过会计模拟软件，学生可以在虚拟环境中模拟企业财务部门的日常工作，亲身体验凭证填制、账簿登记、报表编制等会计业务流程。这些模拟情境高度还原了真实的工作场景，使学生在操作过程中能直观地感受会计工作的每一个环节，从而加深对会计知识的理解和应用能力。线上平台还提供了丰富的多媒体资源和互动工具，如视频教程、在线测试、讨论区等，进一步丰富了学生的学习体验，提高了学习效率。线下教学场景在混合教学模式中同样扮演着不可或缺的角色。在课堂上，教师通过案例分析、小组讨论、角色扮演等多种教学方式，引导学生深入探讨会计实际问题。以企业财务报表分析为例，教师可以选取真实企业的财务数据，组织学生进行小组讨论，让他们在分析过程中提出见解、分享经验，并展开深入的交流互动。这种面对面的教学方式不仅有助于营造浓厚的学习氛围，还能促进学生之间的思想碰撞和知识共享，从而进一步增强他们的学习效果。

混合教学模式将线上虚拟情境与线下真实情境有机结合，为学生创造了全方位、多层次的学习情境。学生不仅可以在虚拟环境中进行实践操作，锻炼自己的动手能力和独立解决问题的能力，还能在现实课堂中与教师和同学进行互动交流，加深对知识的理解和内化。这种教学模式不仅提高了学生的学习兴趣和积极性，还有效促进了知识的迁移和应用，为会计学教学的革新与重构提供了有力的支持。

（二）分布式认知理论在混合教学中的体现

分布式认知理论深刻揭示了认知活动的社会性和情境性，指出认知不再仅仅局限于个体头脑内部，而是广泛分布于个体与环境、工具以及他人的互动之中。在混合教学模式下，这一理论得到了生动而深刻的体现，为会计学教学的革新提供了有力支撑。

线上教学平台和各种数字化工具在混合教学中不仅是知识传递的媒介，还是学生认知活动的重要组成部分。学生利用在线课程平台进行自主学习，通过观看教学视频、阅读电子资料等方式，灵活安排学习时间和进度，获取系统而全面的会计知识。这些平台提供的丰富交互功能，在线讨论区、答疑系统等，为学生与教师、同学之间的实时交流搭建了桥梁。在讨论区中，学生可以自由分享自己的学习心得、困惑和见解，通过与他人的互动，不断拓宽思维视野，深化对会计知识点的理解。线下教学场景同样是分布式认知不可或缺的一环。在课堂教学中，教师的引导和同学之间的协作学习共同促进了学生的认知发展。教师通过精心设计的提问、深入浅出的讲解以及生动的案例分析，帮助学生梳理知识脉络，掌握会计学科的重点和难点。小组合作学习模式则进一步激发了学生的主动性和创造性，学生在分工协作中共同完成项目任务，彼此的思维碰撞不仅激发了创新灵感，也显著提高了解决问题的能力。

混合教学模式通过整合线上线下的认知资源，为学生创造了多样化的学习路径。学生可以在不同的学习场景中，借助多样化的工具和他人的帮助，实现更高效的认知过程。这种教学模式不仅优化了会计学习路径，还增强了学生的学习效果，为会计行业的可持续发展培养了更多高素质的人才。

（三）多元智能理论对混合教学活动设计的启发

多元智能理论认为，人类的智能是多元的，包括语言智能、逻辑—数学智能、空间智能、身体—运动智能、音乐智能、人际智能、内省智能和自然探索智能等。这一理论为混合教学活动设计提供了重要的启示。在混合教学模式下，教师根据多元智能理论设计丰富多样的教学活动，以满足不同学生的学习需求。对于语言智能较强的学生，教师安排线上撰写会计案例分析报告、参与在线讨论等活动，锻炼他们的文字表达和沟通能力。针对逻辑—数学智能突出的学生，教师设计复杂的会计数据计算、财务模型构建等任务，让他们在解决数学问题的过程中深化对会计知识的理解。在线下教学活动中，教师通过组织会计角色扮演游戏，锻炼学生的身体—运动智能和人际智能。在游戏中，学生分别扮演不同的会计角色，模拟企业财务工作流程，在互动中提升沟通协作能力。开展小组案例讨论活动，则有助于培养学生的人际智能和内省智能，学生在交流讨论中学会倾听他人意见，反思自己的观点，不断完善认知。混合教学模式借助多元智能理论，设计多样化的教学活动，挖掘学生的多元智能潜力，促进学生全面发展。

二、混合教学模式的发展轨迹探寻

混合教学模式在教育领域的兴起并非一蹴而就，它是教育理念不断革新、技术持续进步的产物。探寻其发展轨迹，有助于深入理解该模式的演变逻辑，为当下及未来的教学实践提供经验借鉴。在会计学教学中，这一模式的发展又有着独特的印记。下面将从混合教学模式的整体发展历程梳理入手，进而剖析其在会计学领域呈现的发展特点，揭示其在该学科教学中不断演进的内在规律与外在表现。

（一）混合教学模式的发展历程梳理

混合教学模式的发展与教育技术的进步密切相关。早期，计算机技术的兴起，使多媒体教学逐渐走进课堂，教师开始利用投影仪、计算机等设备辅助教学，这可看作混合教学模式的雏形。但此时，线上教学资源相对匮乏，教学活动仍以线下课堂教学为主。互联网技术的普及，促使在线教育蓬勃发展，各类在线课程平台应运而生。这得线上教学资源日益丰富，教学形式也更加多样化，如微课、慕课等。一些高校开始尝试将线上课程与线下教学相结合，形成了初步的混合教学模式。学生在课前通过线上平台预习课程内容，课上教师针对学生的问题进行讲解和答疑，课后学生再通过线上平台完成作业和复习。近年来，移动互联网、人工智能等技术的发展，使混合教学模式得到了进一步的完善和推广。线上教学平台的功能不断优化，支持实时互动、学习数据分析等功能。线下教学也更加注重学生的主体地位，采用项目式学习、小组合作学习等教学方法。混合教学模式逐渐从简单的线上线下资源叠加，发展为深度融合、协同互补的教学模式。

（二）会计学领域混合教学模式的发展特点

在会计学领域，混合教学模式呈现一些独特的发展特点。会计学的强实践性决定了混合教学对实践教学环节的重视。在线上，虚拟仿真实验教学平台发挥着关键作用，学生借助其模拟各类会计业务，如复杂的账务处理、多税种的税务申报等，熟练掌握金蝶、用友等主流会计软件操作，在接近真实的情境中积累实践经验。在线下，学校与企业紧密合作，搭建实习基地。学生在实习时，参与企业日常财务工作，接触真实财务数据，进行账务核算、财务报表编制等实操，将理论知识转化为实际工作能力。会计学知识与经济环境、政策法规关联紧密，更新速度快。在混合教学模式下，教学内容能及时更新。教师利用线上平台的便捷性，及时推送新会计准则、税收政策变化等信息，让学生紧跟学科前沿。在线下课堂上，教师组织学生深入探讨这些新内容，引导学生分析新政策对企业财务的影响，加深理解。会计学教学中学生个体差异显著，混合教学模式可以有效应对这一挑战。线上平台提供丰富多样的学习资源，涵盖基础讲解、案例分析、拓展阅读等。学生依据自身学习进度和需求自主选择，基础薄弱的学生可巩固基础知识，学有余力的学生可进行拓展学习。教师借助学习数据分析，精准掌握学生学习情况，针对个体问题，如部分学生对财务分析指标理解困难，提供一对一辅导、专项练习推荐等个性化指导，助力学生增强学习效果。

三、混合教学模式的发展走向展望

教育信息化的深入推进以及社会对人才培养质量要求的不断提升，使混合教学模式在会计学领域的发展前景备受瞩目。当下，技术的迭代日新月异，教育理念也在持续革新，这些都为混合教学模式注入了新的发展动力。其在智能化、个性化以及跨学科融合等方面的发展趋势逐渐明晰，将为会计学教学带来深刻变革。下面将从这几个关键维度，对混合教学模式在会计学领域的发展走向展开详细探讨。

（一）智能化技术融入混合教学的趋势预测

人工智能、大数据等智能化技术的发展，促使其在混合教学中的应用将更加广泛和深入，这为会计学教学带来了诸多变革与机遇。在个性化学习推荐方面，人工智能发挥着不可忽视的作用。在会计学课程中，不同学生对各知识点的掌握程度差异较大。智能学习系统借助人工智能算法，深度分析学生的学习数据，如做题的准确率、答题时长、复习频率等。当系统发现学生在成本核算知识点上存在理解困难时，会精准推送相关的练习题，涵盖各种成本核算方法的实例；推送有针对性的案例分析，如不同行业企业成本核算的实际案例，帮助学生从多角度理解该知识点，巩固所学知识。

智能辅导系统的进一步发展，为学生的学习提供了及时且有效的支持。在会计学复杂的知识体系下，学生遇到难题在所难免。智能辅导系统通过自然语言处理技术，理解学生的问题，迅速给出准确解答和详细的解题思路。以编制财务报表遇到的问题为例，系统不仅能指出错误所在，还能详细说明正确编制的流程和原理。而且，智能辅导系统会持续记录学生的提问内容和频率，分析出学生普遍存在的知识薄弱点，为教师调整教学重点和方法提供参考依据。

大数据分析在混合教学中的应用将走向成熟。教师通过分析学生在线学习的时长、参与讨论的频率、作业完成情况等数据，全面了解学生的学习习惯、学习进度和学习效果。若发现部分学生在线学习时间较短，但作业完成质量较高，就意味着教学内容难度较低，教师可适当增加教学内容的深度；反之，若学生学习时间较长但效果不佳，教师则需思考教学方法是否需要改进，如是否应采用更直观的教学方式讲解抽象的会计概念，从而不断优化教学内容和教学方法，提高教学质量。

（二）个性化学习支持在混合教学中的发展方向

在应用转型驱动的会计学课程教学重构进程中，个性化学习支持是混合教学模式发展的关键方向。为满足学生多样化的学习需求，教学活动设计将深度契合学生的学习风格。视觉型学生对图像、图表感知敏锐，在会计学教学中，教师可借助财务数据可视化图表，如资产负债表趋势图、利润分析柱状图等，帮助他们理解复杂财务数据间的关系；提供会计业务流程演示视频，如凭证填制、报表编制流程，让其更直观地掌握操作步骤。听觉型学生则更适合音频学习材料，教师可录制会计知识讲解音频，如对新会计准则条款解读、复杂会计分录的分析，便于他们随时随地学习。

学习评价的个性化将进一步深化。在会计学教学评价中，摒弃单一考试成绩定优劣的模式。除考量学生对会计理论知识的掌握外，还重视其在学习过程中的表现，如线上学习的参与度、讨论活跃度，小组项目中的协作能力，以及对会计问题提出创新性解决方案的能力。通过构建包含课堂表现、作业质量、项目成果、考试成绩等多维度的评价体系，教师能精准把握学生学习状况，为其提供更具针对性的反馈，助力学生明确自身优势与不足，增强学习效果。

学生学习心理支持将实现个性化。会计学课程内容繁多、难度较大，部分学生易产生学习压力。针对这类学生，教师或专业心理辅导人员将提供一对一的心理疏导，帮助他们缓解焦虑情绪；还会根据学生学习特点，定制专属学习策略，如指导学生合理安排学习时间、掌握有效的记忆方法，帮助学生提高学习效率，更好地适应会计学课程学习，实现知识掌握与能力提升的双重目标。

（三）跨学科融合视角下混合教学模式的创新趋势

跨学科融合是未来教育发展的重要趋势，混合教学模式在这方面也将展现出巨大的创新潜力，尤其在会计学教学中，这种融合将带来全新的教学变革。在教学实践方面，跨学科项目式学习将成为重要方式。会计学与经济学、管理学、信息技术紧密相关，学生可以采用跨学科团队的形式，共同开展如“企业财务风险评估与应对策略研究”这类综合性项目。在项目推进过程中，经济学知识帮助学生分析宏观经济环境对企业财务的影响；管理学知识助力制定风险应对的管理策略；信息技术则用于收集、处理海量数据，构建风险评估模型。通过这样的学习过程，学生打破学科界限，培养跨学科思维和综合运用知识解决实际问题的能力。

教学资源建设将围绕跨学科融合展开创新。线上平台将整合多个学科的优质资源，构建庞大的跨学科教学资源库。提供经济学的市场分析视频、管理学的企业风险管理案例、信息技术的数据分析方法文献等，为学生提供丰富的学习素材。线下通过举办跨学科讲座，邀请各领域专家分享前沿知识和实践经验；开展研讨会，组织学生就特定的跨学科议题展开深入讨论，拓宽学生的知识面和视野。

教师是教学的关键推动者，其跨学科教学能力的培养至关重要。在混合教学模式下，教师需要具备跨学科知识体系和教学技能，才能有效引导学生进行跨学科学习。为此，学校和教育机构应积极组织培训活动，邀请跨学科研究专家授课，分享跨学科教学的方法与经验；鼓励教师参与学术交流，了解最新的跨学科研究成果和教学理念。通过这些举措，提高教师的跨学科教学水平，进而推动混合教学模式在跨学科融合方面不断创新发展，培养出更具竞争力的会计学专业人才。

第二章

会计学课程教学现状与问题分析

在应用转型的大背景下，深入剖析会计学课程教学现状与问题，是推动会计学教学改革、提高教学质量的关键。上一章探讨了应用转型背景下会计学教学重构的必要性，而这一切的基础在于对当前教学实际情况的精准把握。当下，会计学教学面临着诸多挑战，传统教学模式的局限性越发明显，能力培养存在不足，教学资源与技术支持也亟待改进。深入探究这些问题，能为明确改革方向提供助力，为后续构建混合教学模式、重新定位教学目标等教学重构举措提供有力依据，进而推动会计学教学实现创新发展。

第一节　传统会计学教学模式的特点与局限性

在会计学教学的发展历程中，传统教学模式曾发挥过重要作用，但在应用转型的新要求下，其特点与局限性逐渐显现。了解传统会计学教学模式的实际状况，是探索新型教学模式、推动会计学教学改革的重要基础。下面将从教学方式、教学安排、教学侧重点等方面阐述其主要特点，深入剖析在教学互动、学生能力培养以及教学内容更新等方面存在的局限性，探讨其对学生学习效果的负面影响，以便为后续教学改进提供清晰的方向和思路。

一、传统会计学教学模式的主要特点

（一）以教师讲授为主的教学方式

在传统会计学教学活动中，以教师讲授为主的教学方式占据主导地位。教师是教学核心，通过系统讲解、板书演示等形式向学生传授会计学知识。在基础会计课程起始阶段，教师会详细阐释资产、负债、所有者权益的定义以及会计等式原理，

依据自身知识理解和教学经验，按逻辑顺序展开内容。这种教学方式具备一定优势。教师能掌控教学节奏，保证知识讲解的系统性和连贯性。会计学理论性强，教师可拆解复杂知识体系，以易于学生理解的方式呈现。在讲解会计凭证填制时，教师逐步演示填制步骤、填写规范和注意事项，使学生清晰地认识这一重要会计操作。该教学方式也存在弊端，学生在学习过程中处于相对被动状态，缺乏主动思考和探索机会。这或许会导致学生学习积极性不高，对知识的理解仅停留在表面，难以深入探究知识背后的原理和应用场景。在实际教学中，学生通常只是机械记录教师讲解的内容，很少主动去思考为何要这样进行会计处理，在不同的业务场景下又该如何灵活运用这些知识。学生会逐渐失去对会计学的学习兴趣，将学习视为一种被动的任务，而非主动探索知识的过程。这种被动学习模式不利于学生培养自主学习能力和解决实际问题的能力，在面对复杂多变的会计实务时，会感到无从下手。

（二）按教材章节顺序的教学安排

传统会计学教学普遍按照教材章节顺序进行教学活动。从基础会计的基本概念和方法开始，逐步深入财务会计、管理会计等不同领域的专业知识。以常见的会计学教材为例，通常开篇会介绍会计的基本假设、原则等基础知识，随后按照资产、负债、所有者权益等会计要素的顺序，详细讲解各要素的核算方法。在财务会计部分，教师会依照教材先讲解货币资金、应收账款等流动资产的核算，再过渡到固定资产、无形资产等非流动资产的核算。这种教学安排的好处在于，教材的编写一般遵循会计学知识的内在逻辑，能引导学生循序渐进地构建知识体系。学生按照章节顺序学习，有助于从基础到专业逐步深入理解会计学知识，便于形成完整的知识框架。但该模式的局限性也不容忽视。一方面，教材的更新速度通常滞后于会计行业的发展，导致教学内容与实际业务存在一定程度的脱节。数字化技术在会计领域的广泛应用，使新的会计业务和处理方法不断涌现，但教材或许未能及时涵盖这些内容。另一方面，严格按照教材章节教学，缺乏灵活性，难以根据学生的学习进度和实际需求进行调整。如果学生在某一章节的理解上存在困难，按部就班的教学安排就无法给予足够的时间进一步学习和进行有针对性的指导。

（三）理论知识优先的教学侧重点

在传统会计学教学体系中，理论知识优先的教学侧重点表现得十分突出。教师在教学进程里，将大量的教学时间和精力投入会计学理论基础、会计准则以及相关法规的讲解上。以财务报表编制教学为例，教师会深入阐释编制过程中所依据的理论，其中权责发生制原则在收入和费用确认环节的运用，成为教学的关键内容。教师会详细剖析如何依据这一原则判断收入和费用应归属的会计期间，进而影响财务报表中相关数据的列示。在讲解报表中的各项会计数据列示方法时，会结合具体的会计科目和业务案例，从理论层面梳理数据的来龙去脉。

在会计核算方法的教学上，借贷记账法的原理和应用规则是教学重点。教师会从借贷记账法的基本概念入手，解释“借”和“贷”是记账符号的含义，以及它们在不同会计要素增减变动时的记录方向。通过列举大量的会计分录实例，让学生掌握借贷记账法在各类经济业务核算中的具体应用。这种教学侧重点具有显著的优势。学生能借此系统地构建起会计学的理论框架，对学科内在逻辑有深入理解，为后续学习更复杂的专业知识以及参与实践活动奠定坚实基础。当学生面对复杂的会计业务时，扎实的理论知识能帮助他们依据所学理论进行分析，找到解决问题的方向。

传统会计学过度偏重理论知识传授的弊端不容忽视。实践教学环节的相对薄弱，使学生缺少将理论知识应用于实际操作的机会。尽管学生在课堂上对各类会计理论和法规倒背如流，但在真实的工作场景中，面对具体的会计业务处理，却通常不知所措。在处理企业日常账务时，涉及各种原始凭证的审核、记账凭证的填制以及账簿的登记，学生由于缺乏实践操作经验，难以将理论知识转化为实际行动，出现理论与实践严重脱节的现象，这对学生未来顺利进入会计工作岗位并有效开展工作形成了阻碍。

二、传统教学模式在教学过程中的局限性表现

尽管传统会计学教学模式曾发挥过一定作用，但在当下教育环境与人才需求发生变化的背景下，其局限性日益显著。教学互动性不足、学生自主学习能力培养欠缺、教学内容更新不及时等问题，严重影响了教学质量。深入探究这些问题，有助于打破传统教学的束缚，探寻更具实效性的教学方法，为后续教学改革提供重要依据，推动会计学教学的良好发展。

（一）教学互动性不足的困境

在传统会计学教学课堂中，教学互动呈现出明显的不足，这对教学效果产生了诸多负面影响。从课堂互动来看，主要依赖教师提问、学生回答的简单模式，且互动频率不高。在教学进程里，教师多将精力聚焦于知识讲解，学生处于被动接受知识的状态，主动参与讨论、表达自身观点的机会极为有限。以会计分录编制教学为例，教师通常会先举例并细致讲解编制步骤，之后提问学生类似案例的分录编制方法。这种互动方式较为机械，学生通常只是按部就班地作答，难以真正深入思考会计分录编制背后的原理，也无法激发其参与讨论的热情，导致学生对知识的理解仅停留在表面，难以实现深度内化。

课堂讨论环节存在诸多问题。教师所设定的讨论题目通常不够开放，限制了学

生的思维拓展空间。在讨论企业财务报表分析相关内容时，教师提出的问题仅涉及报表中某些数据的简单分析，仅让学生计算某项财务指标，却未引导学生从多角度深入探讨报表背后所反映的企业经营状况、潜在风险以及发展趋势等关键问题。在这种情况下，讨论难以触及问题核心，缺乏深度和广度。在讨论过程中，部分学生参与积极性不高，甚至出现“搭便车”现象，使讨论效果大打折扣，无法充分发挥其促进学生思维碰撞、深化知识理解的作用。

在线上教学互动方面，问题较为突出。虽然部分会计学课程引入了线上教学平台，但教师对其利用程度不足，仅将其视为发布作业和通知的工具，未能充分挖掘平台的互动功能。例如，在线讨论区本可成为学生随时交流学习心得、探讨疑难问题的重要场所，但鲜少被教师有效组织和引导，处于闲置或半闲置状态；直播互动功能未得到合理运用，教师未能借助这一功能开展实时互动教学、解答学生疑问，导致线上教学无法满足学生个性化学习和互动交流的需求，难以发挥线上教学在拓宽教学时空、增强教学灵活性方面的优势。

（二）对学生自主学习能力培养的欠缺

从学习习惯看，教师主导教学全程，学生长期被动吸收知识，自主学习意识和动力薄弱。面对新的会计章节知识，学生多依赖教师的课堂讲解与课后辅导，很少主动查阅资料、探寻知识点间的关联。这种被动学习模式，既限制了学生主动思考和探索精神的发展，又使他们难以适应不断变化的学习和工作环境。教学方法的局限性也制约着学生自主学习能力的发展。传统讲授法占据主导，学生自主学习空间和机会少。案例教学、项目式学习等先进教学方法应用频率低，即便采用，教师也常主导全过程，学生自主发挥余地小。在案例教学中，教师提前给出分析思路和方法，学生按其进行分析，无法有效锻炼自主学习和解决实际问题的能力，难以形成独立思考和创新思维，在面对复杂会计实际问题时容易陷入困境。教师对学生学习过程的监督和引导也存在不足。在传统教学中，教师重点关注学生考试成绩，忽视对学习过程的全面了解和指导。学生学习遇到困难时难以及时获得有效帮助，易产生挫败感，影响自主学习积极性。学生理解复杂会计核算方法时，若得不到及时指导，会对该知识点乃至整个会计学课程产生畏难情绪，削弱自主学习动力。[1]

（三）教学内容更新不及时的弊端

会计行业与经济环境联系紧密，经济发展、法规政策调整促使会计知识持续更新。但传统会计学教学内容更新明显滞后于行业发展。在会计准则方面，新的收入

---

[1] 邸红娜 . 高职成本会计信息化教学探究 [J]. 中外企业家 , 2018 (32):151.

准则、租赁准则等对会计核算影响深远。在新收入准则下，收入确认的时点和计量方式发生了很大变化，需要会计人员具备新的判断标准和处理能力。部分教材和教学资料仍在使用旧准则讲解。这导致学生学到的是过时知识，在未来工作中面对新准则要求时，会出现理解困难、处理业务错误等问题，难以适应实际工作。

新兴技术在会计领域的应用日益广泛，大数据助力财务分析实现更精准的预测，人工智能提高风险预警的及时性和准确性，区块链技术保障会计信息的安全性和可追溯性，但传统教学对这些前沿技术涉及较少。学生在校期间缺乏对这些技术的了解和实践，进入职场后，在面对数字化的会计工作环境时，会显得力不从心，无法高效完成工作任务。

教学内容更新机制不完善是造成这一问题的重要原因。教材编写从策划到出版周期较长，当行业出现新变化时，很难迅速将其融入教材。而且教师获取和更新教学内容的渠道有限，学校或教育机构又缺乏有效的激励机制，使教师更新教学内容的积极性不高。最终，教学内容与实际工作需求的差距越来越大，学生在学习过程中无法接触行业最新知识和技能，学习效果大打折扣，在就业市场上的竞争力也随之降低，难以满足用人单位对会计人才的要求。

三、传统教学模式对学生学习效果的负面影响

在长期实践中，传统会计学教学模式存在多方面问题，对学生学习效果造成负面影响。教育理念和人才需求发生了深刻变化，传统教学模式的局限性更为突出。深入分析这些影响，对推动会计学教学改革、提高教学质量、培养契合社会需求的会计人才意义重大。下面从学生学习积极性、知识应用能力、创新思维发展等维度，详细探讨传统教学模式对学生学习效果产生的不利作用。

（一）学生学习积极性不高的现象分析

在传统会计学教学模式的长期影响下，学生学习积极性不高成为较为普遍的现象，这是多种因素共同作用的结果。在教学方式方面，以教师讲授为主的模式占据主导。在课堂上，教师系统地讲解知识，学生处于被动接受状态。这种教学方式使课堂互动性差，学生参与课堂的机会有限。就拿会计分录编制的教学来说，教师通常单方面演示编制过程，学生只是机械地记录，很少主动思考和探索。这直接导致学生难以对会计学课程产生兴趣，学习主动性逐渐丧失，甚至会产生厌烦情绪。

教学内容与实际生活和职业需求脱节，也是影响学生学习积极性的重要因素。会计学是一门实用性学科，学生在学习过程中，如果不能清楚地看到所学知识在实际场景中的应用价值，就容易把学习目的局限于应付考试，缺乏内在的学习动力。在财务报表分析课程中，若教学仅围绕理论知识，不结合实际企业案例，学生很难

理解财务报表分析在企业决策中的重要作用。会计学课程本身难度较大，包含大量专业术语、复杂计算和逻辑关系，对于初学者而言颇具挑战性。当教学过程中缺少趣味性案例和生动的讲解方式时，学生在学习中容易感到枯燥乏味，学习压力增大，学习积极性也会随之降低。

评价体系的单一性不可小觑。在传统教学中，考试成绩通常是衡量学生学习成果的主要标准。学生为取得优异成绩，通常采用死记硬背的方式学习，忽视了对知识的理解和应用。这种学习方式无法真正提升学生的专业素养，反而进一步削弱了学生的学习兴趣和动力。要提升学生学习积极性，对传统教学模式进行全面改革势在必行。

（二）学生知识应用能力薄弱的原因探讨

学生知识应用能力薄弱，在实际工作中难以有效运用所学会计学知识，这一现象背后存在诸多深层次原因。理论与实践教学失衡是关键因素。传统教学过程中，教学资源与时间分配过度倾向理论知识传授。教师着重讲解会计理论、准则和法规，实践教学环节设置不足。以某高校会计学专业为例，其理论教学课时占总课时70%，实践教学课时严重短缺。学生虽然在课堂学习了各类会计理论与方法，但因实际操作机会匮乏，无法将抽象理论与具体业务有效关联。会计模拟实验课程内容简单理想化，多为基础会计业务重复演练，与企业复杂业务场景差距大。如实验常仅涉及常规购销业务核算，忽略资产重组、债务重组等特殊业务处理，导致学生在实验中难以锻炼解决实际问题的能力。

案例教学和实践项目存在缺陷。教师选择的案例常与实际脱节，部分经简化处理，无法反映实际工作的挑战与复杂性。讲解财务报表分析案例时，案例财务数据或经人为调整，未体现企业面临的财务风险和不确定性因素，学生难以从中体会财务分析的复杂与重要。实践项目设计也有不足。学生参与实践项目时，多按既定步骤操作，缺乏自主思考和解决问题的空间。项目过程中，学生机械完成任务，无法深入理解业务逻辑和会计处理原理，不利于培养独立解决实际问题的能力。

学生对实际工作场景和业务流程缺乏了解。教学过程中与企业合作不够紧密，学生缺少深入企业实地学习的机会，难以全面了解企业财务运作和业务流程。面对实际工作中的会计问题，学生因缺乏对实际场景的认知，无法迅速将知识转化为解决方案，导致工作中知识应用能力欠缺。要提升学生知识应用能力，需针对传统教学模式进行改革，加强实践教学，优化案例和实践项目设计，强化与企业的合作。

（三）对学生创新思维发展的阻碍分析

传统会计学教学模式在多方面对学生创新思维发展构成阻碍。教学方法的局限性尤为突出。以教师讲授为主的教学方式在传统会计学教学中占据主导。在课堂上，教师系统阐述知识，学生多处于被动接受状态。这种模式注重知识的记忆和传承，学生长期习惯于接受教师给定的答案，独立思考和创新意识难以得到培养。在讲解会计核算方法时，教师着重强调借贷记账法的规则和应用，学生机械记忆分录编制，很少主动思考是否存在其他更高效的核算思路。教师在教学过程中通常将重点放在知识的正确性上，对学生提出的创新性想法，尝试从不同角度理解会计概念或采用新的分析方法，缺乏鼓励和引导。这使学生在课堂上不敢轻易表达独特见解，担心犯错，逐渐抑制了创新思维的萌芽。

课程设置和教学内容缺乏创新性是重要因素。传统教学内容多侧重于基础知识和常规业务的讲解。以财务会计课程为例，主要围绕常见的资产、负债核算以及常规财务报表编制展开，对会计领域的前沿问题，人工智能在财务风险预警中的应用、区块链技术对会计信息安全的影响等，涉及较少。学生无法及时接触行业的最新动态和创新成果，难以拓宽视野、激发创新思维。由于课程设置中缺乏与创新实践相关的内容，学生在学习过程中，难以将所学知识与实际创新需求相结合，无法形成创新性的知识体系。

教学过程中缺乏培养学生创新能力的实践活动和项目，进一步限制了学生创新思维的发展。实践是创新的土壤，但在传统教学中，学生参与培养创新能力的实践活动和项目机会较少。在实践教学环节，如会计模拟实验，通常是按照既定流程完成任务，学生只需遵循固定步骤操作，缺乏自主探索和创新的空间。这使学生在面对新的会计问题和挑战时，由于缺乏在实践中探索和创新的经验，难以提出创新性的解决方案，无法有效培养和发展创新思维。为促进学生创新思维的发展，传统会计学教学模式在教学方法、课程设置和实践活动安排等方面亟待改革。

第二节　会计学教学中的能力培养短板

在应用转型的大背景下，会计学教学的能力培养方面存在诸多短板，这些短板对学生未来在会计领域的职业发展产生了显著影响。深入剖析这些问题，对于推动会计学教学改革、提高教学质量、培养适应社会需求的专业会计人才具有重要意义。下面将从专业核心能力、实践操作能力以及综合素养能力三个维度，详细阐述在会计学教学中能力培养的缺失与困境。

一、专业核心能力培养的缺失点

（一）财务分析能力培养的不足

财务分析能力是会计学专业学生应具备的关键能力之一，它对于企业的决策制定、财务状况评估以及风险防控等方面起着至关重要的作用。当前会计学教学在财务分析能力培养上存在明显不足。

从课程设置来看，许多高校的会计学专业虽开设了财务分析课程，但课程内容多侧重于理论知识的传授，如各种财务指标的计算方法、财务分析模型的介绍等。以比率分析为例，学生在课堂上花费大量时间学习流动比率、资产负债率等指标的计算，却很少深入探究这些指标在不同行业、不同企业发展阶段的合理范围以及实际应用中的局限性。这种理论与实践脱节的教学方式，使学生在面对实际企业财务数据时，难以灵活运用所学指标进行全面、深入的分析。在教学方法上，传统的讲授式教学占据主导地位。教师在课堂上讲解案例时，多为既定数据下的分析演示，学生被动接受分析思路和结论，缺乏主动思考和自主分析的过程。在讲解企业盈利能力分析案例时，教师直接给出企业的财务报表数据，并按照固定步骤计算相关盈利指标，学生只需跟随教师的思路进行计算和理解，无法真正掌握如何从海量的财务数据中挖掘有价值的信息，也难以培养独立思考和解决实际问题的能力。

一些教学案例的选取存在问题。教材中的案例通常数据简单、行业背景单一，与现实企业复杂多变的财务状况相差甚远。在一个模拟制造业企业财务分析的案例中，仅包含了基本的销售收入、成本和利润数据，未涉及企业的多元化经营、非经常性损益等复杂因素。学生通过这类案例学习，无法应对实际工作中企业财务数据的复杂性和多样性，难以提升对复杂财务数据的分析能力，无法从多维度深入剖析企业的财务状况、经营成果和现金流量，也难以预测企业未来的发展趋势，无法满足企业对财务分析人才的需求。

（二）会计信息系统应用能力培养的滞后

信息技术的发展，使会计信息系统已成为企业财务管理不可或缺的工具。它不仅改变了会计工作的方式和流程，还对会计人员的能力提出了新的要求。当前会计学教学在会计信息系统应用能力培养方面相对滞后。在课程设置方面，部分高校对会计信息系统课程的重视程度不够，课程课时较少。一些高校将该课程设置为选修课程，且课时仅为32学时左右，在有限的时间内，教师只能对会计信息系统的基本功能进行简单介绍，无法深入讲解系统的高级功能和应用技巧。对于财务数据的深度挖掘和分析功能、系统的集成与优化等内容，学生通常只能浅尝辄止，难以全面掌握。

教学实践环节存在不足。在实践教学中，学生对会计信息系统的操作多局限于基础的账务处理模块，凭证录入、账簿查询等。对于系统的其他重要模块，如成本核算模块、预算管理模块以及财务报表分析模块等，学生缺乏足够的实践操作机会。在成本核算模块的实践教学中，由于教学软件的局限性和教学时间的限制，学生只能进行简单的成本计算，无法深入了解不同成本核算方法在系统中的应用以及如何根据企业的实际情况选择合适的成本核算方法。教学内容与企业实际应用存在脱节现象。企业在实际应用会计信息系统时，通常会根据自身的业务需求进行定制化开发和系统集成。而在教学中使用的会计信息系统多为通用版本，与企业实际使用的系统存在差异。学生在学校学习的系统操作方法和流程，在进入企业后无法直接应用，需要重新学习和适应，这增加了学生的就业压力和企业的培训成本。

（三）税务筹划能力培养的薄弱环节

税务筹划是企业财务管理的重要组成部分，它对于企业合理降低税负、提高经济效益具有重要意义。在会计学教学中，税务筹划能力培养存在诸多薄弱环节。

在教学内容方面，税务筹划课程的教学多围绕基本税收法规的讲解展开，对企业实际税务筹划案例的分析不够系统和深入。教师在课堂上虽然会介绍各种税收政策和法规，但通常只是简单地讲解法规条文，缺乏对实际应用场景的分析和案例的深度解读。比如在讲解企业所得税筹划时，教师只是介绍了企业所得税的税率、税收优惠政策等内容，却没有结合具体企业的经营业务和财务状况，详细讲解如何运用这些政策进行合理的税务筹划。案例教学的质量也有待提高。在税务筹划教学中，所选用的案例多为理论性案例，与企业实际经营情况脱节。这些案例通常过于简化，没有考虑到企业在实际运营过程中面临的各种复杂因素，企业的组织形式、业务模式、税收征管环境等。学生通过这些案例学习，无法真正掌握税务筹划的实际操作技巧和方法，在面对实际工作中的税务筹划问题时，难以根据企业的具体情况制定合理的税务筹划方案。

在教学过程中，缺乏对税务筹划风险的重视。税务筹划是一项具有风险性的活动，不当的税务筹划会给企业带来税务风险和法律责任。在教学中，教师通常只强调税务筹划的节税效果，而忽视了对税务筹划风险的分析和防范。学生在学习过程中，对税务筹划风险的认识不足，缺乏风险意识和应对风险的能力，这在一定程度上增加了企业在实际税务筹划过程中的风险。

二、实践操作能力培养的困境

在会计学教学中，实践操作能力是学生专业素养的重要组成部分，对学生未来顺利进入会计职场并有效开展工作起着关键作用。当前在实践操作能力培养方面存在诸多困境。这些困境不仅影响学生对专业知识的实际应用，也制约着他们职业发展的潜力。深入剖析这些问题，对于改进会计学教学、提升学生实践操作能力具有重要意义。下面将从实践教学环节的课时占比不合理、实践教学基地建设不完善以及实践教学内容与实际工作脱节等方面展开探讨。

（一）实践教学环节的课时占比不合理问题

在会计学专业教学体系里，实践教学环节对学生实践操作能力的培养至关重要。当下实践教学课时占比不合理的现象较为普遍。在众多高校会计学专业课程设置中，实践教学课时占总课时的比例普遍较低。在对多所高校的调研中发现，部分高校的这一占比仅在15% ~ 20%。这一数据与会计学专业本身较强的实践性需求严重不符。

有限的课时使学生在实践操作练习方面受到限制。会计核算实践教学涵盖原始凭证填制、审核，记账凭证编制，账簿登记以及财务报表编制等一系列复杂流程。但受课时所限，学生难以完整、系统地完成整个流程的实践，通常只能选取部分环节进行简单操作。这直接导致学生对会计核算实践操作技能的掌握不够扎实。在实际工作场景中，面对各类会计业务时，学生因操作不熟练，容易出现数据录入错误、凭证填制不规范等问题，影响工作效率与质量。实践教学课时不足还影响学生对教学内容的深度理解。实践教学不仅是操作技能的训练，更需要学生理解背后的理论知识。但由于课时紧张，教师在教学过程中，通常只能将重点放在操作步骤的讲解上，难以对实践背后的理论进行深入剖析。比如在财务报表分析实践教学中，学生虽然能依据教师指导计算出各类财务指标，却无法深入理解这些指标之间的内在联系，以及它们如何反映企业的财务状况和经营成果。学生在根据这些指标进行企业财务分析和决策时，缺乏足够的判断依据，难以作出合理、准确的决策。

优化课程设置是解决该问题的重要途径。高校应适当增加实践教学课时，调整理论教学与实践教学的比例，确保学生有充足的时间进行实践操作练习。合理分配教学资源十分关键。学校加大对实践教学设施的投入力度，建设专业的会计实验室，配备先进的会计软件，为学生提供更好的实践条件。教师在教学过程中，应注重理论与实践相结合，在讲解操作步骤的基础上，深入剖析背后的理论知识，帮助学生更好地理解和掌握实践内容。

（二）实践教学基地建设不完善的情况

实践教学基地在会计学专业实践教学中占据重要地位，是学生将理论知识转化为实践技能的关键场所。但目前，其建设存在多方面的不完善之处。

高校与企业合作不紧密，直接导致实践教学基地数量不足。尽管部分高校与企业建立了合作关系，然而合作仅停留在表面。企业参与高校实践教学的积极性较低，多数情况下仅为学生提供实习岗位，在实习指导和教学资源共享方面缺乏深度合作。一些企业安排学生实习时，未配备专门的实习导师，学生在实习过程中遇到问题难以得到及时解答。企业的财务数据、案例等教学资源也很少与高校共享，这使实践教学基地的数量难以满足学生实践教学的需求，学生在实习时无法获得充足的实践锻炼机会，难以在实习中全面提升实践能力。

实践教学基地的质量存在明显缺陷。部分基地仅形式上挂牌，学生难以参与企业实际会计工作。企业出于商业机密保护和实习管理成本等因素考虑，常安排学生从事文件整理、数据录入等简单辅助工作。在实习期间，学生难以接触财务报表编制、财务分析、税务筹划等核心会计业务。以财务报表编制为例，这一工作涉及对企业各项财务数据的综合处理与分析，是会计工作的关键环节，但学生因无法参与其中，难以真正理解企业财务运作流程，无法将课堂所学理论知识与实际工作有效结合，导致实践教学效果不佳。

实践教学基地的管理机制存在问题。高校与企业在管理上缺乏有效沟通协调机制，实践教学出现问题时，双方无法及时解决。在实习学生考核评价方面，高校和企业各自执行不同标准，缺乏统一体系。高校侧重于学生实习报告和理论知识掌握程度，企业则更关注学生工作态度和简单任务完成情况，这使学生实习成绩无法准确反映其实际表现和实践能力提升状况，无法为教学改进和学生发展提供有效参考。

（三）实践教学内容与实际工作脱节的现象

实践教学内容与实际工作脱节，是当前会计学实践教学中亟待解决的突出问题。这一现象严重影响学生对实际会计工作的适应能力，阻碍其职业发展。

在会计学实践教学中，教学内容常聚焦于理论知识的验证，却忽略了实际工作的复杂性与多样性。以会计手工模拟实验为典型，其业务流程通常极为简单，数据也较为单一，大多围绕采购原材料、销售商品等常见经济业务展开。这种实验设置与企业真实的财务工作场景存在巨大差距。在企业实际经营过程中，会面临诸如资产重组、债务重组、企业合并等复杂业务。这些业务不仅会计处理流程烦琐，还涉及多个会计科目和不同会计政策的选择，需要会计人员具备深厚的专业知识和丰富的实践经验。但在实践教学中，学生接触这类复杂业务的机会极少。这就导致学生毕业后进入工作岗位，面对实际的复杂业务时，因缺乏应对经验而感到无所适从，难以将所学理论知识灵活运用到实际操作中。

实践教学内容的更新滞后于企业实际业务发展，进一步加剧了这种脱节现象。随着经济环境的动态变化和企业业务的持续创新，会计工作的内容与方法也在不断革新。新的会计准则、税收政策频繁出台，企业的财务业务范围不断拓展，业务模式也日益创新。实践教学内容却未能及时跟上这些变化的步伐。以新收入准则的实施为例，企业的收入确认方式发生了重大变革。但部分高校的实践教学内容依旧沿用旧准则进行设计，使学生在学习过程中无法掌握新准则下的收入确认方法以及相应的会计处理流程。这使学生所学知识与实际工作需求严重脱节，在就业市场上缺乏竞争力，难以满足企业对会计人才的要求。为解决这一问题，高校和教育机构应加强对实践教学内容的改革，密切关注行业动态，及时更新教学内容，引入真实、复杂的业务案例，让实践教学更贴近实际工作，提升学生的实践能力和职业素养。

三、综合素养能力培养的忽视

在会计学人才培养体系中，综合素养能力是衡量学生能否适应未来复杂多变职业环境的关键指标。目前教学实践中对综合素养能力培养的忽视现象较为普遍。这一状况不仅影响学生的全面发展，也与行业对高素质会计人才的需求相悖。下面将深入剖析在职业素养、沟通协作能力以及思辨性思维能力培养方面存在的问题。

（一）职业素养培养缺乏系统性

职业素养是会计学专业学生综合素质的重要组成部分，它包括职业道德、职业态度、职业规范等方面。在当前会计学教学中，职业素养培养缺乏系统性。在教学课程设置方面，虽然会计职业道德是会计学专业的一门课程，但在实际教学中，该课程通常被边缘化，教学内容多为理论讲解，缺乏与实际案例的结合和实践教学环节。学生在学习过程中，对职业道德规范的理解停留在表面，无法深入体会职业道德在实际会计工作中的重要性。在讲解会计职业道德准则时，教师只是简单地介绍准则条文，没有结合实际的会计造假案例，分析违反职业道德的后果和责任，学生难以将职业道德准则内化为自己的行为准则。

在教学方法上，职业素养培养多采用说教式教学，缺乏有效的教学手段和方法。教师在课堂上主要通过讲解、灌输的方式向学生传授职业素养知识，学生被动接受，缺乏主动参与和思考。这种教学方式无法激发学生的学习兴趣和积极性，也难以培养学生的职业判断能力和职业道德意识。在培养学生的职业诚信意识时，教师采用案例讨论、角色扮演等教学方法，让学生在实际情境中体验和思考职业道德问题，提高学生的职业素养。

职业素养培养在整个会计学教学体系中缺乏连贯性和一致性。职业素养培养不仅是一门课程的任务，还需要贯穿整个会计学教学过程中。在实际教学中，各课程之间缺乏有效的沟通和协调，职业素养培养没有形成一个有机的整体。在专业课程教学中，教师通常只注重专业知识的传授，而忽视了对学生职业素养的培养，导致学生在学习过程中，无法将职业素养与专业知识有机结合起来。

（二）沟通协作能力培养的教学方式局限

会计学专业学生的沟通协作能力在未来工作中对于提高工作效率、促进团队合作具有重要意义。会计学教学在沟通协作能力培养方面存在教学方式有限的问题。在教学过程中，会计学教学多以教师讲授和学生独立学习为主，缺乏有效的团队协作教学活动。在课堂上，教师通常注重知识的传授，学生之间的互动和交流较少。在讲解会计核算方法时，教师通常是先讲解理论知识，然后让学生独立完成练习题，学生之间缺乏讨论和交流的机会，无法培养沟通协作能力。小组项目教学虽然能在一定程度上培养学生的沟通协作能力，但在实际教学中，小组项目通常流于形式。教师在组织小组项目时，对小组的分工、协作过程缺乏有效的指导和监督，导致小组项目无法真正发挥培养学生沟通协作能力的作用。在一个会计案例分析小组项目中，小组成员之间缺乏明确的分工，部分成员承担了大部分工作，而部分成员则参与度较低，无法达到通过小组项目培养学生沟通协作能力的目的。在企业中，会计人员需要与不同部门的人员进行沟通协作，如与采购部门沟通采购业务的财务处理，与销售部门沟通销售业务的收款情况等。但在教学中，学生缺乏这样的实践机会，无法了解企业内部的沟通协作流程和方法，难以掌握有效的沟通技巧和团队协作方法。

（三）对思辨性思维能力培养的重视度不够

思辨性思维能力是会计学专业学生应具备的重要能力之一，它对于学生发现问题、分析问题和解决问题具有重要作用。在当前会计学教学中，对学生思辨性思维能力培养重视不够。

在教学过程中，教师多强调知识的正确性和标准答案，学生习惯于接受既定知识，缺乏对知识的质疑和反思。在讲解会计理论和方法时，教师通常注重知识的传授，而忽视了引导学生对知识的合理性和局限性进行思考。在讲解借贷记账法时，教师只是强调借贷记账法的规则和应用，而没有引导学生思考是否存在其他更合理的记账方法，以及借贷记账法在实际应用中的局限性，学生难以培养思辨性思维能力。课程设置和教学内容也不利于思辨性思维能力的培养。会计学专业的课程多为理论性课程，教学内容侧重于基础知识和常规业务的讲解，对会计领域的前沿问题和争议性话题涉及较少。学生在学习过程中，缺乏对这些问题的思考和讨论，无法拓宽思维视野，难以培养思辨性思维能力。在财务会计课程中，教学内容主要围绕传统的财务会计理论和方法展开，对一些新兴的财务会计问题，财务共享服务、业财融合等，涉及较少，学生无法接触到这些前沿问题，难以培养思辨性思维能力。

一些教学评价方式不利于思辨性思维能力的培养。当前会计学教学的评价方式多以考试成绩为主，考试内容多为对知识的记忆和理解，缺乏对学生思辨性思维能力的考核。学生为了取得好成绩，通常注重知识的记忆，而忽视了对知识的思考和创新，不利于思辨性思维能力的培养。

第三节　教学资源与技术支持的应用现状

在会计学教学持续发展进程中，教学资源与技术支持成为影响教学质量和效果的关键因素。信息技术发展、教育理念不断更新，教学资源与技术在会计学教学中的应用日益广泛。当前应用存在诸多问题和挑战，如教学资源整合与利用不足，技术支持在教学实际应用中存在障碍等。深入探究这些情况，对优化会计学教学、提高教学效率和学生学习体验意义重大。下面从教学资源的现状、技术支持在教学中的应用以及教学资源与技术支持存在的问题等方面展开分析。

一、教学资源的现状分析

（一）教材资源的局限性

教材是会计学教学的基础资源，然而存在诸多局限性。从内容更新层面来看，会计学领域受经济环境、法规政策影响极大。新会计准则、税收政策不断出台，企业财务业务创新频繁，教材更新周期却较长。正如知网所提及，当今会计准则和会计要求随经济形势和国家发展持续改变，教材却无法及时更新。2017年入学的财会类学生，使用的教材是在税率调整前编写的，虽然部分内容有所更改，但仍为老版本教材。这给师生带来极大不便，也困扰着学生自学与复习。收入准则变更后，收入确认模型发生重大变化，部分教材却仍沿用旧准则内容，导致学生所学与实际应用脱节，难以适应未来工作需求。

教材适用性参差不齐。不同院校会计学专业培养目标和学生基础差异明显，多数教材却“一刀切”。重点院校学生理论基础扎实，期望深入探究学术前沿，普通院校学生则更侧重实践技能培养。通用教材难以满足各类院校教学需求，进而影响教学效果。在知识呈现方式上，部分会计学教材理论性过强，文字表述抽象。讲解复杂会计业务处理时，缺乏生动案例和图表辅助，学生理解困难。以财务会计教材中合并财务报表编制的阐述为例，若仅用文字描述抵消分录编制原理，学生难以构建直观概念，不利于知识掌握。

会计学本科教学的几门核心课程存在衔接问题。知网研究发现，相较于“会计学基础”“中级财务会计”，其知识广度跨越较大；相较于“高级财务会计”，其知识深度又不够，这无疑加大了教师讲授和学生学习的难度。会计准则变动后，后续课程无法进行有效补充。就如“基础会计学”内容随会计准则修改变动极大，但在“中级财务会计”课程中却极少有能回顾并更改相关内容的情况，这就造成了学生对于后续内容理解困难甚至产生错误理解的问题，严重影响后续学习。[1]

（二）教学参考资料的丰富度与适用性

教学参考资料在会计学教学中占据重要地位，对学生知识的拓展和深化起着关键作用。目前其在丰富度与适用性方面存在显著问题。

会计学领域的快速发展，使新兴技术和理念不断涌现。在部分院校图书馆中，会计学相关参考资料的更新却未能跟上这一节奏。经典教材固然有其价值，能为学生提供基础理论知识，但行业的新变化使其难以满足学生对新知识的需求。以人工智能和区块链技术在会计领域的应用为例，在会计审计与会计信息系统方面，人工智能凭借其强大的数据处理能力，可实现财务数据自动化处理与风险预警；区块链技术则通过其分布式账本和加密算法，增强会计信息的安全性与可追溯性。这些新兴技术深刻改变了会计工作模式，但在旧参考资料中，关于它们具体应用的深入分析少之又少。学生受限于这些陈旧的参考资料，难以接触到行业前沿知识，知识体系的更新也因此受到限制。

网络资源虽然数量庞大，但质量良莠不齐。网络上存在大量会计学习资料，其中不乏错误信息和片面解读。学生由于缺乏足够的辨别能力，在学习过程中极易受到误导。在学习财务分析指标时，一些网络资料对流动比率、资产负债率等指标的计算方法和含义解释存在错误。学生若依据这些错误信息学习，会对财务分析形成错误认知，进而影响其对企业财务状况的准确判断。

参考资料与教学大纲和课程目标的契合度较低，给教师教学带来诸多不便。教师在选择参考资料时，通常难以找到与教学进度和内容完全匹配的资源。部分参考资料的深度和广度与学生实际水平不相符。若资料内容过深，学生理解困难，容易产生畏难情绪；若资料内容过浅，则无法满足学生的学习需求，无法帮助学生深入理解和掌握会计学知识，不利于学生专业素养的提升。这一问题不仅影响教师的教学效果，也阻碍了学生的学习进程，亟待解决。

（三）案例资源的时效性与多样性

在会计学教学体系中，案例资源是连接理论知识与实际应用的桥梁，能帮助学生更好地理解和掌握复杂的会计概念、方法以及各类业务的处理流程。当下案例资源在时效性与多样性方面暴露出诸多问题，严重影响了教学效果和学生的学习质量。

从时效性角度分析，经济环境与企业经营模式正经历着新的快速变革。金融市

[1] 牟星旭，胡金言，刘雨佳，等.多变动会计准则下的会计学课程教学改革的探讨 [J]. 中国乡镇企业会计，2019 (2):279-280.

场持续创新，各类金融衍生品不断涌现。这些金融衍生品在丰富企业投资与风险管理工具的基础上，也带来了更为复杂的风险因素。数字化转型的浪潮更是席卷了各个行业，企业的运营模式发生了深刻变化，新的风险类型随之产生，如数据安全风险、技术更新风险等。但在企业财务风险管理教学过程中，许多课程依旧依赖多年前的旧案例。这些旧案例无法涵盖当下复杂多变的风险因素，学生通过学习这些案例，难以获取应对现实风险的有效方法。当他们在未来实际工作中面对真实风险场景时，很可能陷入困境，不知如何应对。

在多样性层面，案例类型的单一性问题突出。目前，多数会计学案例集中在传统制造业和商业企业领域，对新兴行业关注甚少。以互联网金融、共享经济企业为例，共享经济模式下企业的收入成本确认方式与传统模式差异巨大。就拿共享出行企业来说，其收入确认要综合考虑用户使用时长、里程等多种因素，成本核算还涉及独特的资产折旧和运营成本分摊。由于缺乏此类案例，学生对新兴商业模式的会计处理理解存在较大困难，这使他们在面对未来从事的新兴行业会计工作时，难以快速适应。

案例地域分布不均衡是不容忽视的问题。现有案例大多以发达地区企业为样本，而欠发达地区学生由于所处环境不同，很难将这些案例经验与本地实际情况相结合。不同地区在经济发展水平、产业结构和政策环境等方面差异明显，发达地区企业的成功经验在欠发达地区并不适用。

部分案例背景信息过于简略，未能真实还原企业经营场景。以税务筹划案例为例，如果案例未考虑企业所处税收征管环境差异，学生就难以体会实际操作中的复杂性。税收征管环境涵盖税收政策的执行力度、税务机关的监管方式等因素，这些都会对税务筹划的实际效果产生影响。案例设计的不足，不利于培养学生解决实际问题的能力，难以满足会计学教学的实际需求。

二、技术支持在教学中的应用情况

在会计学教学不断发展的进程中，技术支持逐渐成为影响教学效果的关键要素。它为教学带来了新的方式和途径，有力推动着教学模式的变革。目前技术支持在会计学教学中的应用状况并非尽善尽美。下面将从多媒体技术、在线教学平台以及虚拟现实、仿真技术等方面，深入剖析其在教学中的应用情况。

（一）多媒体技术的使用频率与效果

多媒体技术在会计学教学领域得到了较为广泛的应用，其使用频率和实际教学效果呈现出明显的差异。在使用频率方面，教师之间存在显著不同。部分年轻教师凭借对新技术的敏锐感知和熟练掌握，积极在课堂上运用多媒体技术。他们频繁展示教学视频、动画以及精心制作的PPT，以此丰富教学形式，增加教学的趣味性。在讲解复杂的会计概念时，年轻教师会借助生动的动画，将抽象的知识具象化，帮助学生更好地理解。与之形成对比的是，部分老教师由于对多媒体技术的掌握程度有限，在教学过程中仍以传统板书教学为主，多媒体是一种辅助手段，使用频率较低。这使他们的课堂教学在形式上相对单一，难以充分发挥多媒体技术在激发学生学习兴趣方面的优势。

从教学效果来看，尽管多媒体技术为教学内容的丰富提供了便利，但在实际应用中仍存在诸多问题。在PPT制作环节，部分教师仅仅简单地罗列文字，缺乏对内容的合理设计，没有突出重点。这样的PPT无法吸引学生的注意力，学生在学习过程中难以快速抓住关键信息，不利于知识的吸收和理解。在教学视频的选择上，部分教师缺乏严谨的筛选过程，所选视频与教学内容的关联度较低。比如在讲解会计凭证填制时，播放的视频内容与实际教学场景不符，不仅无法帮助学生理解操作流程，还会浪费宝贵的课堂时间。

在多媒体技术的使用过程中，教师与学生之间的互动不足是一个突出问题。部分教师在课堂上过度依赖多媒体课件，全程播放，忽视了学生的反应。学生在这样的课堂中处于被动接受信息的状态，参与度较低，无法充分发挥学习的主动性和积极性，进而影响了教学效果。这种缺乏互动的教学方式，不利于培养学生的思考能力和解决问题的能力，难以实现会计学教学的预期目标。

（二）在线教学平台的使用现状

在线教学平台在会计学教学中展现出独特优势，为教学活动提供了诸多便利，不过，当前其使用现状存在一系列问题。在平台功能利用方面，多数院校所选用的在线教学平台具备丰富的功能，涵盖课程管理、作业布置与批改、在线讨论等多个模块。教师对这些功能的利用程度存在差异。许多教师仅依赖基础功能，如发布课件和布置作业。如在线考试、数据分析等功能，尽管能为教学带来显著便利，却未得到充分利用。以在线考试为例，其具备随机组卷、自动阅卷的功能，这不仅能减轻教师的工作负担，还能提高考试的公正性和效率。但部分教师因担心技术问题，诸如系统故障导致考试中断、成绩统计错误等，依旧选择传统的线下考试方式。这种对新功能的回避，限制了在线教学平台优势的发挥。

学生参与度是在线教学面临的重要问题。在线教学环境下，部分学生的积极性不高。由于缺乏面对面的监督，部分学生出现挂机、不参与讨论等情况。在课程讨论区，参与讨论的学生比例较低，且发言质量普遍不高，大多是简单提问或附和，未能形成浓厚的学术交流氛围。这种状况不利于学生对知识的深入理解和思维能力的培养，无法充分发挥在线教学平台促进学生互动交流的作用。

平台稳定性对教学的影响不容忽视。在网络拥堵时，在线教学平台常出现卡顿、掉线现象。特别是在进行在线直播授课时，若平台不稳定，教师授课会被迫中断，学生听课也会受到严重影响，进而导致教学进度难以保证。不同平台之间的兼容性较差，教师需要在多个平台之间切换，以满足不同的教学需求。这无疑增加了教学管理的难度，分散了教师的精力，影响教学效果。

（三）虚拟现实、仿真技术的应用程度

虚拟现实（VR）、仿真技术在会计学教学中已有所应用，但整体应用程度较低。从院校投入角度来看，VR、仿真技术设备价格昂贵，建设和维护成本高。多数院校受资金限制，难以大规模引入相关技术和设备。部分院校虽购置了一定数量的设备，但由于数量不足，无法满足学生的实践需求。这使学生接触和使用这些先进技术的机会有限，难以充分发挥其在实践教学中的作用。

教师和学生的接受度对该技术的应用产生影响。在教师方面，部分教师对新技术的掌握存在困难，且缺乏相关培训。这导致他们难以将VR、仿真技术有效地融入教学过程中，无法充分挖掘其教学价值。在学生方面，部分学生虽然对新技术充满好奇，但缺乏有效的引导。在使用过程中，学生通常仅关注体验，而忽视了知识的学习。在会计仿真实验中，部分学生只是机械地按照流程操作，并未深入思考背后的原理，使实践教学无法达到预期效果。

技术本身存在一些问题。目前，VR、仿真技术模拟的会计场景与实际工作仍存在一定差距。在模拟企业财务决策场景时，未能充分考虑现实中复杂的人际关系和市场不确定性因素。这使学生在虚拟环境中锻炼的能力难以顺利迁移到实际工作中，限制了培养学生解决实际问题的能力。

三、教学资源与技术支持存在的问题及影响

教学资源与技术支持是会计学教学的重要支撑，但目前存在诸多问题。这些问题涵盖教学资源的整合、技术的更新与应用等方面，对教学效率、学生学习体验和专业素养培养均产生了负面影响。深入剖析这些问题，有助于探寻有效的解决策略，推动会计学教学质量的提高。下面将详细阐述这些问题及其影响。

（一）资源整合不足导致的教学效率问题

教学资源整合不足严重影响会计学教学效率。在现有教育体系下，不同类型教学资源缺乏有效的统一规划与协调，这一状况在会计学教学中体现得很突出。教材、参考资料、案例资源“各自为政”，致使内容重复或脱节。在财务报表分析教学时，不同教材和参考资料对同一指标分析角度各异，而案例资源与理论知识结合不

紧密。学生面对繁杂且缺乏系统性的知识，不得不耗费大量时间梳理，学习负担大幅增加。

院校与企业、会计师事务所等机构合作不够紧密，外部资源未能得到充分利用。企业积累了丰富实际案例与最新行业动态，但院校与之沟通机制欠佳，学生难以接触行业前沿信息。在实践教学中，这一问题更为突出。由于无法邀请企业专家指导，学生实践操作缺乏针对性，实践教学效果大打折扣。以会计实习为例，学生因缺乏企业专家的现场指导，在处理实际财务业务时，通常不知如何下手，难以将所学理论知识应用于实践。

多媒体技术、在线教学平台等现代教学辅助手段未能与教学资源深度融合。在线教学平台教学资料更新滞后，多媒体课件对网络资源利用不充分，未能及时补充案例和数据，导致技术优势难以发挥，无法有效提高教学效率。部分在线教学平台上的会计学课程资料，长期停留在旧版内容，未能及时更新新会计准则下的知识要点；多媒体课件制作时，仅依赖教材固有案例，没有结合网络上丰富的现实案例，使教学内容缺乏时效性和生动性，难以满足学生需求。[1]

（二）技术更新滞后带来的教学体验问题

技术更新滞后对学生教学体验产生诸多不利影响。在信息技术发展的当下，新教学技术层出不穷。但部分院校在教学技术更新方面未能紧跟时代步伐。以虚拟现实、仿真技术为例，其在教育领域应用潜力巨大，可提供沉浸式学习体验，帮助学生更好地理解复杂知识。部分院校更新缓慢，使学生无法接触到这类先进技术。在会计实践教学中，仍沿用旧版仿真软件，这些软件功能有限，操作界面设计不够合理，难以满足学生多样化学习需求，导致学生学习积极性受挫，学习效果不佳。

教学设备老化是影响教学体验的重要因素。部分院校多媒体教室设备陈旧，投影仪清晰度无法满足教学需求，播放的图像模糊不清，影响学生对教学内容的直观感受；音响效果差，声音不清晰、有杂音，导致学生难以听清讲解内容。有的在线教学平台的服务器性能存在问题，运行速度慢。学生在线观看教学视频时，常面临视频加载时间过长、频繁卡顿的情况，这严重干扰了学生的学习节奏，使其难以集中精力学习，进而影响学习效率。

技术更新滞后造成教学内容与行业需求脱节。会计行业正加速数字化转型，新技术如财务机器人、财务共享服务中心等在会计领域得到广泛应用。这些新技术改变了传统会计工作模式，对会计人才提出了新的要求。但部分院校由于技术更新滞后，教学内容无法及时反映行业这些新变化。在教学过程中，学生难以接触关于财

[1] 薛真仁 . 论会计优质教学资源的开发 : 从青年教师的角度 [J]. 教师 , 2018 (5):19-20.

务机器人应用、财务共享服务中心建设等前沿知识，导致学生毕业后进入职场，面对实际工作场景时，难以适应行业发展需求，无法迅速融入工作环境，影响其职业发展。因此，院校必须重视技术更新，及时将新技术融入教学，以提升学生教学体验，培养符合行业需求的会计人才。

（三）资源与技术使用不充分的原因分析

在会计学教学中，资源与技术的使用未能达到充分有效的状态，这是多个层面因素交织作用的结果。

教师层面存在着关键问题。一方面，培训体系存在缺陷。部分教师缺乏系统的专业培训，对新教学资源和技术的掌握程度较为有限。院校在教师培训方面的重视程度不足，培训内容多聚焦于基础操作，形式也较为单一。就拿多媒体技术培训来说，通常仅传授基础的软件操作方法，却未深入探讨如何将其与会计学教学内容有机结合。这就使教师在实际教学时，难以灵活运用这些技术丰富教学内容、增强教学效果。另一方面，教师面临着繁重的教学任务。会计学课程体系庞大，内容复杂且难度高，教师需要投入大量时间用于备课、授课以及批改作业。教师精力分散，根本无暇深入研究教学资源的整合与技术的应用。在选择教学参考资料时，教师更倾向于选用熟悉的资源，对新资源缺乏探索的动力和时间。

学生自身的能力和素养对资源与技术的使用产生影响。部分学生自主学习意识薄弱，过度依赖教师课堂讲授，对在线教学平台、教学参考资料等资源的利用不够充分。部分学生缺乏筛选和利用网络资源的能力，面对海量网络信息，难以准确获取对学习有帮助的知识。这不仅制约了学生自身的学习效果，也使教学资源和技术无法充分发挥作用。

院校管理和激励机制的不完善不可小觑。在管理方面，院校对教学资源和技术使用缺乏有效措施，教学资源更新不及时，技术设备维护不到位。这给教师和学生使用资源与技术带来诸多不便，进而影响教学效果。在激励机制上，院校对于积极整合资源、应用技术进行教学创新的教师，缺乏相应奖励措施；对学生自主学习的引导和鼓励也不足。这导致师生参与教学资源和技术应用的积极性不高，进一步阻碍了教学资源与技术在会计学教学中的充分利用。

第三章

混合教学模式的理论框架构建

在教育领域不断探索创新的当下，教学模式的变革成为提高教育质量的关键所在。对于会计学教学而言，传统教学模式与新兴教学模式各有利弊。在此背景下，混合教学模式应运而生，逐渐成为教育研究与实践的热点。它融合了线上教学的灵活性与线下教学的互动性优势，为优化教学效果提供了新的方向。本章将深入探讨混合教学模式在会计学教学中的理论框架构建，剖析其核心要素、设计原则以及应用路径，旨在为后续的实践应用提供坚实的理论支撑。

第一节 混合教学模式的核心要素

混合教学模式为会计学课程教学质量的提高开辟了新路径，它将线上教学的灵活性与线下教学的互动性有机融合，有力推动着会计学教学的发展。深入剖析其核心要素，对实现会计学课程的有效教学意义重大。本节聚焦于教学主体、教学内容、教学技术以及教学环境这几个关键层面，深入探究混合教学模式在会计学课程中的核心要素，旨在为后续的教学实践提供坚实的理论支撑，助力会计学课程在应用转型驱动下完成教学重构与能力培养的一体化探索。

一、教学主体要素

（一）教师在混合教学中的角色转变

在混合教学模式下，教师的角色发生了显著转变。在传统教学中，教师主要是知识的传授者，主导课堂的讲授进程。而在混合教学中，教师的角色更加多元，教师成为学习的引导者。

线上学习资源丰富多样，学生在自主学习时容易迷失方向。教师需要根据教学目标和学生特点，为学生筛选、推荐合适的线上学习资料和优质的在线课程、学术论文、行业案例等。以会计学课程为例，教师可推荐中国大学MOOC平台上知名高校的会计学课程，引导学生自主学习基础理论知识。在学生学习过程中，教师需提供学习方法指导，帮助学生提高自主学习能力。

教师是学习过程的组织者与促进者。线上学习赋予学生更多自主空间，但也需要教师组织各类学习活动，以确保学习效果。教师可在线上组织小组讨论，设定会计学相关话题，如就"新收入准则对不同行业企业财务报表的影响"这一话题，引导学生分享观点、交流心得。在线下课堂，教师则可以组织案例分析、模拟实验等活动，让学生将线上所学知识应用于实践。在这些活动中，教师要积极促进学生之间的互动与合作，营造良好的学习氛围。

教师是学习效果的评估者。混合教学模式下，学习过程更加复杂，评估方式也需多元化。教师不仅要关注学生的考试成绩，还要对学生的线上学习参与度、作业完成情况、小组合作表现等进行综合评估。通过线上学习平台的数据统计功能，教师了解学生的学习时长、课程视频观看次数、在线测试成绩等，结合线下课堂的表现，全面评价学生的学习效果。

（二）学生在混合教学中的学习主体地位体现

在应用转型驱动的会计学课程教学重构进程中，混合教学模式为学生学习主体地位的彰显提供了广阔空间。在这种模式下，学生在学习时间与进度安排方面自主权显著增加。线上课程的可重复性与灵活性，有力支撑着学生自主把控学习节奏。以会计学中的财务比率分析这一复杂知识点为例，部分学生初次学习时理解困难，他们能多次回看线上课程视频，通过反复学习逐步掌握相关知识。而基础扎实的学生，则可凭借这一优势加快学习进程，探索会计学前沿领域，深入研究人工智能在会计审计中的应用，进而拓宽自身知识边界。

学生在学习资源选择上具备更多自主性。互联网资源丰富多样，为学生提供了广泛选择。除教师推荐的学习资料外，学生可依据自身兴趣和学习需求，在专业学术网站、行业论坛等平台获取资源。对财务分析感兴趣的学生，可在财经类网站获取上市公司财务报表数据，自主开展分析研究，挖掘数据背后的经济意义，提高自身专业素养。

混合教学模式更为重要的意义在于，为学生主动性和创造性的发挥创造了有利条件。线上线下丰富的互动活动，成为学生表达观点、展示学习成果的重要平台。在小组讨论中，学生围绕会计学问题各抒己见，共同探寻解决方案。以企业财务风险评估的小组讨论为例，学生结合所学知识，从不同角度分析风险因素，提出创新性的应对策略。在实践活动中，学生积极运用所学知识解决实际问题，创新思维和实践能力得到进一步培养。通过参与企业真实财务项目，学生在实践中不断尝试新方法、新思路，实现知识与技能的深度融合，在未来职业发展中更具竞争力。

（三）师生互动在混合教学中的新形式与作用

混合教学模式催生了多种师生互动的新形式，这些新形式对教学效果有着重要作用。线上互动打破了时间和空间的限制。教师和学生通过教学平台的讨论区、即时通信工具等进行实时或非实时的交流。学生在学习过程中遇到问题，随时在线向教师提问，教师也能及时给予解答。这种互动方式增加了师生交流的频率，有助于学生及时解决疑惑，提高学习效率。在线直播互动为师生提供了面对面交流的机会。教师通过直播平台进行线上授课、答疑和指导，学生实时参与，与教师进行互动。在直播过程中，教师通过提问、抢答等方式调动学生的积极性，增强学生的参与感。线下课堂的互动更加注重深度和综合性。教师组织案例分析、小组汇报等活动，让学生在互动中深入探讨会计学问题。在案例分析活动中，教师引导学生从不同角度分析案例，鼓励学生发表不同意见，培养学生的思辨性思维和综合分析能力。师生互动有助于营造良好的教学氛围，提高学生的学习积极性和主动性。通过互动，教师能及时了解学生的学习情况和需求，调整教学策略，提高教学的针对性。学生在互动中感受到教师的关注和支持，也会更加主动地参与学习，从而增强教学效果。

二、教学内容要素

在混合教学模式中，教学内容是实现教学目标的关键载体。其合理设计与有效实施，对会计学教学质量的提高至关重要。线上教学内容与线下教学内容既各有特点，又相互关联。明确两者的特性、侧重点以及相互衔接方式，能为构建科学的教学体系、培养适应应用转型需求的会计学人才提供有力支撑。

（一）线上教学内容的特点与选取标准

线上教学内容具有独特的特点和选取标准。线上教学内容具有丰富性和多样性。互联网汇聚了全球的教育资源，线上教学内容涵盖了各种形式和层次的知识。在会计学领域，线上教学内容既有基础理论知识的讲解，也有实际案例分析、行业动态解读等。学生通过观看名校公开课、在线讲座等，接触不同风格和深度的教学内容。

线上教学内容具有较强的时效性。会计学领域受经济环境、政策法规影响较大，知识更新速度快。线上教学平台能及时更新教学内容，反映最新的行业动态和学术研究成果。新的会计准则发布后，线上课程可迅速对相关内容进行更新和解读，让学生及时了解行业变化。

在选取线上教学内容时，要注重与教学目标的契合度。教学目标是教学活动的出发点和归宿，线上教学内容应紧密围绕教学目标进行选取。如果教学目标是让学生掌握会计学的基本概念和原理，那么选取的线上课程应侧重于基础知识的讲解，且讲解方式要符合学生的认知水平。要考虑内容的质量和可靠性。线上学习资源良莠不齐，教师需要对资源进行筛选和评估。优质的线上教学内容应具有清晰的逻辑结构、准确的知识表述和丰富的案例支持。参考课程的评价、授课教师的资质和声誉等因素，确保选取的内容质量可靠。

（二）线下教学内容的深度与侧重点

线下教学内容在深度和侧重点上与线上教学内容存在显著差异，主要体现在深度解析、实践能力培养以及沟通协作能力和职业素养培养这几个关键方面。

线下教学注重深度和系统性。在会计学教学里，线下课堂为教师深入剖析重点和难点提供了空间，助力学生构建完整的知识体系。以财务报表分析课程为例，教师不仅会介绍各项财务指标的计算方法，还会结合实际案例，深入探讨指标间的内在联系和实际意义。学生对财务指标的理解不只停留在表面，还深入把握其本质，进而更好地掌握财务报表分析知识，为后续学习和实践筑牢根基。

线下教学侧重于培养学生的实践能力和综合素质。会计学是一门应用性很强的学科，线下教学通过案例分析、模拟实验、小组讨论等活动，为学生提供将理论知识应用于实践的机会。在模拟企业财务核算实验中，学生亲身体验会计凭证填制、账簿登记和财务报表编制过程，加深对会计工作流程的理解和掌握，切实提升实践能力。这些活动能让学生在具体实践情境中提高解决实际问题的能力。

线下教学重视培养学生的沟通协作能力和职业素养。小组活动是培养这些能力的重要途径，学生在其中与小组成员沟通协作，共同完成学习任务。这不仅有助于个人能力提升，还能促进团队合作精神的养成。线下教学引入实际工作场景和案例，使学生了解会计职业规范和要求，从而提升职业素养。[1]

（三）线上线下教学内容的衔接与互补

线上线下教学内容的衔接与互补在混合教学模式中占据关键地位，是提高会计学教学质量的重要环节。明确分工是实现两者有效衔接的基础。线上教学凭借丰富的资源和灵活的学习方式，聚焦于会计学基础知识的传授与学习资源的提供。学生能借助线上课程，自主学习会计学的基本概念、原理和公式，为后续深入学习筑牢根基。而线下教学则充分发挥面对面交流的优势，针对线上学习的重点和难点进行深度剖析与拓展。通过案例分析、实践操作等活动，培养学生将知识应用于实际的能力，提升其综合素质。

线上线下相互呼应是保障教学连贯性与深入性的关键。线上学习为线下教学提供了知识储备和案例背景，线下教学则对线上所学进行深化与拓展。在讲解会计学知识点时，线上课程呈现基础知识和案例，线下课堂引导学生对案例进行深入思考

[1] 施书磊．“互联网 +”视域下财务会计课程教学创新研究 [J]. 科技资讯 , 2024, 22(13):204-207.

和讨论，教师还会回顾线上内容，强化学生记忆与理解，使学生的学习层层递进。

建立有效的反馈机制是提升教学针对性的重要手段。借助线上学习平台的数据统计功能以及学生的反馈，教师能精准把握学生对线上教学内容的掌握程度和存在的问题。对于学生普遍存在的疑惑，教师在线下课堂进行重点讲解和辅导，使教学内容更贴合学生需求，提高教学效率。

线上线下教学内容在分工、呼应和反馈机制的协同作用下紧密衔接与互补，为会计学教学构建了一个完整且高效的体系，助力学生更好地掌握知识、提升能力，适应应用转型背景下对会计学专业人才的培养要求。[1]

三、教学技术要素

在混合教学模式中，教学技术要素是提高会计学教学质量的重要支撑。信息技术的发展，使其在教学中的作用逐渐彰显。下面将深入剖析线上教学平台的关键技术、教学软件与工具的运用以及技术对教学资源整合与呈现产生的影响，探究教学技术要素在会计学教学中的具体体现。

（一）线上教学平台的关键技术支撑

线上教学平台是混合教学模式的重要支撑，其关键技术对教学效果有着重要影响。

网络传输技术是线上教学平台正常运行的基础。稳定、高速的网络传输能确保教学视频的流畅播放、在线互动的实时性。5G技术的发展，促使网络传输速度得到了大幅提升，为线上教学提供了更好的技术保障。但在一些网络信号较弱的地区，仍然存在网络卡顿、延迟等问题，影响教学效果。

云计算技术为线上教学平台提供了强大的存储和计算能力。线上教学平台需要存储大量的教学资源，如课程视频、课件、作业等。云计算技术实现资源的高效存储和管理，能根据用户的访问需求进行快速计算和响应。通过云计算技术，学生随时随地访问学习资源，教师也可以方便地管理教学内容。

人工智能技术在线上教学平台中发挥着越来越重要的作用。人工智能实现智能辅导、智能测评等功能。智能辅导系统根据学生的学习情况和问题，自动提供个性化的学习建议和解答。智能测评系统能对学生的作业和测试进行自动批改和分析，为教师提供详细的教学反馈。

虚拟现实（VR）和增强现实（AR）技术逐渐被应用于线上教学。在会计学教学

---

[1] 曾月明．“会计学”课程学习方法论及教学逻辑起点与路径选择 [J]. 财会通讯，2020 (9):161-164,172.

中，通过VR技术创建虚拟的会计工作场景，让学生身临其境地体验会计工作流程。AR技术将虚拟信息与现实场景相结合，为学生提供更加直观的学习体验。

（二）教学软件与工具在混合教学中的运用

在应用转型驱动下，会计学课程教学重构与混合教学模式紧密相连，而教学软件与工具在其中发挥着不可替代的关键作用。

在线课程制作软件是增强教学效果的有力助手。Camtasia Studio、Adobe Captivate等软件为教师制作线上教学内容提供了丰富手段。在会计学教学中，教师可利用这些软件添加动画，使抽象的会计概念具象化，用动画展示会计分录的形成过程，帮助学生更好地理解借贷记账法的原理。添加字幕则方便学生随时查看和复习，尤其是对于基础薄弱或听力有困难的学生，能有效增强学习效果。设置测试题能及时检验学生对知识的掌握程度，促使学生主动思考和巩固所学内容，增强学习的自主性。

学习管理系统（LMS）为教学管理带来了便利。Moodle、Canvas等LMS能实现课程、学生、作业和成绩的一体化管理。教师可在LMS上轻松发布课程信息，详细介绍会计学课程的教学目标、内容和安排，让学生提前了解课程全貌。布置作业、组织考试也变得更加高效，还能通过系统自动统计成绩，节省时间和精力。学生通过LMS提交作业，可随时查看成绩，了解自己的学习情况。参与讨论区的互动，能与教师和同学交流学习心得，解决疑惑，增强学习的自主性和互动性，推动混合教学模式下教学管理的高效运行。

协作学习工具对培养会计学学生的团队协作能力意义重大。腾讯文档、石墨文档支持多人实时在线编辑，学生在完成会计案例分析、财务报告撰写等任务时，可共同编辑文档，分享思路和见解，提高团队协作效率。Teambition、Tower等平台的任务管理和进度跟踪功能，让学生在模拟实际会计工作场景中，明确各自的职责和任务进度，锻炼协作能力，适应未来会计工作中团队协作的要求，切实体现混合教学模式在能力培养方面的价值。

（三）技术对教学资源整合与呈现的影响

技术在会计学教学中，对教学资源整合与呈现发挥着关键作用。在教学资源整合层面，会计学教学需要紧密对接行业实际，为学生提供全面前沿知识。互联网教学资源分散，传统教学方式难以高效获取和利用。借助技术，教师利用资源管理软件，将在线课程、学术论文、案例资料等整合到学习管理系统。就财务报表分析课程而言，教师整合知名高校线上分析课程、最新行业研究论文和企业真实案例，学生能在一个平台获取多元学习资源，这有利于构建完整的知识体系，提升学生分析和解决实际问题的能力，使其适应未来复杂的会计工作场景。

在教学资源呈现形式上，技术发展给会计学教学带来重大变革。传统教学资源形式单一，无法满足培养学生实践能力和创新思维的需求。现代技术支持的视频、音频、动画、虚拟现实等形式，为会计学教学注入新活力。用动画展示成本核算步骤，可让学生直观理解业务逻辑；利用虚拟现实技术创建虚拟会计实验室，学生能模拟企业财务工作环境，进行账务处理、报表编制等实践操作，强化实践能力，契合强化实践教学的要求。

在教学资源个性化呈现方面，技术意义重大。应用转型注重培养多样化应用型人才，学生学习进度和知识掌握程度存在差异。通过人工智能技术分析学生学习数据，教师可了解学生学习状况和偏好。对于会计学学习进度快的学生，推荐财务风险预警模型构建、管理会计前沿方法等拓展性资源，培养创新和拓展能力；对于会计分录编制等基础知识薄弱的学生，推送针对性辅导资料，帮助巩固基础，实现个性化学习，更好地达成混合教学模式下的能力培养目标。

四、教学环境要素

在混合教学模式中，教学环境要素是影响会计学教学效果的重要因素。它不仅关系到教学活动的顺利开展，还与学生的学习体验和能力培养紧密相连。随着教育技术的发展和教学理念的更新，教学环境正发生着深刻变革。下面将深入探讨线上虚拟教学环境的构建与管理、线下实体教学环境的优化方向以及线上线下融合教学环境的营造策略。

（一）线上虚拟教学环境：开启会计学教学新空间

在会计学混合教学模式中，线上虚拟教学环境的构建与管理是推动教学变革的重要力量。

选择适配的教学平台和工具是构建线上虚拟教学环境的关键。会计学课程知识更新迅速，且具有很强的实践性，不同教学平台的功能差异明显。对于以传授基础会计理论知识为主的课程，腾讯课堂、钉钉直播等直播功能强大的平台，能让教师实时授课，学生即时听讲并提问，保障知识传递的时效性与准确性，助力学生快速掌握基础概念。而对于高级财务分析这类需要学生自主探索、互动交流的课程，Moodle、Canvas等学习管理系统更为适宜。学生在平台上自主学习课程资料、参与讨论、提交作业，在这个过程中，自主学习能力和沟通协作能力得到锻炼，为未来从事复杂的财务分析工作奠定基础。

有效的管理是线上虚拟教学环境良好运行的保障。教师应制定清晰的教学规则，明确签到时间、作业提交截止日期以及讨论区发言规范等。这些规则不仅能规范学生的学习行为，还能培养学生的时间管理和自律能力。当学生遇到技术难题或知识疑惑时，教师及时给予帮助，维护教学秩序。教师还应积极营造互动氛围，组织线上讨论，如围绕新会计准则对企业财务报表的影响展开讨论，引导学生发表见解，并及时反馈点评，激发学生的思考与表达欲望，培养学生对会计学问题的深入分析能力。

（二）线下实体教学环境：夯实会计学教学根基

线下实体教学环境的优化对提高会计学教学质量起着至关重要的作用。教学设施的更新是优化的重要一环。学校配备高清投影仪、智能交互白板、音响系统等先进设备，能显著提高教学的可视化效率和声音质量。在会计学教学中，智能交互白板可直观展示复杂的会计图表和案例，教师通过触摸操作进行标注讲解，使学生更易理解，有效提高教学效率。

教室布局的优化不可忽视。传统的整齐桌椅布局不利于学生互动合作，而小组讨论式、圆形等灵活布局，为学生开展案例分析、小组讨论创造了有利条件。在小组讨论式布局中，学生围坐在一起，针对会计案例共同探讨解决方案，在交流碰撞中，团队协作和问题解决能力得到锻炼，这对于学生未来在会计工作中参与团队项目意义重大。

校园文化氛围的营造能为会计学教学注入活力。学校举办学术讲座，邀请行业专家分享最新行业动态和实践经验，让学生了解行业前沿信息，拓宽视野。组织会计技能竞赛，激发学生的学习兴趣和竞争意识，促使学生主动提升专业技能，更好地适应未来的会计职业发展。

（三）线上线下融合教学环境：实现会计学教学新跨越

营造线上线下融合的教学环境是混合教学模式的核心追求。建立统一的教学管理平台是实现这一目标的基础。通过该平台，教师统一发布教学信息、布置作业、组织考试，学生则能统一获取学习资源、提交作业、查看成绩，避免教学管理混乱，提高教学效率。

促进线上线下教学活动的有机融合是关键。线上学习为线下教学提供知识储备，学生通过线上观看视频、阅读资料预习基础知识。在线下课堂上，教师组织案例分析、小组讨论等活动，引导学生深入理解和应用知识。线下教学成果还可通过线上平台展示分享，促进学生之间的交流学习。学生在小组案例分析中总结出的创新性财务分析方法，在线上平台展示后，能供其他同学借鉴，实现知识的共享与拓展。教师和学生都需要适应这种融合的教学环境。教师要熟练掌握线上线下教学技术，根据教学内容和学生情况灵活切换教学模式。学生要具备自主学习能力和线上线下学习的转换能力，积极参与各类学习活动。只有教师和学生共同努力，才能营造出高效、和谐的线上线下融合教学环境，实现会计学教学目标，培养出适应社会需求的应用型会计人才。

第二节　混合教学模式的设计原则

在构建会计学混合教学模式的过程中，明确合理的设计原则至关重要。它不仅为教学实践提供指引，确保教学活动有序开展，更与应用转型背景下的教学目标紧密相连，对实现能力培养与课程教学的深度融合意义非凡。下面将从以学生为中心、教学目标导向、融合创新以及动态灵活性这四个关键原则出发，深入剖析混合教学模式在会计学教学中的设计要点，为提高教学质量筑牢理论根基。

一、以学生为中心原则

（一）基于学生学习需求的教学活动设计

学生的学习需求是教学活动设计的出发点。会计学是一门与实际应用紧密相连的学科，学生在学习过程中既渴望掌握扎实的理论知识，又期望具备解决实际问题的能力。教学活动设计应充分考虑这些需求。在线上教学环节，教师可利用丰富的网络资源，为学生提供多样化的学习活动。针对基础会计课程中会计凭证填制这一知识点，教师在在线教学平台上发布动画演示视频，详细展示凭证填制的全过程，让学生通过观看视频，清晰地了解每个步骤。设置线上互动环节，鼓励学生在观看视频后，在讨论区分享自己的理解和疑问，同学之间相互交流解答，教师则在一旁适时引导和总结。这样的教学活动，既满足了学生对知识获取的需求，又锻炼了他们的自主学习和沟通能力。线下教学活动同样要以学生需求为导向。比如在财务报表分析课程中，教师组织案例分析活动，选择具有代表性的企业财务报表案例，引导学生运用所学知识进行深入分析。在分析过程中，学生不仅能巩固财务分析的理论知识，还能学会如何将这些知识应用到实际的企业财务状况评估中，满足他们对实践能力培养的需求。

（二）关注学生个体差异的教学内容分层

分层教学以学生个体差异为依据，将学生划分层次并设计适配教学内容与手段，契合因材施教理念，在会计实务课程项目教学中有助于学生个性化发展，已在高校多学科应用，在会计实务课程教学中也初显成效，但存在部分教师认识不深、分层不合理等问题。

在“会计学”这一知识体系复杂、技能要求多样的学科中，学生个体差异显著，关注并进行教学内容分层意义重大。对于基础薄弱的学生，应聚焦基础知识巩固强化。就基础会计课程而言，着重讲解会计基本概念、原则及简单核算流程，通过反复练习与详细讲解筑牢根基，提供更多基础练习题和辅导资料，助力学生逐步提升能力。而学习能力强、基础扎实的学生，教学内容可适当拓展深化。如在高级财务会计课程中，引入企业并购会计处理、金融工具核算等前沿成果与复杂案例，激发学习兴趣和创新思维，推荐学术论文和专业书籍引导自主拓展学习。

教师可依据学生学习进度和能力，把教学内容划分为不同层次模块，各模块设定相应学习目标与任务，学生据此选择适合模块，实现个性化学习。目前会计实务课程应用分层教学时，部分教师对其认识不足，教学观念落后，难以将分层教学理念有效融入教学，导致教学方法与课程融合不佳，影响教学效果；分层不合理现象普遍，部分教师存在形式主义，不顾实际为分层而分层，阻碍分层教学作用发挥，对课堂教学产生不利影响。在会计学教学推进分层教学时，需解决现存问题，充分发挥其提升教学针对性和有效性的作用，促进学生更好发展。[1]

（三）学生学习反馈驱动的教学调整机制

在会计学课程的混合教学模式中，学生学习反馈驱动的教学调整机制意义重大。在混合教学模式下，学生的学习反馈是教学调整的重要依据，这与培养应用型会计人才的目标紧密相关。教师收集学习反馈的途径丰富多元，线上学习平台的讨论区方便学生随时提问、交流想法，作业完成情况直观反映学生对知识的掌握程度，考试成绩分析能发现学生知识体系的薄弱之处，线下课堂互动表现则体现学生的参与度和理解深度。

以“管理会计”课程为例，若经这些渠道发现学生普遍对成本核算方法的应用理解困难，则表明当前教学与学生实际需求存在差距，无法让学生有效掌握这一关键技能，难以满足培养学生实践操作能力的要求。教师及时调整教学策略至关重要。线上重新录制针对难点和易错点的讲解视频，借助线上教学不受时空限制的特点，方便学生随时复习；线下增加案例分析和练习时间，加强对学生的指导，有助于学生在实际操作中深化对知识的理解，将理论知识转化为实践能力，满足未来会计工作对成本核算能力的需求。若学生在小组讨论活动中参与度不高，这意味着当前教学活动组织方式未能充分调动学生的积极性和主动性，不利于培养学生的沟通协作和创新思维能力，而这些能力是会计人才必备的素养。教师通过反思并调整讨论话题设置、加强引导支持，能提高学生参与度，增强学习效果，使教学活动更好地服务于学生能力培养。

通过构建学生学习反馈驱动的教学调整机制，会计学教学能紧密贴合学生实际

[1] 邱金平 . 刍议分层教学在会计实务课程项目教学中的应用 [J]. 现代职业教育 , 2019 (6):22-23.

情况，及时优化教学策略和活动组织形式，提高教学质量，为培养适应社会需求的应用型会计人才提供有力支持。

二、教学目标导向原则

教学目标是教学活动的核心指引，在混合教学模式中，遵循教学目标导向原则对于确保教学活动的有效性和达成预期教学成果至关重要。

（一）依据教学目标确定教学模式各环节

教学模式的各个环节都应围绕教学目标进行设计。在会计学教学中，教学目标涵盖知识传授、技能培养和职业素养塑造等多个方面。以培养学生的财务报表分析能力为例，在教学模式的设计上，线上教学环节安排学生观看财务报表分析的理论讲解视频，学习各种财务指标的计算方法和分析原理，为后续的实践操作奠定基础。线下教学环节则侧重于案例分析和实践操作，教师选择真实企业的财务报表案例，引导学生运用所学理论知识进行分析，通过小组讨论和个人汇报的形式，锻炼学生的分析能力和表达能力。在实践操作方面，组织学生使用专业的财务分析软件，对企业财务数据进行实际分析，提高学生的软件操作技能和数据处理能力。教学资源的选择也应依据教学目标。为了帮助学生更好地理解财务报表分析，教师选择相关的学术论文、行业报告等教学参考资料，让学生了解行业最新动态和前沿研究成果。引入企业实际的财务报表数据和分析案例，使教学内容更加贴近实际工作场景，增强学生的实践能力。

（二）教学活动与教学目标的匹配性考量

教学活动的设计应与教学目标紧密匹配，确保每个教学活动都能为实现教学目标作出贡献。在会计学教学中，不同的教学活动有着不同的侧重点和作用。案例教学是一种常用的教学活动，在财务会计课程中，通过选取具有代表性的企业财务案例，引导学生分析案例中的会计处理方法、财务数据变化以及对企业财务状况的影响。案例教学与培养学生的财务分析能力和解决实际问题的能力这一教学目标高度匹配。学生在分析案例的过程中，不仅能加深对财务会计理论知识的理解，还能学会如何运用这些知识解决实际问题。

项目驱动教学是一种有效的教学活动。在审计课程中，教师设计一个模拟审计项目，让学生分组完成。学生在项目实施过程中，需要运用审计理论知识，制订审计计划、实施审计程序、收集审计证据并撰写审计报告。这一教学活动能全面锻炼学生的审计专业技能、团队协作能力和沟通能力，与审计课程培养学生具备独立开展审计工作能力的教学目标相契合。教师在设计教学活动时，应充分考虑教学活动与教学目标之间的匹配性，避免教学活动与教学目标脱节，确保教学活动能切实促进教学目标的实现。

（三）通过教学评价检验教学目标达成度

教学评价是检验教学目标达成度的重要手段。在混合教学模式下，教学评价应多元化，全面、客观地反映学生的学习成果和教学目标的实现情况。考试是教学评价的一种常见方式，但在会计学教学中，不能仅仅依靠考试成绩来评价学生。除了传统的笔试，还应增加实践操作考核、项目成果评价等方式。比如在财务软件应用课程中，通过让学生完成实际的财务数据处理任务，考核学生对软件操作的熟练程度和数据处理能力；在会计综合实践课程中，对学生的项目成果进行评价，包括项目报告的撰写质量、团队协作表现以及对实际问题的解决能力等方面。学生的学习过程表现也应纳入教学评价范围。通过线上学习平台记录学生的学习时长、参与讨论的积极性、作业完成的质量和及时性等，线下课堂观察学生的表现、参与度和团队协作能力等，综合评估学生的学习态度和努力程度。教师应根据教学评价结果，分析教学目标的达成情况。如果发现教学目标未完全达成，应深入分析原因，是教学方法不当、教学内容不合适还是学生自身的问题，然后有针对性地进行调整和改进，不断提高教学质量，确保教学目标的最终实现。

三、融合创新原则

融合创新原则是混合教学模式的核心特色之一，在会计学教学中，它体现在教学方法、教学资源与技术以及教学模式等多个层面的创新与融合。

（一）线上线下教学方法的融合策略

线上教学和线下教学各有优势，将两者的教学方法有机融合，能充分发挥混合教学模式的优势。线上教学具有资源丰富、学习时间灵活等特点。教师利用线上教学平台的优势，采用微课、慕课等教学方法，为学生提供丰富的学习资源。在讲解复杂的会计知识点时，制作短小精悍的微课视频，突出重点和难点，方便学生随时观看和学习。通过在线讨论区、答疑系统等互动功能，组织学生进行线上讨论和交流，培养学生的自主学习能力和沟通能力。线下教学则更注重师生之间的面对面交流和互动。在课堂教学中，教师采用案例教学、小组讨论、角色扮演等教学方法，营造活跃的课堂氛围。在讲解财务报表分析时，教师选取实际企业的财务报表案例，组织学生进行小组讨论，让学生在交流中深化对知识的理解，提高分析问题和解决问题的能力。通过角色扮演的方式，让学生模拟企业财务人员、审计人员等角色，体验不同角色的工作流程和职责，增强学生的实践能力和职业素养。教师应根据教学内容和学生的学习情况，灵活选择线上线下教学方法，并将它们有机结合起来。在讲解新知识点时，先让学生通过线上微课进行预习，了解基本概念和原理；在线下课堂上，教师再通过案例分析、小组讨论等方式，帮助学生深入理解和应用知识，实现线上线下教学方法的优势互补。

（二）教学资源与技术融合的创新思路

信息技术的发展，使教学资源与技术的融合为会计学教学带来了新的机遇和挑战。在混合教学模式中，创新教学资源与技术的融合方式，能丰富教学内容，提高教学效率。数字化教学资源在会计学教学中得到了广泛应用，如多媒体课件、微课、慕课、虚拟仿真实验资源等。教师利用这些资源，创新教学内容的呈现方式。在讲解会计业务处理流程时，通过动画、视频等多媒体形式，将抽象的业务流程直观地展示给学生，帮助学生更好地理解。利用虚拟仿真实验资源，创建虚拟的会计工作场景，让学生在虚拟环境中进行实践操作，提高学生的实践能力。技术实现教学资源的个性化推送。通过人工智能技术对学生的学习数据进行分析，了解学生的学习进度、知识掌握情况和学习偏好，为学生推荐合适的教学资源。对于学习进度较快的学生，推荐一些拓展性的学习资源，如学术论文、行业报告等；对于在某个知识点上存在困难的学生，推送有针对性的辅导资料，帮助他们巩固知识。教师利用技术手段整合教学资源。将线上课程、学术论文、案例资料等不同来源的教学资源整合到学习管理系统中，方便学生获取和使用。通过建立教学资源库，实现教学资源的共享和更新，提高教学资源的利用效率。

（三）借鉴先进理念实现教学模式创新

技术的进步，使在线学习平台越发智能化、个性化，学生可依自身学习进度和兴趣定制学习，学习自主性和深度得以提升，这为会计学教学模式创新提供了良好契机。教育领域新的教学理念和方法不断涌现，借鉴这些先进理念能有力推动会计学混合教学模式发展。采取项目式学习理念，教师设计跨学科会计项目让学生分组完成，在项目实施中学生需运用会计学、经济学、管理学等多学科知识解决实际问题，不仅有助于专业知识的掌握，还能提升团队协作、沟通和创新能力。探究式学习理念同样适用，教师提出启发性问题引导学生自主探究，如在讲解会计政策选择对企业财务报表影响时，让学生自主收集数据、分析差异、探究原因，培养学生自主学习和探究精神。[1]未来会计教育更注重学生综合素质的培养，涵盖职业道德、社会责任和创新思维等方面。因此，教师应紧跟教育领域最新动态，积极借鉴先进教

[1]　刘翠侠．一流课程目标下会计学课程混合式教改研究 [J]. 现代商贸工业，2024, 45(22):156-158.

学理念和方法，将翻转课堂与项目式学习更紧密结合，助力学生在自学和实践中融合理论与实践，深化对专业知识和思政理念的理解，创新会计学混合教学模式，提高教学质量，培养适应社会需求的应用型会计人才。[1]

四、动态灵活性原则

在复杂多变的教育环境中，混合教学模式需遵循动态灵活性原则，以适应教学过程中的各种变化，确保教学活动的顺利开展和教学目标的有效达成。

（一）适应教学过程变化的动态调整机制

在会计学教学中，教学过程随着学生学习进度、学习效果、教学内容难易程度等多种因素影响而不断变化。建立一套适应这种变化的调整机制至关重要。教师在教学中起着关键作用，需要密切关注学生的学习情况，以便及时合理调整教学。就像基础会计课程里的借贷记账法，它是会计学的核心基础知识，学生理解和掌握起来通常有困难。一旦发现学生在这个难点上理解有障碍、掌握程度欠佳，教师就要迅速行动。

教师增加线上辅导课程，通过直播或录播深入系统地讲解借贷记账法的原理和应用。直播时，能和学生实时互动，及时解答疑问；录播方便学生随时回看、反复学习。教师要准备大量有针对性的练习题，让学生课后练习，强化对这一难点的理解和运用能力。线下教学同样重要。教师应组织专项讨论活动，鼓励学生分享学习借贷记账法的体会和疑问。在学生分享时，教师认真倾听，针对问题给予精准指导。这样的互动能促进学生间的交流思考，营造良好的学习氛围，加深学生对知识的理解。

除针对难点调整外，教师还应根据不同教学内容的特点和教学目标要求，灵活安排教学活动。新会计准则，更新快且内容复杂。教师要适当增加教学时间，组织学生进行案例分析和小组讨论。通过具体案例，学生可更直观地了解新准则在实际工作中的应用；小组讨论能激发学生思维碰撞，帮助他们从不同角度理解新准则的变化，从而增强教学效果，让学生更好地掌握会计学知识。[2]

（二）根据课程内容特点灵活选择教学方式

会计学课程内容丰富多样，不同的课程内容具有不同的特点，因此需要根据课程内容特点灵活选择教学方式。对于理论性较强的课程，如会计理论与方法，教师

---

[1] 马燕臻 .基于混合式学习模型的会计教育改革：理论与实践的融合 [J].老字号品牌营销 , 2025 (2):216-218.

[2] 胡敏 .《基础会计》课程教学模式改革探索 [J].新西部 (理论版), 2015 (11):146,118.

采用线上线下相结合的讲授式教学方式。线上通过播放理论讲解视频，让学生初步了解课程内容；在线下课堂上，教师对重点和难点进行深入讲解，并结合实际案例进行分析，帮助学生理解抽象的理论知识。在讲解会计基本假设和原则时，教师在线上视频中介绍基本概念，在线下课堂上通过实际企业案例，分析这些假设和原则在会计核算中的应用。对于实践性较强的课程，如会计电算化、会计综合实践等，应加大实践教学的比重。利用线上虚拟仿真实验平台，让学生进行模拟实践操作；线下则安排学生到企业实习或在实验室进行实际操作练习。在会计电算化课程中，学生通过线上虚拟仿真平台熟悉财务软件的操作流程，线下在实验室使用真实的财务软件处理企业财务数据，提高学生的实践操作能力。对于一些前沿性和拓展性的课程，如智能会计、财务共享服务等，教师采用研讨式教学方式。组织学生线上收集相关资料，了解行业最新动态；在线下课堂上，教师引导学生进行深入讨论，鼓励学生发表自己的见解，培养学生的创新思维和对前沿知识的探索能力。

（三）应对突发情况的教学模式应急调整方案

在教学过程中，会遇到各种突发情况。因此，制定应对突发情况的教学模式应急调整方案是混合教学模式的重要组成部分。

在会计学教学中，教师需要快速适应线上教学环境，充分利用线上教学平台的功能，保证教学的顺利进行。教师通过直播平台进行实时授课，利用在线学习管理系统布置作业、组织考试。为了保证教学效果，教师增加线上互动环节，在线讨论、小组合作项目等，提高学生的参与度。如果遇到教学设备故障等突发情况，教师应及时调整教学方式。如果实验室的财务软件出现故障，无法进行正常的实践教学，教师将实践教学调整为理论教学或案例分析教学。利用线上资源，为学生提供相关的案例资料，组织学生进行线上案例分析讨论，确保教学不受太大影响。

通过制定应对突发情况的教学模式应急调整方案，能在遇到突发情况时，最大限度地减少对教学的影响，保证教学活动的连续性和稳定性。

混合教学模式的设计原则是一个相互关联、相互影响的有机整体。以学生为中心原则关注学生的需求和发展，教学目标导向原则确保教学活动的有效性，融合创新原则推动教学模式的发展和进步，动态灵活性原则使教学能适应各种变化。在会计学教学中，遵循这些设计原则，有助于构建高效的混合教学模式，实现应用转型背景下会计学教学的重构和能力培养的一体化目标。

第三节　混合教学模式在会计学中的应用路径

在明确混合教学模式的理论框架与设计原则后，如何将其切实应用于会计学教学实践成为关键问题。本节将深入探讨混合教学模式在会计学中的具体应用路径，从线上教学的实施、线下教学的优化以及线上线下融合的教学协同出发，为会计学教学改革提供可操作的实践指导，助力实现应用转型背景下会计学教学重构与能力培养的目标。

一、会计学课程线上教学的实施路径

（一）线上课程体系的规划与建设

线上课程体系在混合教学模式中意义重大，其规划需紧密围绕会计学专业知识结构与学生学习需求展开。以管理会计课程为例，线上课程规划应聚焦于管理会计的核心职能，从成本性态分析、本量利分析等基础内容起步。先引导学生理解成本如何随业务量变动而变化，掌握本量利分析的基本模型和应用场景，为后续深入学习管理会计的预算编制、成本控制、绩效评价等内容做铺垫。课程内容的系统性构建贯穿始终。以审计学线上课程规划为例，先讲解审计的基本概念、目标和分类，让学生对审计工作有初步认识，接着深入审计流程，从审计计划的制订，到风险评估、内部控制测试，再到实质性程序的实施，按照实际审计工作的逻辑顺序展开。这样的课程设置有助于学生构建完整的审计知识体系，理解审计工作的复杂性和严谨性。丰富教学资源的整合对线上课程体系建设至关重要。在税务会计课程建设中，除教师自制视频外，可引入专业税务机构发布的行业研究报告。这些报告能让学生了解最新的税收政策变化以及在不同行业的应用实例。还可推荐学生阅读相关学术论文，深入探究税务会计理论与实践中的前沿问题，如数字化税收征管对企业税务会计的影响等。持续关注会计领域的政策法规动态，及时更新课程资源，确保学生所学知识符合行业最新要求，提高学生对复杂税务问题的应对能力，为其未来从事税务会计工作提供有力支持。

（二）线上教学活动（如微课、在线讨论等）的组织

在会计学的线上教学活动中，微课与在线讨论是提高教学质量的重要环节，两者相辅相成，共同促进学生对知识的理解与掌握。

微课以其聚焦性和简洁性，在会计学线上教学中占据关键地位。制作微课时，教师需精准锁定具体的会计学知识点，如财务报表分析中的比率分析、会计核算中的账务处理流程等。将这些复杂知识点拆解为简短且易于理解的内容，是制作微课的核心要点。在讲解财务比率计算的微课中，教师要把各类财务比率的计算过程详细呈现，通过实际案例，将抽象的计算方法具象化。选取某上市公司的财务数据，引导学生逐步计算流动比率、资产负债率等指标，让学生清晰知晓每个计算步骤的

依据和逻辑，帮助学生理解这些比率所反映的企业财务状况。微课视频的时长通常控制在5 ~ 10分钟，这样的时长设计旨在契合学生的注意力集中时长，确保学生能高效吸收知识。

在线讨论则为学生提供了互动交流的平台，是深化知识理解的有效途径。教师依据教学内容设置具有启发性的讨论话题至关重要。在学习管理会计相关知识时，可设置“如何运用作业成本法优化企业成本核算”这样的话题。在讨论过程中，教师扮演着引导者的角色，鼓励学生大胆发表自己的观点，营造相互质疑、辩论的良好氛围。对于学生提出的观点，教师要及时给予反馈和评价。以“新收入准则对企业财务报表的影响”这一话题讨论为例，教师引导学生从收入确认的时点、计量方式以及对不同行业企业财务报表的具体影响等方面展开分析。教师还可引入不同行业的实际企业案例，电商企业、制造业企业等，让学生对比分析新收入准则在不同行业的应用差异，加深学生对新收入准则的理解，提升学生运用知识解决实际问题的能力。

（三）线上学习效果的监测与反馈

在线学习平台的数据分析工具是教师监测学生学习动态的有力助手。教师借助该工具，能全面掌握学生的课程视频观看时长、作业完成情况以及在线测试成绩等数据。这些数据清晰地反映出学生的学习进度和知识掌握程度。一旦发现学生在某个知识点的视频观看时长过短，且作业错误率较高，这便是一个关键信号，表明学生在该知识点的理解上存在障碍。教师应迅速行动，进行线上辅导，针对学生的疑惑进行详细剖析，也可发布补充学习资料，助力学生巩固知识，攻克学习难关。

定期组织在线测试，是监测学习效果的重要手段。测试结果不仅直观展现学生对知识点的掌握水平，还为教师调整教学策略提供关键依据。教师通过分析测试数据，判断教学内容是否契合学生需求、教学方法是否有效，进而优化教学过程，提高教学质量。

线上讨论区、邮件、群聊等互动渠道，为教师获取学生学习反馈搭建了桥梁。在这些互动场景中，教师能及时解答学生的疑问，给予即时反馈，还可通过问答、讨论，深入了解学生对课程内容的理解深度和学习难点，从而实施有针对性的教学指导。

每个学生都是独一无二的，教师应关注学生的个体差异，提供个性化的学习建议和资源。通过个性化反馈，帮助学生补齐学习短板，促进其个性化发展，让每个学生都能在会计学学习中找到适合自己的路径。教师不仅要关注学习成果，还应重视学生的学习过程以及参与度、讨论活跃性等表现，这些都是评估学习效果的重要指标。在反馈时，教师应合理运用激励机制，对表现优异的学生给予肯定和奖励，激发他们的学习动力；对需要改进的学生，提出建设性建议，注意方式方法，呵护学生的学习积极性。在特定情形下，邀请家长或社区成员参与学习过程的监测和反馈，特别是针对年龄较小的学生，能为学生构建一个更完善的支持系统，共同助力学生的学习与成长。通过综合运用这些方法，教师能全方位监测线上学习效果，给予及时有效的反馈，增强学生的自主学习能力，推动会计学教学质量迈向新台阶。

二、会计学课程线下教学的优化路径

尽管线上教学在会计学混合教学模式中发挥着重要作用，但线下教学同样不可忽视。线下教学在培养学生实践能力、深化知识理解以及营造学习氛围等方面有着独特优势。因此，探索会计学课程线下教学的优化路径十分关键。下面将从教学设计优化、实践教学环节的强化以及学习氛围的营造与学习共同体的构建这几个方面，深入探讨如何提高线下教学质量，使其与线上教学协同发展，共同推动会计学教学改革。

（一）线下课堂教学的教学设计优化

线下课堂教学在会计学教学体系中始终占据关键位置，是学生深化知识理解、提升实践能力的重要场所。在优化教学设计时，教师需充分结合线上教学实际与教学目标，科学合理地规划教学内容。

若线上教学已完成基础会计知识的传授，线下课堂就应承接线上所学，着重对知识进行深化与拓展。以财务报表分析课程为例，线上教学已使学生掌握了基本的财务指标计算方法，线下课堂则可引入复杂的企业实际案例，组织学生进行深入的案例分析。教师引导学生运用所学指标，对企业的财务状况、经营成果和现金流量展开全面剖析，探讨企业在行业中的竞争力与潜在风险，让学生在实际应用中深化对财务报表分析的理解。小组讨论也是知识拓展的有效方式。教师可围绕特定主题，如“企业多元化经营对财务结构的影响”，组织学生分组讨论。各小组成员在交流中分享见解、相互启发，将理论知识与实际案例紧密结合，进一步拓宽学生的知识视野。

培养学生的思辨性思维和创新能力，是线下教学设计的重要目标。教师可通过设置开放性问题，激发学生的思考。如“如何在企业财务风险管理中运用新兴技术”，此类问题没有固定答案，学生需从不同角度分析，综合运用所学知识提出解决方案。在小组讨论环节，教师应鼓励学生大胆质疑、勇于创新。当学生讨论“新税收政策下企业税务筹划”时，教师引导学生突破常规思维，探索新颖的筹划方法，考虑不同行业、不同规模企业的差异，培养学生的创新思维和解决实际问题的能力。通过优化线下课堂教学设计，合理安排教学内容，注重培养学生的思辨性思维和创新能力，能有效提高会计学线下课堂教学质量，促进学生全面发展，使其更好地适应未来复杂多变的会计工作环境。

（二）实践教学环节（如会计实验、案例研讨）的强化

1.会计实验教学：引入企业真实数据，提升实践操作能力

会计实验教学对提升学生实践操作能力意义重大。引入企业实际财务数据，能增强实验的真实性与复杂性。企业真实数据反映了日常经营的各类业务。学生以此进行账务处理，从审核原始凭证开始，判断其真实性、合法性和完整性，这有助于学生理解会计核算的严谨性。在编制记账凭证时，学生要依据审核后的原始凭证，准确选择会计科目，确定借贷方向和金额，这考验着学生对会计科目核算内容和运用规则的掌握程度。完成账务处理后，编制财务报表成为检验学生综合能力的重要步骤。学生通过编制资产负债表、利润表和现金流量表，整合分散的会计数据，呈现企业的财务状况、经营成果和现金流量。在这一过程中，学生难免会遇到原始凭证瑕疵、会计科目选择困难等问题，而解决这些问题，正是提升实践操作能力的关键，能让学生更好地适应未来的会计工作。

2.案例研讨：多角度分析不同企业案例，提升分析和解决问题能力

案例研讨是培养学生分析和解决问题能力的重要方式。教师选择的案例应具有代表性，涵盖不同行业和规模的企业。不同行业企业的财务特征、经营模式和面临的财务问题差异明显，制造业注重成本核算与资金周转，互联网企业则更关注研发投入和用户数据价值的财务体现。不同规模企业在财务决策、风险管理方面也有所不同。通过研讨这些案例，学生可拓宽视野，了解不同企业的财务特点和需求。在案例研讨时，教师要引导学生多角度分析案例。以企业财务风险案例为例，教师应引导学生分析风险产生的原因，市场环境变化、内部管理不善、宏观政策调整等；评估风险对企业财务状况、经营成果和现金流量的影响，并提出应对措施，如优化资本结构、加强内部控制、建立风险预警机制等。这样的案例研讨，能有效锻炼学生的分析和解决问题能力，使其更好地应对会计工作中的复杂挑战。

（三）线下学习氛围的营造与学习共同体的构建

营造良好的线下学习氛围，对会计学专业学生学习成效影响重大。教师可运用多种方式，为学生打造积极的学习环境。

学术讲座是激发学生学习兴趣的有效途径。教师邀请企业财务专家举办讲座，专家会分享实际工作中的一手经验与真实案例，涵盖企业财务处理流程、应对财务风险策略等内容。学生聆听讲座，可接触行业前沿动态，了解企业实际财务需求，进而明确学习方向，提升学习的积极性和主动性。

会计技能竞赛能营造浓厚的学习氛围。教师组织会计账务处理竞赛、财务报表

分析竞赛等活动，学生为取得优异成绩，会主动深入学习会计学知识，提升实践操作能力。竞赛还能培养学生的竞争意识，促使他们挑战自我，在竞赛中发现自身不足，从而有针对性地提高学习效率。

构建学习共同体是促进学生学习的有力手段。教师依据学生的学习能力、性格特点等因素进行分组，布置需共同完成的学习任务。在会计案例分析任务中，小组成员分工明确，分别负责资料收集、数据分析、报告撰写等工作。在此过程中，学生相互学习优点，遇到问题互相帮助，逐渐培养团队合作精神。教师在学习共同体中需发挥引导作用，帮助学生建立良好的沟通机制。教师鼓励学生在小组内分享学习心得和经验，学习会计学知识点的技巧、解决实际问题的思路等。通过分享，学生能从他人经验中获得启发，拓宽学习思路，实现共同进步。通过营造良好线下学习氛围和构建学习共同体，学生在会计学学习过程中，既获取了知识，又提升了团队协作能力和沟通能力，为未来职业发展提供有力支持。

三、线上线下融合的教学协同路径

线上教学与线下教学各有优势，在会计学教学中，实现两者的融合协同至关重要。线上教学能提供丰富资源与自主学习便利，线下教学则利于实践操作与深度交流。下面将从教学时间的合理分配、教学任务的协同设计以及教学评价的统一与互补这几个关键方面，深入探讨线上线下融合的教学协同路径，以推动会计学教学质量提高。

（一）线上线下教学时间的合理分配

在会计学混合教学模式里，线上线下教学时间的合理分配是影响教学效果的关键因素。不同性质的课程内容对教学时间的分配有着不同要求。以会计理论与方法这类理论性较强的课程为例，线上教学在时间安排上具有独特优势。线上丰富的教学资源、专业的学术讲座视频、权威的电子文档资料等，为学生自主学习提供了广阔空间。学生根据自身学习节奏，暂停、回放视频，深入研读资料，更好地理解复杂的理论知识。会计计量属性的概念与应用等内容，学生通过线上学习能反复琢磨，初步构建起理论框架。

对于实践性较强的课程内容，会计实验和案例分析，线下教学时间的增加必不可少。以会计实验课程中的账务处理实验为例，学生需要在真实的操作环境中，接触原始凭证、填写记账凭证、登记账簿等。只有通过线下的实际动手操作，学生才能深刻理解会计核算的流程和规范，及时发现并解决操作过程中出现的问题，切实提升实践能力。在案例分析教学中，线下课堂的面对面讨论能激发学生的思维碰撞，学生在交流中深入剖析案例，从不同角度提出解决方案。

教学时间的分配并非一成不变，还需紧密结合学生的学习情况和教学目标动态调整。当学生在某一知识点上展现出良好的掌握程度时，教师可适当减少线下教学时间，将更多时间分配到线上拓展学习。在学生对财务比率分析掌握较好的情况下，教师推荐线上的前沿学术研究、行业最新案例分析等拓展资源，鼓励学生进一步深入探索。反之，若学生对某个知识点理解困难，如所得税会计中的暂时性差异概念，教师应增加线下辅导和讨论时间，通过面对面的讲解、答疑和小组讨论，帮助学生攻克学习难点，确保学生扎实掌握知识，稳步推进教学进程，实现会计学教学质量的提高。

（二）线上线下教学任务的协同设计

线上线下教学任务的协同设计，是实现混合教学模式目标的核心环节，其关键在于让两者相互配合，共同服务于教学目标的达成。

线上教学任务凭借其灵活性与资源丰富性，在知识传授与初步理解方面具有独特优势。以微课为例，教师将复杂的会计学知识点拆解成短小精悍的内容，通过生动的讲解和直观的演示，帮助学生快速掌握基本概念和原理。在讲解会计凭证的填制时，微课能详细展示不同类型凭证的填制要求和规范，让学生对凭证填制有初步认识。在线阅读材料及专业文献、行业报告等，能拓宽学生的知识面，加深他们对理论知识的理解。

线下教学任务聚焦于知识的应用与深化。案例分析是线下教学的重要方式之一。教师选取具有代表性的企业成本核算案例，让学生运用线上所学的成本核算方法进行分析。在这个过程中，学生需要对案例中的成本数据进行整理、计算和分析，判断企业成本核算的合理性，并提出优化建议。通过实际案例的操作，学生将抽象的理论知识转化为解决实际问题的能力。小组讨论也是深化知识的有效手段。在讨论过程中，学生各抒己见，分享自己的分析思路和见解，相互启发，从不同角度思考问题，进一步加深对知识的理解和掌握。

在设计教学任务时，确保任务的连贯性和递进性至关重要。线上学习为线下学习搭建基础框架，线下学习在此基础上进行拓展和深化。在学习管理会计的本量利分析时，线上教学先让学生学习本量利分析的基本模型、计算公式和相关假设。线下教学则通过实际企业案例，让学生运用所学模型进行分析，预测企业在不同销售水平下的利润情况，探讨成本结构对利润的影响，并根据分析结果提出调整策略。这样的协同设计，使学生在逐步深入的学习过程中，构建起完整的知识体系，提高综合运用知识的能力，更好地适应会计学专业的学习和未来的职业需求。

（三）线上线下教学评价的统一与互补

教学评价在教学活动中是衡量教学效果、反馈教学质量的重要手段。在会计学混合教学模式下，线上线下教学评价需遵循统一标准，以全面、客观地考量学生的学习成果。评价内容应涵盖多个维度。在知识掌握方面，考查学生对会计学基础概念、专业理论以及准则法规的理解与记忆程度；在技能应用方面，关注学生能否将所学知识运用于实际会计操作、财务分析等任务；在学习态度方面，注重观察学生在学习过程中的主动性、积极性和持续性；在团队合作方面，聚焦学生在小组项目、课堂讨论等活动中的协作表现。

线上评价拥有多样化的方式。在线测试能及时检验学生对知识的掌握情况，定期的章节小测验、阶段性的综合测试等，通过设置客观题和主观题，全面考查学生的知识水平。作业完成情况反映了学生对知识的理解和运用能力，从作业的完成质量、提交的及时性等方面进行评估。学习平台的参与度也是重要指标，包括学生参与课程讨论的活跃度、学习资源的利用频率等，体现学生的学习积极性和自主学习能力。线下评价同样不可忽视。课堂表现观察学生的专注度、发言质量以及对问题的反应速度，判断其对知识的理解深度。在实验操作环节，学生在会计实验课程中的实际动手能力、操作规范程度等，直接反映出他们的实践技能水平。案例分析则要求学生综合运用知识，从不同角度分析问题、提出解决方案，是对学生知识掌握和应用能力的深度检验。

线上线下评价并非孤立存在，而是相互补充。当学生线上测试成绩良好，但线下案例分析表现欠佳时，教师应深入了解情况。学生在线上学习时只是机械记忆知识，缺乏对知识的深入理解和灵活运用能力，也许是线下学习环境和方式的变化影响了学生的发挥。教师通过与学生沟通、观察学生学习过程等方式，找出问题根源，为学生提供针有对性的指导，帮助学生改进学习方法，提高学习效率，确保学生在会计学学习中全面发展。

第四章

会计学课程教学目标的重新定位

在教育持续变革与发展的进程中，会计学专业面临着新的机遇与挑战，其课程教学目标的定位也需紧跟时代步伐。过往的教学目标在一定程度上推动了会计学教育的发展，但行业环境发生变化、技术不断更新，以及对人才培养要求逐步提升，促使重新审视和定位会计学课程教学目标尤为关键。本章将从人才培养的目标设定、课程目标设计以及教学目标与行业要求的对接等多个维度出发，深入剖析会计学课程教学目标重新定位的必要性、原则与具体方向，为后续教学实践的优化提供坚实基础。

第一节 应用型人才培养的目标设定

在高等教育向应用型转变的趋势下，会计学专业对人才培养提出了新要求。传统的会计学人才培养模式已难以满足当下社会经济发展需求。应用型人才培养成为会计学教育的重要方向。明确应用型人才培养的目标设定，对于优化会计学教学体系、提高教学质量、培养适应市场需求的专业人才意义重大。本节将围绕市场需求、行业发展趋势等因素，深入探讨会计学应用型人才的特征、培养的具体目标和课程体系构建，为会计学专业教育改革提供有力支撑。

一、应用型人才的特征剖析

（一）知识结构特征：实践知识与理论知识的融合

应用型人才的知识结构呈现出实践知识与理论知识紧密融合的特点。在会计学领域，理论知识是基石，它涵盖了会计学原理、财务会计、管理会计、审计学、财务管理等多方面的基础概念、原则和方法。这些理论知识为学生理解会计工作的本质和规律提供了支撑，使学生能把握会计信息生成的逻辑和依据。仅有理论知识是不够的，实践知识同样不可或缺。实践知识包括会计实务操作流程、财务软件的使用技巧、税务申报的具体步骤等。这些知识直接来源于实际工作场景，是应用型人才在解决实际会计问题时所必需的。在学习财务会计课程时，学生不仅要掌握会计凭证的编制、账簿的登记等理论知识，还要通过实际操作，了解不同类型企业在日常业务处理中如何运用这些理论进行账务处理。实践知识与理论知识的融合，要求学生能将理论知识灵活运用到实践中，通过实践加深对理论知识的理解。这种融合并非简单的叠加，而是相互渗透、相互促进的过程。通过实践，学生发现理论知识中的不足，进而推动理论知识的发展和完善；理论知识为实践提供指导，使实践操作更具科学性和规范性。

（二）能力素质特征：专业技能与综合能力的并重

应用型人才需要具备专业技能与综合能力并重的能力素质。专业技能是应用型人才立足专业领域的核心能力。在会计学专业，专业技能包括会计核算技能、财务报表编制与分析技能、税务筹划技能、审计技能等。以会计核算技能为例，学生需要熟练掌握从原始凭证的审核、记账凭证的编制到账簿登记、财务报表生成的全过程操作，确保会计信息的准确性和及时性。经济环境的日益复杂和企业对会计人员要求的不断提高，仅仅具备专业技能已无法满足职业发展的需求，综合能力的培养也至关重要。综合能力涵盖沟通能力、团队协作能力、问题解决能力、创新能力等多个方面。在企业财务工作中，会计人员需要与不同部门的人员进行沟通协作，获取准确的财务数据并提供有效的财务建议。良好的沟通能力有助于会计人员清晰地表达财务信息，提高部门之间的协作效率。团队协作能力则使会计人员能在财务团队中发挥自身优势，共同完成财务工作任务。当企业面临财务风险或会计政策变更等问题时，会计人员需要运用问题解决能力，分析问题产生的原因，提出切实可行的解决方案。创新能力对于应用型人才同样重要，在数字化时代，会计工作面临着诸多新挑战和新机遇，具备创新能力的会计人员能探索新的会计工作模式和方法，提高工作效率和质量。

（三）职业素养特征：职业道德与职业态度的要求

职业素养是应用型人才的重要特征之一，它包括职业道德和职业态度两个方面。在会计学领域，职业道德是会计人员在职业活动中应遵循的行为准则和规范。会计人员掌握着企业的财务信息，其职业道德水平直接关系到企业财务信息的真实性和可靠性。诚实守信是会计职业道德的核心要求，会计人员必须如实记录和报告企业的财务状况和经营成果，不得虚报、瞒报财务信息。保守秘密也是会计职业道德的重要内容，会计人员应对企业的商业秘密和财务机密严格保密，防止信息泄露给企业带来损失。廉洁自律、客观公正等职业道德要求同样贯穿会计工作的各个环节。职业态度则反映了会计人员对工作的认知、情感和行为倾向。积极的职业态度表现为对会计工作的热爱和高度的责任心。会计工作烦琐且要求严谨，需要会计人员具备耐心和细心，认真对待每一笔业务，确保财务数据的准确性。具有高度责任心的会计人员会主动关注企业财务状况的变化，及时发现并解决潜在的财务问题，为企业的发展提供有力支持。会计人员还应保持不断学习的态度，会计法规、会计准则的不断更新和会计技术的不断进步，促使其持续学习新知识、新技能，以适应职业发展的需求。

二、会计学应用型人才培养的具体目标

明确会计学应用型人才培养的具体目标，是提高会计学教育质量、满足社会经济发展需求的关键所在。下面深入探讨会计学应用型人才在专业知识、实践操作技能以及职业适应能力这几个关键维度的培养目标，旨在为会计学专业教育教学实践提供清晰且精准的方向指引。

（一）专业知识掌握目标：核心知识与拓展知识的界定

会计学应用型人才培养的首要目标是使学生掌握扎实的专业知识，这包括核心知识和拓展知识的界定。

核心知识是会计学专业的基础和核心内容，是学生从事会计工作必须掌握的知识体系。它涵盖了会计学原理、中级财务会计、成本会计、管理会计、审计学、财务管理等课程的核心概念、原则和方法。以会计学原理为例，学生需要掌握会计的基本概念、会计等式、会计科目和账户的设置、复式记账法等核心知识，这些知识是理解和进行会计核算的基础。中级财务会计则要求学生深入学习企业各项资产、负债、所有者权益、收入、费用和利润的核算方法以及财务报表的编制和分析技巧。成本会计侧重于成本核算的方法和流程，使学生能掌握不同成本计算方法在企业中的应用。管理会计主要培养学生运用会计信息进行企业内部管理决策的能力，包括本量利分析、预算编制、成本控制等内容。审计学让学生了解审计的基本理论、程序和方法，掌握审计风险评估和审计证据收集的技巧。财务管理则关注企业的资金筹集、资金投放、资金运营和利润分配等财务活动，培养学生的财务决策能力。

拓展知识是在核心知识基础上，为拓宽学生知识面、增强学生职业竞争力而设置的知识领域。经济全球化和信息技术的发展，使会计学与其他学科的交叉融合逐渐加深，拓展知识的重要性越发凸显。拓展知识包括金融知识、税收法规、企业管理知识、信息技术知识等。金融知识使学生了解金融市场的运作机制、金融工具的种类和特点以及企业的融资和投资策略。税收法规知识帮助学生掌握国家税收政策

的变化，为企业进行合理的税务筹划提供依据。企业管理知识有助于学生从宏观角度理解企业的运营管理，更好地为企业提供财务支持。信息技术知识使学生能熟练运用财务软件、数据分析工具等现代技术手段进行会计工作，提高工作效率和质量。

（二）实践操作技能目标：会计核算、报表编制等技能要求

实践操作技能是会计学应用型人才培养的关键目标之一。学生需要掌握一系列与会计工作密切相关的实践操作技能，其中会计核算和报表编制是最为基础和重要的技能。会计核算是会计工作的核心环节，它包括从原始凭证的取得、审核到记账凭证的编制、账簿的登记，再到财务报表的生成等一系列流程。学生需要熟练掌握不同类型原始凭证的审核要点，能准确判断原始凭证的真实性、合法性和完整性。在编制记账凭证时，学生要根据审核无误的原始凭证，选择正确的会计科目，确定借贷方向和金额，确保记账凭证的准确性。账簿登记要求学生按照记账凭证的内容，将各项经济业务分类、有序地记录到各类账簿中，包括总账、明细账、日记账等。通过账簿登记，学生能系统地反映企业的财务状况和经营成果。财务报表编制是对会计核算结果的综合反映，学生需要掌握资产负债表、利润表、现金流量表等主要财务报表的编制方法。在编制资产负债表时，学生要准确计算各项资产、负债和所有者权益的期末余额，并按照规定的格式进行列示。利润表的编制则要求学生正确核算企业的收入、成本、费用和利润，清晰地反映企业的经营成果。现金流量表的编制相对复杂，学生需要根据企业的经营、投资和筹资活动，分析现金流入和流出情况，编制出现金流量表。除了会计核算和报表编制技能，学生还应掌握财务分析技能，能运用比率分析、趋势分析等方法对企业的财务报表进行分析，为企业的决策提供依据。

（三）职业适应能力目标：快速融入会计岗位的能力培养

培养学生的职业适应能力是会计学应用型人才培养的重要目标之一。职业适应能力包括对会计岗位工作环境的适应、对工作任务和职责的适应以及对职业发展变化的适应。在进入会计岗位初期，学生需要快速适应新的工作环境，包括熟悉企业的组织架构、工作流程和企业文化等。了解企业的组织架构有助于学生明确自己在企业中的位置和职责，更好地与其他部门进行协作。熟悉工作流程则使学生能迅速上手日常会计工作，提高工作效率。企业文化是企业的灵魂，适应企业文化有助于学生更好地融入企业团队，增强归属感。对工作任务和职责的适应要求学生具备扎实的专业知识和实践操作技能，能独立完成各项会计工作任务。在实际工作中，会计人员或许会面临各种复杂的财务问题，特殊业务的会计处理、财务风险的应对

等。学生需要在学习过程中培养解决实际问题的能力，以便在进入岗位后能迅速应对工作中的挑战。会计行业的不断发展和变化，使职业发展也面临着诸多不确定性。培养学生对职业发展变化的适应能力，要求学生具备持续学习的意识和能力。会计法规、会计准则不断更新，会计技术也在不断进步，学生需要关注行业动态，及时学习新知识、新技能，以适应职业发展的需求。学生还应具备一定的职业规划能力，能根据自身的兴趣和优势，制定合理的职业发展目标，并不断调整和完善自己的职业规划。

三、基于人才培养目标的课程体系构建思路

当确立了会计学应用型人才培养目标后，构建与之相契合的课程体系就成为实现人才培养的关键环节。课程体系如同教育的“骨架”，支撑着整个教学活动的有序开展。下面将从课程设置、课程内容以及课程衔接等方面，深入探讨如何构建科学、合理且有效的会计学课程体系，为培养适应市场需求的会计学应用型人才提供有力保障。

（一）课程设置的针对性原则：围绕目标确定课程门类

课程设置的针对性原则是基于会计学应用型人才培养目标构建课程体系的重要思路。课程设置应紧密围绕培养目标，根据专业知识掌握目标、实践操作技能目标和职业适应能力目标确定课程门类。为实现专业知识掌握目标，课程体系应涵盖会计学专业的核心课程和拓展课程。核心课程包括会计学原理、中级财务会计、成本会计、管理会计、审计学、财务管理等，这些课程构成了学生专业知识的核心框架。拓展课程则根据行业发展趋势和市场需求进行设置，金融市场与金融工具、税收筹划、企业战略管理、会计信息系统等课程，拓宽学生的知识面，增强学生的综合素养。针对实践操作技能目标，课程设置应加强实践教学环节。除了在专业课程中安排实验教学内容，还应单独设置实践课程，如会计模拟实验、审计模拟实验、财务管理案例分析等。这些实践课程通过模拟真实的会计工作场景，让学生在实践中巩固和应用所学的专业知识，提高实践操作技能。为培养学生的职业适应能力，课程体系中应设置职业素养课程和职业规划课程。职业素养课程包括会计职业道德、商务礼仪等，培养学生的职业道德和职业行为规范。职业规划课程则帮助学生了解会计职业发展路径，引导学生制定个人职业规划，提高学生的职业规划能力和职业适应能力。

（二）课程内容的实用性原则：强化实践相关内容比重

课程内容的实用性原则是构建会计学应用型人才培养课程体系的关键。在课程

内容设计上，应强化实践相关内容的比重，使学生所学知识能与实际工作紧密结合。在专业课程中，应增加实践案例教学的比重。以中级财务会计课程为例，在讲解各项资产核算时，引入大量企业实际发生的资产购置、折旧计提、减值准备等案例，让学生通过对案例的分析和处理，加深对资产核算方法的理解和应用。在管理会计课程中，通过实际企业的成本控制、预算编制等案例，培养学生运用管理会计工具进行企业内部管理决策的能力。实践课程的内容应尽量模拟真实的会计工作环境和业务流程。在会计模拟实验课程中，学生使用真实的会计凭证、账簿和财务软件，按照企业实际的会计核算流程进行操作，从原始凭证的填制和审核，到记账凭证的编制、账簿登记和财务报表编制，让学生在实践中体验完整的会计工作流程。审计模拟实验课程可以模拟审计项目的全过程，让学生扮演审计人员，进行审计计划制订、审计证据收集、审计报告撰写等工作，提高学生的审计实践能力。课程内容还应关注行业发展的最新动态和实际需求。数字化技术在会计领域的广泛应用，使课程内容中应增加对财务机器人、大数据分析在会计中的应用等前沿知识的介绍，使学生能掌握最新的会计技术和方法，提高学生的职业竞争力。

（三）课程衔接的连贯性原则：保证知识与技能的递进

课程衔接的连贯性原则是确保会计学应用型人才培养课程体系有效性的重要保障。课程之间应相互衔接，形成一个有机的整体，保证知识与技能的递进。在专业课程设置上，应遵循从基础到专业、从简单到复杂的原则。会计学原理是会计学专业的入门课程，应先向学生传授会计的基本概念、原则和方法，为后续课程的学习奠定基础。中级财务会计和成本会计等课程是在会计学原理的基础上，进一步深入讲解企业财务会计和成本核算的具体内容，使学生掌握会计核算的核心技能。管理会计、审计学和财务管理等课程是从不同角度拓展学生的专业知识和技能，培养学生的综合应用能力。

实践课程与理论课程应紧密衔接。在理论课程学习的基础上，通过实践课程让学生将所学理论知识应用到实际操作中。在学习完中级财务会计课程后，安排会计模拟实验课程，让学生在实践中巩固和深化对财务会计知识的理解和掌握。实践课程之间也应相互衔接，从基础的会计模拟实验到综合性的审计模拟实验和财务管理案例分析，逐步提高学生的实践操作能力和综合应用能力。

课程体系还应考虑学生职业发展的需求，设置具有连贯性的职业素养课程和职业规划课程。在大学低年级阶段，开设职业素养基础课程，培养学生的职业道德意识和基本职业行为规范。在高年级阶段，开设职业规划与就业指导课程，帮助学生制定职业规划，提高就业能力。通过课程之间的连贯性设置，为学生的职业发展提供全面的支持和引导。

第二节　能力导向的课程目标设计

在会计学专业教育中，能力导向的课程目标设计对于培养符合市场需求的专业人才至关重要。它打破了传统上以知识传授为主的教学模式，更注重学生实际能力的培养与提升，以适应复杂多变的会计行业环境。下面将从会计学专业能力分解、能力导向课程目标的层级设定以及能力培养的教学活动设计三个关键方面展开深入探讨。

一、会计学专业能力分解

（一）财务会计能力：账务处理、财务报表分析能力细分

财务会计能力是会计学专业学生的核心能力之一，主要涵盖账务处理和财务报表分析两个关键领域。

账务处理能力要求学生熟练掌握从原始凭证获取到财务报表生成的整个流程。原始凭证是会计核算的起点，学生需要学会辨别不同类型原始凭证的真伪，依据相关法规和企业内部规定，审核其合法性、完整性与准确性。在审核发票时，学生要核对发票的开具单位、内容、金额、税率等信息，确保其符合税收法规和企业财务制度。在编制记账凭证阶段，学生必须准确运用会计科目，按照复式记账法确定借贷方向和金额。这不仅需要学生牢记各类会计科目的核算内容，还需对企业经济业务的实质有深入理解。企业购买固定资产，学生要判断该资产的入账价值，选择正确的折旧方法，并在后续期间准确进行账务处理。

财务报表分析能力不可或缺。财务报表是企业财务状况和经营成果的集中体现，学生需要掌握资产负债表、利润表和现金流量表的分析方法。在资产负债表分析方面，学生要能评估企业的资产结构是否合理，如流动资产与非流动资产的比例关系，以及各项资产的质量状况，判断是否存在资产减值风险。通过分析负债结构，了解企业的债务负担和偿债能力，如短期负债与长期负债的比例，以及资产负债率等关键指标。利润表分析则侧重于企业的盈利能力分析，计算毛利率、净利率等指标，分析利润的构成，判断企业盈利的可持续性。若企业某一时期的净利润大幅增长，但主要源于非经常性损益，那么这种盈利增长也许不具有持续性。现金流量表分析着重关注企业的现金流入和流出情况，评估企业的现金创造能力和资金流动性。经营活动现金流量持续为负，暗示企业的经营状况不佳，存在资金周转困难的风险。

（二）管理会计能力：成本分析、预算编制等能力要点

管理会计能力聚焦于为企业内部管理决策提供支持，成本分析和预算编制是其中的重要能力要点。

成本分析能力要求学生能运用多种成本计算方法——品种法、分批法、分步法等，准确核算产品或服务的成本。在成本核算基础上，学生还需进行成本性态分析，将成本划分为固定成本、变动成本和混合成本，了解成本与业务量之间的关系。这有助于企业进行成本控制和定价决策。通过成本性态分析，企业可以确定在不同生产规模下的成本变化趋势，从而优化生产决策，降低成本。学生要掌握成本差异分析方法，比较实际成本与标准成本之间的差异，找出差异产生的原因，并提出改进措施。若直接材料成本差异较大，或许是采购价格过高或材料消耗过多导致的，企业据此调整采购策略或改进生产工艺。

预算编制能力是管理会计的一项关键能力。学生需要了解不同类型预算的编制方法，经营预算、资本预算和财务预算。经营预算涵盖销售预算、生产预算、采购预算等，学生要根据市场预测和企业生产经营计划，合理编制各项预算。在编制销售预算时，要考虑市场需求、竞争对手情况以及企业自身的销售策略等因素。资本预算侧重于对企业长期投资项目的评估和决策，学生要掌握投资回收期、净现值、内部收益率等指标的计算和分析方法，判断投资项目的可行性。财务预算是对企业整体财务状况和经营成果的预测，包括现金预算、预计资产负债表和预计利润表的编制。通过编制财务预算，企业合理安排资金，预测财务风险，为企业的战略规划提供有力支持。

（三）审计能力：审计流程执行、审计报告撰写能力要求

审计能力是保障企业财务信息真实性和合规性的重要能力，主要体现在审计流程执行和审计报告撰写两个方面。

审计流程执行能力要求学生熟悉审计的各个阶段和具体程序。在审计计划阶段，学生要了解被审计单位的基本情况，评估审计风险，制订审计计划。这需要学生收集被审计单位的行业信息、财务状况、内部控制制度等资料，运用风险评估模型，识别存在的重大错报风险。在审计实施阶段，学生要根据审计计划，执行各种审计程序，检查、观察、询问、函证、重新计算和重新执行等，收集审计证据。通过函证应收账款，核实其真实性和准确性；通过重新计算存货成本，检查成本核算的正确性。在审计完成阶段，学生要对审计证据进行汇总和分析，评价被审计单位的财务报表是否存在重大错报，确定审计意见类型。

审计报告撰写能力很关键。审计报告是审计工作的最终成果，学生需要根据审

计结果，撰写规范、准确的审计报告。审计报告应包括标题、收件人、引言段、管理层对财务报表的责任段、注册会计师的责任段、审计意见段、注册会计师的签名和盖章、会计师事务所的名称、地址及盖章等内容。在撰写审计报告时，学生要客观、公正地陈述审计发现的问题，明确表达审计意见。对于审计过程中发现的重大问题，要详细说明问题的性质、影响范围和后果。审计报告的语言应简洁明了、专业规范，避免使用模糊或容易引起歧义的表述。

二、能力导向课程目标的层级设定

明确会计学专业能力构成后，能力导向课程目标的层级设定成为构建合理课程体系的关键。不同层级目标如同阶梯，引导学生逐步提升专业素养。下面将从基础、中级、高级三个层级，深入剖析能力导向课程目标在知识掌握、技能提升及综合素养培育等方面的具体要求，为教学实践中精准定位学生发展方向提供有力支撑。

（一）基础能力目标：初级知识与技能的掌握目标

基础能力目标是能力导向课程目标的第一层，旨在使学生掌握会计学专业的初级知识与技能，为后续的学习和实践奠定基础。

在财务会计方面，学生应掌握基本的会计核算方法和账务处理流程。这包括熟悉会计凭证的填制与审核、会计账簿的登记以及简单财务报表的编制。学生要理解会计要素的概念和分类，掌握常用会计科目的核算内容，能运用借贷记账法进行简单经济业务的账务处理。对于企业的日常购销业务、费用报销业务等，学生能准确编制记账凭证，并登记到相应的账簿中。学生要学会阅读和分析简单的财务报表，了解主要财务指标的计算方法和含义，如资产负债率、毛利率等。

在管理会计领域，基础能力目标要求学生了解成本核算的基本方法，如品种法的基本原理和应用场景；学生要掌握简单的预算编制方法，固定预算的编制流程；学生要对管理会计的基本概念和工具，本量利分析有初步的认识，能运用这些工具进行简单的经营决策分析，判断企业在不同销售价格和销售量情况下的盈利状况。

对于审计能力的培养，基础能力目标要求学生了解审计的基本概念、目标和审计流程的主要环节。学生要掌握简单审计程序的执行方法，对原始凭证的审查、对部分会计账簿的核对等；学生要熟悉审计报告的基本格式和主要内容，能阅读和理解简单的审计报告。

（二）中级能力目标：复杂业务处理与分析能力目标

中级能力目标建立在基础能力之上，着重培养学生处理复杂业务和进行深入分析的能力。

在财务会计方面，学生需要掌握复杂业务的账务处理方法。对于企业的非货币性资产交换、债务重组、所得税会计等特殊业务，学生要能准确判断业务性质，选择合适的会计处理方法，并进行相应的账务处理。在财务报表分析方面，学生要能运用多种分析方法，对企业的财务状况和经营成果进行全面、深入的分析。除了基本财务指标分析，学生还要学会进行财务比率的趋势分析、结构分析以及与同行业企业的比较分析，挖掘企业财务数据背后的经济实质，发现潜在的财务问题和风险。

在管理会计领域，中级能力目标要求学生熟练掌握多种成本计算方法，并能根据企业的生产特点和管理需求，选择合适的成本计算方法进行成本核算和分析。学生要掌握弹性预算、滚动预算等先进的预算编制方法，提高预算编制的准确性和灵活性。学生要能运用管理会计工具进行成本控制、绩效评价和战略管理决策。比如，通过作业成本法，学生可以更准确地核算产品成本，找出成本控制的关键点；运用平衡计分卡，学生从财务、客户、内部流程、学习与成长四个维度对企业进行绩效评价，为企业的战略实施提供支持。

在审计方面，中级能力目标要求学生能独立执行较为复杂的审计项目。学生要熟练掌握风险导向审计的方法和流程，能对企业的内部控制制度进行全面评估，识别和评估重大错报风险，并根据风险评估结果设计和实施相应的审计程序。学生要具备较强的审计证据收集和分析能力，能运用各种审计程序获取充分、适当的审计证据。学生要能撰写较为详细、准确的审计报告，对审计发现的问题进行深入分析，并提出合理的审计建议。

（三）高级能力目标：综合决策支持与创新能力目标

高级能力目标是能力导向课程目标的最高层级，旨在培养学生的综合决策支持和创新能力，使其能在复杂的商业环境中为企业提供高层次的专业服务。

在财务会计方面，高级能力目标要求学生具备宏观经济分析和战略财务决策能力。学生要能结合宏观经济形势、行业发展趋势和企业战略目标，对企业的财务战略进行规划和制定。在经济衰退时期，学生能为企业制定合理的资金筹集和投资策略，优化企业的资本结构，降低财务风险。学生要能运用财务数据和分析方法，为企业的重大决策，如并购重组、上市融资等提供决策支持。学生要关注国际会计准则的发展动态，能对企业的国际业务进行准确的财务处理和分析。

在管理会计领域，高级能力目标要求学生具备战略管理会计能力，能将管理会计工具与企业战略紧密结合，为企业创造价值。学生要能运用价值链分析、战略成本管理等方法，帮助企业识别竞争优势，制定长期发展战略。通过价值链分析，学生帮助企业找出在产业链中的关键环节，优化业务流程，降低成本，提高竞争力。

学生要能参与企业的战略规划和决策过程，提供前瞻性的管理会计信息和建议。学生要具备创新能力，能探索新的管理会计方法和工具，适应企业不断变化的管理需求。

在审计方面，高级能力目标要求学生具备审计风险管理和质量控制能力。学生要能建立和完善审计风险管理制度，对审计项目的风险进行全面评估和监控。在审计过程中，学生要能及时发现和解决审计风险问题，确保审计质量。学生要能领导和管理审计团队，组织和协调大型审计项目的实施。学生要关注审计行业的最新发展趋势，推动审计技术和方法的创新，提高审计工作的效率。

三、能力培养的教学活动设计

能力导向课程目标的实现离不开科学合理的教学活动设计。下面将从实验教学、案例教学、项目实践活动这几个方面，深入探讨如何精心设计教学活动，切实培养学生的会计学专业能力，助力其成长为符合市场需求的专业人才。

（一）实验教学活动：模拟会计业务场景的设计

实验教学活动是培养学生会计学专业能力的重要环节，通过模拟会计业务场景，让学生在实践中提升能力。

在财务会计实验教学中，应设计涵盖企业各类日常经济业务的模拟场景，构建一个模拟制造企业的财务环境，包括原材料采购、产品生产、销售收款等业务流程。学生在这个模拟场景中，扮演企业的会计人员，从获取原始凭证开始，进行账务处理，编制记账凭证、登记账簿，最后生成财务报表。在实验过程中，设置各种复杂业务，涉及增值税、消费税等多种税费的业务处理，让学生在实践中熟练掌握财务会计核算方法。利用财务软件进行实验，使学生熟悉财务软件的操作流程，提高会计信息化处理能力。

管理会计实验教学可围绕成本分析和预算编制展开模拟场景设计。设计一个模拟的多产品生产企业，学生需要运用不同的成本核算方法（如分步法）核算每种产品的成本，并进行成本性态分析。在预算编制方面，要求学生根据企业的战略目标和市场预测，编制年度经营预算、资本预算和财务预算。通过模拟企业在不同市场环境和经营状况下的预算调整，培养学生的预算编制和调整能力。

审计实验教学可模拟真实的审计项目场景。选取具有代表性的企业案例，学生分组扮演审计项目团队成员，按照审计流程进行操作。在审计计划阶段，学生收集企业资料、评估审计风险、制订审计计划。在审计实施阶段，学生运用各种审计程序，对企业的应收账款进行函证、对存货进行盘点等，收集审计证据。在审计完成阶段，学生根据审计结果撰写审计报告。通过这样的实验教学活动，学生能亲身体验审计工作的全过程，提高审计实践能力。

（二）案例教学活动：选取典型案例培养分析能力

案例教学活动是培养学生分析和解决问题能力的有效方式，通过选取典型案例，引导学生运用所学知识进行深入分析。在财务会计案例教学中，选取具有代表性的企业财务案例、上市公司的财务造假案例等，引导学生对案例中的企业财务报表进行分析，识别存在的财务问题和风险。学生需要运用财务比率分析、趋势分析等方法，挖掘财务数据背后的异常情况，通过分析企业的毛利率、净利率等指标的变化趋势，判断企业的盈利能力是否真实可靠。让学生分析财务造假的手段和原因，以及对企业和投资者的影响，培养学生的财务风险识别和防范能力。

管理会计案例教学可选取企业成本控制和预算管理方面的案例。比如某企业在成本控制方面遇到困难，成本居高不下，利润空间受到挤压。学生通过对该案例的分析，运用成本分析方法，找出成本控制的关键点和存在的问题。学生根据所学的预算管理知识，为企业制定合理的成本控制方案和预算调整策略。通过这样的案例教学，培养学生运用管理会计工具解决实际问题的能力。

审计案例教学可选取具有复杂审计风险的案例，企业存在重大关联交易、内部控制薄弱等情况。学生在分析案例时，需要评估审计风险，制定相应的审计策略。学生要关注审计证据的收集和分析，判断企业财务报表是否存在重大错报。在案例讨论过程中，引导学生思考如何应对审计过程中遇到的各种问题，被审计单位不配合审计工作、审计证据获取困难等，培养学生的审计风险应对能力和职业判断能力。

（三）项目实践活动：组织团队完成会计项目的安排

项目实践活动通过组织学生团队完成会计项目，培养学生的团队协作能力、综合应用能力和创新能力。

在财务会计项目实践中，安排学生团队完成企业财务报表分析项目。学生团队需要收集目标企业的财务数据和相关资料，运用多种财务分析方法，对企业的财务状况、经营成果和现金流量进行全面分析。学生团队撰写财务分析报告，提出对企业财务状况的评价和建议。在项目实施过程中，学生团队成员需要分工协作，有的成员负责数据收集和整理，有的成员负责财务分析，有的成员负责报告撰写。通过这样的项目实践活动，培养学生的团队协作能力和综合财务分析能力。

管理会计项目实践可组织学生团队为企业制定成本管理方案或预算管理体系。学生团队需要深入企业进行调研，了解企业的生产经营特点和管理需求，运用管理会计知识和方法，为企业设计成本管理方案或预算管理体系，并进行可行性分析。在项目实施过程中，学生团队需要与企业管理人员进行沟通和交流，根据企业的反馈意见对方案进行调整和完善。通过这样的项目实践活动，培养学生的实践应用能力和创新能力。

审计项目实践可安排学生团队参与真实的审计项目或模拟审计项目。学生团队在指导教师的带领下，参与审计项目的全过程，包括审计计划制订、审计程序实施、审计报告撰写等。在项目实施过程中，学生团队成员需要相互协作，共同完成审计任务。通过参与审计项目实践，培养学生的审计实践能力和团队协作能力，使学生更好地适应未来的审计工作。

第三节　教学目标与行业需求的对接

经济社会的发展，使会计行业不断变革，对专业人才的要求持续演变。会计学课程教学目标不能闭门造车，必须与行业需求紧密对接。前两节分别探讨了应用型人才培养目标设定和能力导向的课程目标设计，本节将深入剖析教学目标与行业需求对接的重要性、现状及存在的问题，并从行业发展趋势、行业要求对教学目标的影响以及教学目标如何对接行业需求等多个维度，探索实现两者深度融合的路径，使会计学教育更好地服务于行业发展，为社会输送适配人才。

一、会计行业发展趋势分析

（一）技术变革趋势：数字化、智能化对会计工作的影响

在当今时代，技术变革正席卷会计行业，数字化与智能化成为不可阻挡的趋势，深刻改变着会计工作的模式与内容。数字化技术的广泛应用，使会计数据的收集、存储和处理方式发生了根本性变化。传统的手工记账逐渐被电子记账取代，会计信息系统能实时采集企业各个业务环节的数据，并进行自动化处理。这不仅提高了数据处理的效率和准确性，还使会计人员能更及时地获取和分析财务信息。企业通过 ERP（企业资源计划）系统实现了财务与业务的一体化管理，业务部门在发生经济业务时，相关数据自动同步到财务模块，会计人员可直接在系统中进行账务处理，减少了人工录入数据的工作量和错误率。

智能化技术的兴起，进一步推动了会计工作的变革。财务机器人能完成诸如发票识别、账务处理、报表生成等重复性、规律性的工作任务。这些机器人按照预设的程序和规则，快速准确地处理大量数据，不仅提高了工作效率，还降低了人力成本。人工智能技术在财务分析、风险预警等方面的应用也日益广泛。通过机器学习算法，人工智能对企业的财务数据和业务数据进行深度挖掘，发现潜在的风险和问题，并提供相应的决策支持。利用人工智能建立的财务风险预警模型，能实时监测

企业的财务指标变化，提前预测出现的财务风险，为企业采取防范措施提供依据。

数字化、智能化技术的发展对会计人员的技能和素质提出了新的要求。会计人员不仅要掌握传统的会计专业知识，还需要具备一定的信息技术能力，熟悉会计信息系统的操作和管理，能运用数据分析工具对财务数据进行分析和解读。面对智能化技术带来的工作模式变革，会计人员还需要具备创新思维和学习能力，不断适应新的工作环境和要求。

（二）业务拓展趋势：业财融合、风险管理等新业务领域

企业经营环境的日益复杂和竞争的加剧，使会计行业的业务领域不断拓宽，业财融合和风险管理成为重要的发展方向。

业财融合强调业务部门与财务部门的深度协作与融合，要求会计人员从传统的财务核算角色向业务合作伙伴转变。在业财融合的模式下，会计人员需要深入了解企业的业务流程和运营模式，参与企业的业务决策过程，通过对业务数据的分析和解读，为业务部门提供财务支持和决策建议，帮助企业实现资源的优化配置和价值最大化。在企业的新产品研发过程中，会计人员参与成本核算和预算编制工作，为研发部门提供成本控制和资金使用方面的建议，确保新产品的研发在经济上可行。会计人员通过对市场数据和财务数据的分析，为产品定价、销售策略制定等提供决策依据。

风险管理是会计行业业务拓展的重要领域。企业面临着各种内外部风险，如市场风险、信用风险、操作风险等，这些风险或许对企业的财务状况和经营成果产生重大影响。会计人员在风险管理中扮演着重要角色，他们需要对企业的风险进行识别、评估和监控，并制定相应的风险应对策略，通过对企业的财务数据和市场数据进行分析，识别潜在的风险因素，评估风险发生的可能性和影响程度，然后根据风险评估结果，制定风险控制措施，建立风险预警机制、调整资产结构、购买保险等，以降低风险对企业的不利影响。业务拓展趋势对会计学教学目标提出了新的要求。教学内容需要涵盖业财融合和风险管理等新业务领域的知识和技能，培养学生跨部门协作的能力和风险管理意识。学生不仅要掌握财务会计和管理会计的基本理论和方法，还要了解企业的业务流程和运营管理知识，具备运用财务数据进行业务分析和风险评估的能力。

（三）行业规范变化趋势：会计准则、审计准则的更新

会计准则和审计准则是会计行业的规范和标准，经济环境的变化和会计理论的发展不断更新，使这些准则的更新对会计工作和会计学教学都产生了重要影响。会计准则的更新旨在适应经济业务的创新和发展，确保会计信息的质量和可比性。金融市场的发展，促使金融工具的种类日益丰富，为了规范金融工具的会计处理，会

计准则对金融工具的确认、计量和披露等方面进行了多次修订。会计准则在收入确认、租赁会计等领域也进行了重大变革。这些变革要求会计人员及时了解和掌握新的准则要求，准确进行账务处理和财务报表编制。审计准则的更新则是为了提高审计质量，保障审计的独立性和公正性。审计环境的变化，使审计准则对审计程序、审计证据的获取和评价、审计报告的内容和格式等方面都进行了调整和完善。为了应对日益复杂的财务舞弊风险，审计准则要求注册会计师更加注重风险评估程序，加强对内部控制的测试和评价，提高审计证据的充分性和适当性。行业规范的变化要求会计学教学目标及时跟进。教学内容需要及时更新，确保学生学习到最新的会计准则和审计准则知识。教学方法也需要进行相应调整，注重培养学生对准则的理解和应用能力，通过案例教学、模拟审计等方式，让学生在实践中掌握准则的具体要求和应用技巧。

二、行业需求对教学目标的影响

明确会计行业发展趋势后，行业需求对会计学教学目标的塑造起着关键作用。教学目标需紧密贴合行业实际，才能培养出符合市场需求的专业人才。下面将从行业技能需求、素质需求、发展需求出发，深入探究其对教学目标在内容补充、素养强化以及前瞻性知识与能力目标设定上的具体影响，为优化会计学教学提供方向指引。

（一）行业技能需求：新技能对课程目标内容的补充

会计行业的蓬勃发展，使其对专业人才的技能需求不断演变，一系列新技能的出现对会计学课程目标内容的革新提出了新要求。在数字化、智能化技术浪潮席卷会计领域的当下，数据分析技能已成为会计人员不可或缺的能力要素。以往传统的会计工作模式正逐渐向数字化转型，大量财务数据需要高效处理与深度挖掘。在会计学课程目标中增加数据分析相关内容势在必行。学生不仅要掌握基本的数据收集方法，学会从企业财务系统、业务系统等多渠道获取数据，还要熟练运用Excel、Python等数据分析软件进行数据整理、分析和可视化展示。借助Excel的数据透视表功能，学生能快速对海量财务数据进行分类汇总，洞察数据背后的规律；利用Python的数据分析库，如Pandas、Matplotlib等，实现更复杂的统计分析与数据可视化，为企业决策提供直观、准确的数据支持。

会计信息系统的管理和维护技能十分重要。各类会计信息系统广泛应用于企业财务管理中，保障系统的稳定运行与安全至关重要。学生不能仅仅满足于学会使用常见的会计信息系统，还需深入了解系统架构、功能模块和数据流程。在课程目标里设置相关实践教学环节，让学生通过实际操作，掌握系统安装、配置、数据备份与恢复等技能，以及具备一定的故障排除能力。这不仅有助于学生在未来工作中更好地应对系统突发状况，还能提高企业财务管理的效率和安全性。

在业财融合的大趋势下，业务流程分析和跨部门沟通协作技能成为会计人员的必备素养。会计工作不再局限于传统的财务核算，而是需要与企业各业务部门紧密合作。课程目标应注重培养学生对企业业务流程的理解能力，引导学生将财务知识与业务流程有机结合。通过案例教学，选取不同行业、不同业务场景的案例，让学生分析财务数据与业务活动之间的关联，为业务部门提供有效的财务支持。通过团队项目的方式，模拟企业跨部门协作场景，锻炼学生的沟通协作能力，使学生学会在团队中清晰表达自己的观点，倾听他人意见，提高协作效率、增强沟通效果，从而更好地适应业财融合的工作环境。

（二）行业素质需求：职业素养目标在课程中的强化

在会计行业快速发展的背景下，对会计人员的素质要求日益多元化，职业素养已成为衡量会计人才的关键指标。因此，在会计学课程中强化职业素养目标具有重大意义。以下分别阐述职业素养在课程中的具体强化措施。

1. 强化职业道德教育

职业道德是会计人员职业素养的基石，不仅是衡量其专业性的重要标尺，更是确保会计信息真实、准确、完整的根本保障。在课程教学中，强化职业道德教育具有举足轻重的意义，它有助于塑造学生良好的职业品质，为其未来职业生涯的稳健发展奠定坚实基础。为实现这一目标，需借助多样化的教学手段来丰富职业道德教育的内容与形式。通过引入真实案例，如安然公司财务造假事件等，使学生直面违反职业道德所带来的严重后果。对这些案例的深刻剖析，能让学生直观感受到诚信缺失对企业、市场乃至整个社会的巨大冲击，从而深刻认识到诚实守信、客观公正等原则在会计职业中不可动摇的地位。开展专题讲座亦是强化职业道德教育的有效策略。邀请资深的会计从业者或行业专家，以其亲身经历和丰富经验，为学生分享实践中的职业道德困境及应对策略。这些专家的见解与指导，有助于学生更好地理解职业道德的内涵与价值，并为其在实际工作中应对复杂情况提供宝贵经验，从而进一步加深学生对职业道德的理解与践行意愿，逐步塑造出具备高尚职业道德的会计人才。

2. 培养严谨的职业态度

会计工作的性质决定了从业者必须具备严谨细致、认真负责的职业态度，这一态度的培养在会计学课程教学中至关重要，需要贯穿教学的各个环节。在日常教学中，规范作业要求是培养严谨职业态度的基础环节。从书写格式到计算步骤，每一个细节都不容忽视。要求学生对会计分录编制附上清晰解释，这不仅是一种形式上的规范，更是引导学生深入理解会计原理的过程。通过详细解释分录的编制依据，学生能更系统地掌握会计知识体系，逐渐养成严谨的思维习惯，避免在未来的工作中因思维漏洞而出现错误。而会计实验课程则为学生提供了实践锻炼的重要平台。在实验课程中，严格要求学生按照会计准则和会计制度进行账务处理，从原始凭证的填制到财务报表的生成，每一个步骤都容不得半点马虎。确保数据的准确性和完整性是会计工作的基本要求，也是培养学生严谨工作态度的关键。在这个过程中，学生通过反复训练，不断强化对准则和制度的理解与应用，逐渐将严谨的工作态度内化为自身的职业素养。

3.提升持续学习能力和适应能力

在会计行业飞速发展的当下，持续学习能力和适应能力成为会计人员不可或缺的素养。会计准则、审计准则不断更新，以及新的会计技术和理念层出不穷，使会计人员若想紧跟行业步伐，就必须持续学习、快速适应。为了培养学生这些能力，在教学过程中，教师应积极引导学生关注行业权威网站和专业期刊，如《中国会计报》官网、《会计研究》期刊等。这些平台会及时发布行业动态、最新政策法规变化，学生通过定期浏览，能第一时间掌握行业前沿信息，逐渐培养起自主学习的意识和习惯，不再局限于课堂所学知识。还应鼓励学生积极参加各类线上线下培训课程、学术研讨会。如组织学生参加新收入准则应用培训讲座，在讲座中，学生能深入学习新准则的要点，了解其与旧准则的差异，通过实际案例分析掌握新准则的应用方法。这不仅能拓宽学生的知识视野，还能让他们及时将新知识融入自身知识体系，提升专业素养和综合能力，为未来在会计行业的发展做好充分准备，从而更好地适应会计行业的快速发展变化。

（三）行业发展需求：前瞻性知识与能力目标的设定

在会计行业快速发展的背景下，会计学课程必须设定具有前瞻性的知识与能力目标。人工智能、区块链等新兴技术在会计领域展现出巨大潜力。人工智能凭借强大的数据分析能力，能深度挖掘财务数据，实现精准的财务分析与风险预警；区块链技术以其去中心化、不可篡改等特性，为会计信息安全和财务数据共享提供有力保障。

因此，在课程设置上，引入相关前瞻性知识极为必要。开设人工智能与会计、区块链与财务等选修课程，学生可系统学习这些技术在会计工作中的具体应用。在人工智能与会计课程中，学生能掌握利用人工智能算法进行财务数据建模与分析的方法，及时察觉潜在财务风险；在区块链与财务课程中，学生可了解区块链如何构建安全可靠的财务数据共享平台，确保数据的真实性与完整性。这不仅能激发学生的创新思维，还能提升他们对新技术的敏感度，为未来职业发展增添优势。

复杂多变的经济环境对会计人员提出了更高要求。会计人员不能仅局限于财务知识，还须具备综合运用财务、业务及战略管理知识的能力，从而为企业战略决策提供有效支持。课程目标应增添相应教学内容与实践环节。通过案例教学，让学生剖析企业的战略目标与财务状况，进而制定出适配的财务战略与决策方案。如给定一个处于行业转型期的企业案例，学生要综合考虑市场环境、竞争对手、企业自身资源等因素，提出符合企业长期发展的财务规划。在这一过程中，学生的战略分析能力、决策能力以及综合问题解决能力都能得到有效锻炼，从而具备更长远的战略眼光，更好地满足行业发展需求。

三、教学目标对接行业需求的实现策略

明确行业需求对教学目标的影响后，如何实现教学目标与行业需求的有效对接成为关键。这不仅关系到会计学专业人才培养质量，还影响着学生未来的职业发展。下面将从与企业合作制定教学目标、定期更新教学目标以及以行业标准检验教学目标达成度等方面，探讨实现教学目标对接行业需求的具体策略，为会计学教学改革提供实践方向。

（一）与企业合作制定教学目标：企业专家参与机制

在追求教学目标与行业需求深度对接的进程中，与企业合作制定教学目标成为不可或缺的关键策略，而建立企业专家参与机制则是其中的核心环节。

学校应积极寻求企业中财务经理、注册会计师等专业人士的支持，邀请他们参与教学目标的制定工作。这些企业专家长期深耕于会计行业，积累了丰富的实践经验，对行业的实际需求有着敏锐且深刻的洞察。以会计学专业课程目标制定为例，企业专家基于企业对会计人员的技能需求，能精准指出实践教学环节的缺失与不足。数字化办公的普及，使企业越发重视会计人员运用财务软件进行复杂数据处理的能力，专家可据此建议在课程中增加相关软件操作实践课程，让学生熟练掌握主流财务软件的高级功能。专家还能依据工作实际，明确课程内容的重点知识。在财务报表分析课程中，企业专家会强调结合行业特点进行财务指标分析的重要性，引导学校在教学中引入更多不同行业的实际案例，让学生学会针对不同行业的财务数据进行差异化分析。

为保障企业专家参与机制有效运转，学校可成立专业指导委员会，邀请企业专家成为成员。该委员会定期举行会议，专门研讨教学目标的制定与调整方案。在会议中，企业专家与学校教师展开深入交流，专家分享行业最新动态，包括新兴业务模式、法规政策变化对会计工作的影响等，教师则反馈在教学过程中的实际情况与学生特点。双方共同探讨，制定出既符合行业发展趋势，又适应学校教学实际的教学目标。

学校聘请企业专家担任兼职教师，是深化校企合作的有力举措。兼职教师将企业真实案例带入课堂，如企业的成本控制案例、税务筹划案例等，让学生接触最前

沿、最真实的业务场景，使教学内容紧密贴合实际工作。在实践教学环节，兼职教师凭借丰富的实操经验，给予学生精准指导，帮助学生掌握实际操作技能，提升就业竞争力，真正实现教学与行业需求的无缝对接。

（二）定期更新教学目标：跟踪行业变化及时调整

会计行业处于持续快速发展的状态，新的政策法规不断出台，技术革新层出不穷，业务领域也在持续拓宽。为确保教学目标契合行业需求，学校必须定期更新教学目标，并及时跟踪行业变化。建立行业动态跟踪机制是实现这一目标的基础。学校应指定专人负责关注会计行业动态，收集信息。这些人员要广泛涉猎专业期刊，如《会计研究》《财务与会计》等，从学术研究和实践经验分享中获取行业前沿知识和最新趋势。参加行业会议也是重要途径，在会议中，专家学者、企业从业者齐聚一堂，共同探讨行业发展方向，交流最新技术和业务模式，参会者能借此掌握行业一手信息。关注行业协会网站同样关键，行业协会会及时发布政策解读、行业标准等权威内容，是获取官方资讯的重要渠道。以会计准则修订为例，一旦有重大修订，学校应迅速作出反应。及时组织教师集中学习新准则内容，邀请专家进行解读，确保教师准确理解新准则的变化要点和实施要求。教师学习后，依据新准则对教学目标和课程内容进行调整。若新准则对收入确认的条件和方法有改动，教师需在教学中更新相关知识点，详细讲解新规定，并调整教学案例，使学生所学知识与行业最新要求同步。

教学目标的更新需遵循严谨的程序和原则。学校应定期开展教学目标评估与审查工作，综合行业变化情况和学生学习反馈来判断是否需要调整。在调整时，充分考虑行业需求是核心。数字化转型加速，使行业对会计人员数据分析能力要求提升，教学目标应增加相关内容。兼顾学生实际情况，避免目标过高或过低。还要结合学校教学资源，确保调整后的目标具备实施条件。

教学目标更新后，及时传达至关重要。学校通过组织教师培训，向教师详细介绍更新后的教学目标，明确调整方向和重点，让教师在教学中有清晰指引。召开教学研讨会，让教师交流对新目标的理解和实施思路，促进教学方法改进。学校重新修订教学大纲，将更新后的教学目标清晰呈现。在新学期课程介绍环节，向学生说明教学目标变化，引导学生按照新要求制订学习计划，使学生学习与教学目标调整保持一致，增强教学效果，培养符合行业需求的会计人才。

（三）以行业标准检验教学目标达成度：引入行业评价

在教育与行业联系日益紧密的当下，引入行业评价成为检验教学目标达成度的关键举措，这一方式能切实保障教学目标精准对接行业需求。

学校应积极邀请行业专家参与对学生学习成果的评价工作。当学生完成毕业设计或实践项目，企业专家便成为重要的评审力量。这些专家凭借丰富的行业经验，从行业实际需求出发，对学生的专业知识、实践技能、职业素养等多个维度进行全面评估。在会计学专业中，学生完成模拟企业财务报表编制的实践项目后，企业财务专家会从报表编制的准确性、对会计准则的运用熟练度，以及在团队协作完成项目过程中展现的沟通协调能力等方面进行考量，进而提出有针对性的改进意见和建议。学校依据这些评价，清晰地了解学生在哪些领域达到了行业标准，哪些地方还存在差距，为教学目标的调整和教学质量的提高提供有力依据。

将行业认证考试作为检验教学目标达成度的参考标准，是引入行业评价的一个重要手段。学校应大力鼓励学生参加注册会计师、注册税务师等行业认可度高的认证考试，通过学生的考试通过率和具体成绩，直观地评估教学目标的实现情况。若学生在这些考试中表现不佳，学校应深入剖析原因，检查教学内容是否涵盖考试重点、教学方法是否有助于学生理解和掌握知识点，进而及时调整教学目标和教学策略，确保教学内容与时俱进、教学方法切实有效。

为更好地引入行业评价，学校应与企业构建长期稳定的合作关系，积极开展实习基地建设、产学研合作等项目。在实习基地中，学生能在真实的工作环境里接受企业的实时评价和专业指导，这不仅有助于提高学生的实践能力，还能培养他们的职业素养。而企业通过这些合作项目，将人才需求信息和行业最新动态反馈给学校，促进学校教学目标与行业需求深度融合，实现学校人才培养与企业用人需求的无缝对接，为学生的职业发展奠定坚实基础。

第五章

混合教学模式下的课程内容重构

在教育理念不断革新、技术手段日益丰富的大背景下，混合教学模式正逐渐成为会计学教学的重要发展方向。本章聚焦混合教学模式下的会计学课程内容重构。具体分析课程内容的模块化设计、理论与实践内容的深度融合以及课程内容的动态更新机制等内容，使其契合学生学习规律与行业发展需求。通过这些举措，提高会计学教学质量，培养适应时代发展的高素质会计人才。

第一节　会计学课程内容的模块化设计

经济全球化与信息技术飞速发展，会计行业变革巨大，对会计学教育提出更高要求。传统课程组织形式渐显不足，模块化设计为会计学教学带来新方向。本节围绕模块化设计展开，阐述其设计的理念与意义、划分依据、具体模块设置与内容规划，助力提高会计学教学质量。

一、模块化设计的理念与意义

（一）模块化设计的概念阐释

模块化设计，本质上是一种拆解与整合复杂系统的科学方法。它把复杂系统拆解成一个个相对独立且功能清晰的模块，这些模块各自承担独特功能，通过彼此组合、协同，最终达成系统的整体功能。在工程领域，模块化设计十分常见，计算机的硬件系统，被拆分为 CPU、内存、硬盘等模块，各模块各司其职，协同保障计算机正常运行。

会计学课程中的模块化设计，与上述理念一脉相传。会计学知识丰富繁杂，模块化设计依据特定逻辑关系、职业岗位实际需求以及学生的认知发展规律，将其划分成不同课程模块。先看逻辑关系，会计学从基础概念到财务、管理会计等进阶内容，有着内在的递进逻辑。按照这个逻辑，设置基础会计模块，主要讲解会计基本概念、原则与方法。如会计恒等式“资产=负债+所有者权益”，这一基础概念是后续所有会计核算的基石。学完基础会计，学生进入财务会计模块，深入学习企业财务活动核算与报表编制。在财务会计模块中，学生依据基础会计所学的借贷记账法，进一步掌握各类资产、负债的核算方法，为企业编制准确的财务报表。

从职业岗位需求出发，不同岗位对会计知识要求不同。面向财务会计岗位，侧重财务核算与报表编制能力培养，相应模块应强化这方面知识；针对管理会计岗位，成本核算、预算编制等内容成为模块重点。成本核算在制造业企业的管理会计工作中至关重要，相关模块就应着重教授品种法、分批法等核算方法。学生认知发展规律也是重要依据。初期学生知识储备少，先接触基础、易懂的基础会计模块。学习深入，促使学生理解能力提升，再学习更复杂的管理会计、高级财务会计等模块。这些模块虽各有重点，但紧密相连。基础会计为其他模块提供根基，其他模块则是对基础会计知识的拓展与深化，共同服务于会计学专业人才培养，帮助学生构建完整的会计学知识体系。

（二）模块化设计对会计学课程教学的积极影响

模块化设计为会计学课程教学带来多方面的积极影响。从教学目标达成角度看，模块化设计使教学目标更加明确和具体。每个模块都有清晰的教学目标，教师围绕这些目标有针对性地设计教学内容和教学活动，学生也能清楚了解每个模块的学习要求，便于制订学习计划和自我评估学习效果。在管理会计模块中，成本核算与分析模块的教学目标是让学生掌握不同成本核算方法及其应用场景，教师可围绕此目标选择合适的案例和教学方法，学生也能明确学习重点。在教学内容更新方面，模块化设计具有更强的灵活性。会计行业发展迅速，新的法规、准则和技术不断涌现。模块化的课程结构便于及时更新和调整教学内容，只需对相关模块进行修订和补充，而不会影响整个课程体系的稳定性。当会计准则对金融工具的核算方法进行更新时，仅需在财务会计模块中的相应部分进行调整，就能确保学生学习到最新的知识。模块化设计还有利于个性化教学。不同学生的学习能力、兴趣和职业规划存在差异。模块化课程允许学生根据自身情况选择不同模块进行学习，满足学生的个性化需求。对于未来想从事审计工作的学生，在完成基础模块学习后，有针对性地选择财务会计和审计相关模块进行深入学习；对管理会计方向感兴趣的学生，侧重于管理会计模块的学习。

（三）与传统课程内容组织方式的对比优势

与传统会计学课程内容组织方式相比，模块化设计展现出诸多显著优势，主要体现在以下几个方面。

1. 内容精简与聚焦

在传统的课程体系中，教学内容多依据学科知识的系统性，以线性方式编排。这样的编排虽然保证了知识的完整性和连贯性，却也带来了一些问题。由于追求知识体系的全面，教学内容常常显得冗长繁杂，学生在学习过程中难以快速抓住重点，容易陷入对大量细节知识的记忆中，导致学习效率不高。而模块化设计为解决这一问题提供了新的思路。它摒弃了传统的线性结构，以模块作为组织教学内容的基本单位。每个模块都专注于特定的知识领域或技能培养，使教学内容更加精简与聚焦。以财务会计领域为例，在传统课程设置下，各个知识点被分散在不同的章节中，学生在学习时需要花费大量时间和精力去梳理这些分散的知识，整合难度较大。但模块化设计则将资产、负债、所有者权益等核算内容集中在一个模块内，这种集中式的设计让学生能系统地学习相关知识。他们可以在一个模块中对这些紧密相关的内容进行对比和分析，加深对财务会计核心概念和核算方法的理解，有效提高学习效率，更高效地掌握关键知识与技能。

2. 适应个体差异与多样化学习需求

在传统会计学课程内容组织方式中，往往对学生的个体差异关注不够，导致课程内容难以适应所有学生的学习节奏和兴趣偏好，从而难以满足多样化的学习需求。这种“一刀切”的教学模式，在一定程度上限制了学生的个性化发展。相比之下，模块化设计则展现出了灵活性。模块化设计以模块为单位组织教学内容，每个模块都聚焦于特定的知识领域或技能培养，学生可以根据自己的学习兴趣和职业规划，自主选择适合自己的模块进行学习。这种设计方式充分考虑了学生的个体差异，使每个学生都能在自己感兴趣的领域深入学习，从而有效激发了学生的学习兴趣和积极性。模块化设计的灵活性还体现在其可组合性上。学生可以根据自己的学习进度和能力水平，灵活组合不同的模块进行学习，形成个性化的学习路径。这种个性化的学习路径不仅有助于学生更好地掌握知识和技能，还能提高学习效率，使他们在未来的职业生涯中更具竞争力。模块化设计在适应个体差异与满足多样化学习需求方面展现出了显著优势，为会计教学提供了新的思路和方向。

3. 知识实用性与职业导向

在传统的课程体系中，教学内容往往将重心过度放在理论知识的传授上，与实际工作场景之间存在着明显的脱节。在课堂上，学生虽然学习了大量的理论概念和原理，但在面对真实的职场环境时，却发现所学知识难以直接应用，需要花费较长时间去适应和重新学习。会计学专业学生在学习了会计理论知识后，进入企业发现无法快速上手处理账务、操作会计软件等实际工作。模块化设计则很好地弥补了这一缺陷，它高度强调知识的实用性和职业导向。这种设计方式紧密围绕职业岗位的能力要求来划分模块，让学生所学知识与未来职业发展直接挂钩。以会计学专业为例，实践应用模块是其中的重要组成部分，该模块设置了会计手工模拟实训、电算化软件操作实训等项目。在手工模拟实训中，学生模拟真实的会计工作流程，填制凭证、登记账簿、编制报表，亲身体验会计工作的各个环节，电算化软件操作实训则让学生熟练掌握主流会计软件的使用方法。通过这些实践项目，学生能实实在在地掌握会计工作的实际技能，提高自身的职业素养，进而提升在就业市场上的竞争力。

二、会计学课程模块的划分依据

明确模块化设计概念后，合理划分会计学课程模块是关键。课程模块划分并非随意为之，而是有其科学依据。这不仅关系到教学内容的系统性，还影响着学生对知识的吸收以及职业能力的培养。下面深入探讨依据知识体系的逻辑结构、职业岗位能力要求、学生认知发展规律划分会计学课程模块的具体方式。

（一）依据知识体系的逻辑结构划分

会计学的知识体系有着严谨的内在逻辑，这决定了课程模块划分要遵循特定规律。其逻辑从基础概念和原则开始，层层递进，延伸至财务会计、管理会计等不同领域。

基础会计模块是会计学的入门关键。在这一模块中，会详细介绍会计的基本概念，会计的定义，让学生明晰会计在经济活动里的角色与职能。会计假设也至关重要，会计主体假设明确了会计核算的空间范围，持续经营假设为企业长期稳定的核算提供基础，会计分期假设将企业持续的经营活动划分成不同期间以便核算，货币计量假设统一了会计核算的计量尺度。借贷记账法是会计记账的基本方法，为后续学习各类经济业务的账务处理提供工具。这些基础知识就像大厦的基石，支撑着后续更深入的学习。

财务会计模块建立在基础会计之上。它聚焦于企业财务活动核算与报表编制，依据会计要素分类进行详细讲解。资产、负债、所有者权益反映企业在某一时刻的财务状况，收入、费用和利润体现企业一定期间的经营成果。在资产核算中，从货币资金到存货、固定资产等各类资产的确认、计量和记录，都有明确的规则和方法，这些规则与负债、所有者权益等要素的核算相互关联。财务会计通过对各要素的核算，最终生成资产负债表、利润表等财务报表，构建起企业财务信息的生成体系。

管理会计模块主要服务于企业内部管理决策，与财务会计既有联系又存在差异。管理会计以成本核算与分析为起点，通过对成本的计算、分类和分析，为企业成本控制和定价决策提供依据；进行预算编制与控制，根据企业战略目标制订预算计划，并在执行过程中进行监控和调整；在绩效评价与决策支持环节，运用各种指标和方法评估企业经营绩效，为管理者提供决策信息。这一系列内容体现了管理会计从数据处理到决策支持的逻辑过程，帮助学生系统掌握其核心知识和技能，使学生能站在企业管理的角度运用会计知识。

（二）结合职业岗位能力要求划分

会计学专业学生毕业后，职业选择多样，课程模块划分与岗位能力要求的契合度，直接关系到学生职业能力的培养。由于不同岗位对会计知识和技能要求差异大，深入剖析岗位能力要求，就成为科学设置课程模块的关键。

财务会计岗位，要求从业者具备扎实的核算能力，熟练处理从原始凭证审核到财务报表生成的流程。在课程模块设置时，财务会计模块应强化这方面训练。通过引入企业真实案例，让学生练习编制会计分录、登记账簿，提升账务处理能力。财务报表编制与分析能力也是重点。学生需学会编制资产负债表、利润表和现金流量表，并运用比率、趋势分析等方法解读数据，了解企业财务状况和经营成果。管理会计岗位的核心在于为企业内部管理决策提供支持，成本核算与分析、预算编制与控制、绩效评价等能力十分关键。管理会计模块应围绕这些能力进行内容规划。在成本核算与分析上，教授品种法、分批法、分步法等，让学生准确计算成本并分析构成，为成本控制提供依据。预算编制与控制环节，引导学生制定合理预算方案，并有效监控调整。绩效评价部分，帮助学生掌握平衡计分卡、关键绩效指标法等工具，客观评估企业经营绩效，推动企业战略目标的达成。

会计行业发展催生新兴岗位，如财务数据分析、税务筹划等。财务数据分析岗位需要学生具备数据挖掘、分析和解读能力；税务筹划岗位要求学生熟悉税收法规和筹划技巧。课程模块划分应顺应行业变化，可单独设置相关模块，或在现有模块中融入新内容，满足学生多元化职业发展需求，增强学生在职场的竞争力。

（三）考虑学生认知发展规律划分

学生的认知遵循循序渐进的规律，会计学课程模块划分应充分契合这一规律，以此提升教学成效。在会计学课程教学进程中，依据学生不同学习阶段的认知特性，科学安排课程模块顺序和内容深度至关重要。学习初期，设置基础会计模块是适宜之举。此模块内容较为简单直观，着重介绍会计学的基本概念、原则和方法，以及会计凭证的种类与填制规范、会计账簿的分类与登记规则等。这些内容符合初学者的认知水平，学生通过学习该模块，能初步认识会计学，掌握基本的会计思维方式与操作技能，为后续深入学习构建知识框架。

随着学习的逐步深入，学生积累了一定基础知识，思维能力也有所提升，可适时引入财务会计和管理会计模块。财务会计模块涉及企业各类资产、负债、所有者权益的核算以及财务报表编制等复杂内容；管理会计模块聚焦于成本核算、预算编制与控制等知识，两者都对学生的知识储备和思维能力提出更高要求。在教学时，运用案例教学、项目驱动等方法，能引导学生将所学知识用于解决实际问题。在财务会计教学中，通过分析企业实际财务案例，让学生编制财务报表并进行分析；在管理会计教学中，以企业预算管理项目为驱动，让学生参与预算编制和控制过程，从而促进学生认知能力进一步发展。

实践应用模块应在学生对理论知识有一定掌握后开展。借助会计手工模拟实训、电算化软件操作实训等实践项目，学生得以将理论与实践相结合。在手工模拟实训中，学生模拟企业真实会计业务流程，填制凭证、登记账簿，电算化软件操作实训则让学生熟悉现代会计工作中的软件应用。这些实践项目不仅能巩固学生所学知识，提高实际操作能力，还能培养学生的创新能力和团队协作能力，助力学生更好地适应未来的学习和工作。

三、具体模块的设置与内容规划

在明确了会计学课程模块划分依据后，接下来关键的是具体模块的设置与内容规划。这直接关系到学生所学知识的深度和广度，以及能否满足行业对会计人才的需求。下面将从基础会计、财务会计、管理会计以及实践应用这四个核心模块出发，详细阐述各模块的具体设置与内容安排。

（一）基础会计模块

1.会计基本概念与原则的内容规划

会计基本概念与原则是会计学的基石，它们构成了会计理论与实践的坚实基础。在基础会计模块中，系统地介绍这些内容显得尤为重要。需明确会计的定义，让学生深刻理解会计在经济活动中的作用和职能。会计不仅是经济信息的记录者，更是经济活动的监督者和参与者，它在企业的决策制定、资源配置和风险控制等方面发挥着不可替代的作用。详细讲解会计假设，包括会计主体、持续经营、会计分期和货币计量等。这些假设是会计核算的前提条件，它们为会计信息的处理和报告提供了基本框架。通过深入理解这些假设，学生能更好地把握会计信息的本质和特征。会计原则也是该部分不可或缺的内容。权责发生制原则、配比原则、谨慎性原则等会计原则，共同构成了会计核算的基本规范。这些原则确保了会计信息的真实性、准确性和完整性，为企业的利益相关者提供了可靠的决策依据。在教学过程中，结合实际案例进行分析，让学生亲身体验不同会计处理方法背后所遵循的原则。通过案例分析，学生能更直观地理解会计基本概念和原则的应用，从而加深对会计学科的理解和掌握。这样的教学方式不仅有助于提升学生的理论素养，还能培养他们的实践能力和问题解决能力。

2. 会计凭证与账簿的知识要点设置

会计凭证和账簿是会计核算的重要工具，在该模块中，应详细介绍它们的相关知识。对于会计凭证，要让学生掌握原始凭证和记账凭证的填制和审核方法。原始凭证是经济业务发生时取得或填制的，用以记录和证明经济业务发生或完成情况的凭证。学生需要学习如何识别不同类型的原始凭证，如发票、收据、入库单等，并掌握其填制要求和审核要点。记账凭证则是根据审核无误的原始凭证编制的，用于确定会计分录，作为登记账簿的依据。学生要学会根据原始凭证编制记账凭证，包括确定会计科目、借贷方向和金额等。在账簿方面，要介绍不同类型账簿的用途和登记方法，总账、明细账、日记账等。学生需要掌握账簿的启用、登记规则以及错账更正方法，确保账簿记录的准确性和完整性。

3. 简单会计核算流程的构建

简单会计核算流程是基础会计模块的核心内容之一，构建这一流程，能让学生清晰把握会计核算的基本步骤。在教学中，从经济业务发生这一源头切入，引导学生依据实际业务填制和审核原始凭证，这是会计核算的基石。企业采购一批原材料，学生要学会填制采购发票、入库单等原始凭证，并审核其真实性、合法性。基于审核无误的原始凭证，学生接着编制记账凭证，确定会计分录。这一步骤要求学生准确运用会计科目，如采购原材料这笔业务，要正确确定借方为“原材料”，贷方可能是“银行存款”或“应付账款”等科目。完成记账凭证后，便是将其中的会计分录登记到相应账簿中，进行账簿的登记与管理。通过这一过程，学生能系统整理和归类会计信息。根据账簿记录编制简单财务报表，主要是资产负债表和利润表。资产负债表反映企业特定日期的财务状况，利润表展现一定期间的经营成果。在整个教学过程中，通过实际案例演示并让学生亲自动手操作，模拟一家小型商店的日常业务核算，学生在实践中不断加深对会计核算流程的理解和掌握，为后续深入学习会计知识奠定坚实基础。

（二）财务会计模块

1. 资产、负债、所有者权益核算的具体内容

资产、负债和所有者权益是企业财务状况的重要组成部分，在财务会计模块

中，应深入学习它们的核算方法。对于资产，要详细介绍各种资产的确认、计量和记录方法，包括货币资金、应收账款、存货、固定资产、无形资产等。学生需要掌握不同资产的初始计量原则，以及后续计量过程中的折旧、摊销、减值等处理方法。在负债方面，要学习流动负债和非流动负债的核算，包括短期借款、应付账款、长期借款、应付债券等。学生要掌握负债的确认条件和计量方法，以及债务重组等特殊业务的会计处理。所有者权益核算则主要包括实收资本、资本公积、盈余公积和未分配利润的核算，学生要理解所有者权益的构成和变动原因，掌握相关的会计处理方法。

2.收入、费用、利润核算的重点难点规划

收入、费用和利润是企业经营成果的体现，该部分内容在财务会计模块中具有重要地位，也存在一些重点和难点。收入核算的重点在于掌握不同销售方式下收入的确认时间和计量方法，如销售商品收入、提供劳务收入、让渡资产使用权收入等。还需要关注收入确认的特殊情况，如附有销售退回条件的销售、售后回购等业务的会计处理。在费用核算方面，要区分不同类型的费用，如营业成本、期间费用等，掌握它们的核算内容和方法。利润核算的难点在于利润的计算和分配，学生需要掌握利润总额、净利润的计算方法以及利润分配的顺序和会计处理。在教学过程中通过大量的案例分析和练习，帮助学生突破这些重点和难点。

3.财务报表编制与分析的模块设计

财务报表是企业财务状况和经营成果的综合反映，财务报表编制与分析模块旨在培养学生编制和分析财务报表的能力。在编制方面，学生要掌握资产负债表、利润表、现金流量表等主要财务报表的编制方法。对于资产负债表，要学会根据总账和明细账的余额分析填列各项资产、负债和所有者权益项目；对于利润表，需要根据收入、费用等账户的发生额计算填列各项利润指标；现金流量表的编制相对复杂，学生需要掌握直接法和间接法的编制原理和具体步骤。在财务报表分析方面，要让学生学习各种分析方法，如比率分析、趋势分析、结构分析等。通过对财务报表的分析，学生能了解企业的偿债能力、盈利能力、营运能力等财务状况，为决策提供依据。

（三）管理会计模块

1.成本核算与分析的模块内容设置

成本核算与分析是管理会计的重要内容，在该模块中，应系统地介绍成本核算的方法和成本分析的工具。成本核算方法包括品种法、分批法、分步法等，学生需要掌握每种方法的适用范围、核算流程和特点。品种法适用于大量大批单步骤生产的企业，在这种方法下，成本核算对象是产品品种，成本核算期与会计报告期一致。在成本分析方面，要学习成本性态分析、成本差异分析等方法。成本性态分析将成本分为固定成本、变动成本和混合成本，通过分析成本与业务量之间的关系，为企业成本控制和决策提供依据。成本差异分析是对实际成本与标准成本之间的差异进行分析，找出差异产生的原因，采取相应的措施进行成本控制。

2.预算编制与控制的知识模块规划

预算编制与控制是企业管理的重要手段，在管理会计模块中，应详细介绍预算编制的方法和预算控制的要点。预算编制方法包括固定预算、弹性预算、滚动预算等，学生需要了解每种方法的优缺点和适用场景。固定预算适用于业务量较为稳定的企业，而弹性预算则能根据业务量的变化调整预算指标，更具灵活性。在预算控制方面，要学习预算执行情况的监控和调整方法，通过对预算执行情况的分析，及时发现问题并采取措施进行调整，确保预算目标的实现。同时，还应介绍预算与企业战略的关系，使学生明白预算是实现企业战略目标的重要工具。

3.绩效评价与决策支持的要点安排

绩效评价与决策支持是管理会计的核心职能之一，在该模块中，应重点介绍绩效评价的方法和决策支持的工具。绩效评价方法包括平衡计分卡、关键绩效指标法等，学生需要掌握这些方法的原理和应用。平衡计分卡从财务、客户、内部流程、学习与成长四个维度对企业进行绩效评价，能全面反映企业的经营状况。决策支持工具则包括本量利分析、投资决策分析等。本量利分析通过分析成本、业务量和利润之间的关系，为企业的生产经营决策提供依据；投资决策分析用于评估投资项目的可行性，帮助企业作出合理的投资决策。在教学过程中结合实际案例，让学生运用这些方法和工具进行绩效评价和决策分析，提高学生的实践能力。

（四）实践应用模块

1.会计手工模拟实训的项目规划

会计手工模拟实训是实践应用模块的重要组成部分，通过该实训项目，让学生在手工环境下模拟企业会计核算的全过程。实训项目应包括从原始凭证的填制和审核，到记账凭证的编制、账簿的登记，再到财务报表的编制等环节。在实训过程中，要为学生提供真实的会计凭证、账簿和报表，让学生按照企业实际会计核算流程进行操作。要设置各种经济业务场景，包括常规业务和特殊业务，使学生能在实践中巩固所学的会计知识和技能，提高学生的动手能力和解决实际问题的能力。实训结束后，要组织学生进行总结和交流，让学生分享实训过程中的经验和体会，进一步加深对会计核算流程的理解。

2.会计电算化软件操作实训的内容设计

信息技术的发展，使会计电算化已成为会计工作的主要方式。会计电算化软件操作实训旨在培养学生运用会计软件进行会计核算和管理的能力。在实训内容设计上，要选择主流的会计电算化软件，如用友、金蝶等。实训内容应包括系统初始化、总账管理、固定资产管理、应收应付管理、报表管理等模块的操作。学生需要学习如何在软件中进行账套建立、用户权限设置、会计科目设置等系统初始化工作，通过模拟企业经济业务，进行凭证录入、审核、记账等操作，掌握总账管理模块的功能。在固定资产管理和应收应付管理模块中，要学习资产卡片的录入、折旧计提、往来账款的核算等操作，利用报表管理模块生成各种财务报表。通过该实训项目，使学生熟悉会计电算化软件的操作流程，提高学生的会计信息化水平。

3.企业会计综合实践的模块构建

企业会计综合实践模块是对学生所学会计知识和技能的综合检验，通过该模块的学习，让学生在模拟企业环境下，综合运用财务会计、管理会计等知识，解决实际会计问题。模块构建应包括模拟企业的设立、经济业务的发生、财务核算与管理等环节。在模拟企业设立阶段，要确定企业的类型、经营范围、组织架构等信息，为后续的业务开展提供背景。经济业务的发生应涵盖企业的各种经营活动，包括采购、生产、销售、投资等。学生需要根据业务情况进行财务核算，编制财务报表，并运用管理会计方法进行成本控制、预算管理和绩效评价。在实践过程中，要组织学生进行团队协作，模拟企业的财务部门工作，培养学生的团队协作能力和沟通能力；要邀请企业财务人员进行指导，使学生了解企业实际会计工作的流程和要求，提高学生的职业素养和就业竞争力。

第二节　理论与实践内容的深度融合

在会计学教育领域，理论与实践内容的深度融合对培养高素质专业人才意义重大。随着会计行业快速发展，对应用型人才的需求持续增长，实现理论与实践的有机结合成为会计学教学改革的关键所在。本节围绕理论与实践内容的深度融合展开探讨，包括融合的必要性与目标、融合的策略与方法以及融合的实施路径等方面的内容。

一、融合的必要性与目标

（一）理论与实践脱节的现状分析

在传统会计学教学体系中，理论与实践脱节的问题长期存在，严重阻碍了会计学专业人才的培养。从理论教学层面来看，教学模式较为单一，主要以教师依据教材进行知识灌输为主。教师在课堂上花费大量时间讲解概念、原理和公式，却未充分考虑实际会计工作场景的多样性和复杂性。以财务会计课程为例，学生通过死记硬背掌握了会计科目的核算方法以及财务报表编制规则，可一旦面临企业真实业务，就会陷入困境。企业涉及复杂的金融工具交易，学生无法灵活运用所学知识进行账务处理，难以判断交易实质，确定合适的会计分录，导致理论与实践严重脱节。实践教学环节同样存在诸多弊端。实践内容简单，常局限于模拟一些常规业务，无法涵盖实际会计工作中的复杂情况。在实践中仅涉及简单的购销业务，而忽略了企业重组、非货币性资产交换等特殊业务。这种简单化的实践内容，使学生难以体验到真实会计工作的全貌。实践教学的时间安排也不合理。通常实践教学集中在课程结束后，与理论教学的间隔过长，学生在实践时已遗忘部分理论知识，导致理论与实践无法有效衔接。实践教学师资力量薄弱，部分教师长期脱离会计实务，缺乏实际工作经验。在指导学生实践时，无法提供贴合实际的建议和方法，无法解答学生在实践中遇到的实际问题，影响了实践教学的质量，使实践教学难以达到预期效果，学生的实践能力无法得到有效提升。

（二）深度融合对增强教学效果的作用

在会计学教学领域，理论与实践的深度融合意义非凡，能从多方面增强教学效果。深度融合可显著增强学生的学习兴趣和积极性。将实际案例与项目融入教学，能让会计学知识摆脱抽象理论的束缚，与现实紧密挂钩。以成本核算方法的教学为例，结合企业实际生产的成本数据开展案例分析，学生能亲身运用不同成本核算方法计算产品成本。这种方式使学生直观感受到知识的实用价值，相较于传统单纯的理论讲解，更能吸引学生注意力，激发他们主动探索知识的热情，推动学生从被动接受知识转变为主动学习。在融合的教学模式下，学生有机会在实践中运用理论知识，通过反复实践操作积累经验，进而提升实际操作能力。面对实践中出现的复杂问题，学生需回顾所学理论，深入分析并解决问题。在企业财务报表分析的实践项目中，学生运用财务分析理论解读企业财务数据，找出企业存在的问题并提出改进建议。这一过程不仅锻炼了学生的实践能力，还提升了他们的思维能力，全面提高综合素养。深度融合还有助于培育学生的职业素养和团队协作精神。实际会计工作常需团队协作，学生参与实践项目时，必然要与他人沟通合作，在此过程中培养团队合作精神。在实践项目中的职业道德要求和职业规范持续影响学生，促使他们在实践中逐渐养成良好的职业素养，提前适应职业发展要求。

（三）融合所期望达成的教学目标

理论与实践深度融合，旨在为会计学领域培育专业人才，使其兼具坚实理论基础与出色实践能力。这一目标的实现，对推动会计学专业发展、满足行业需求意义重大。在知识掌握层面，学生需系统学习会计学基本理论知识。这涵盖会计基础概念，会计主体、持续经营等会计假设以及借贷记账法等基础方法。要深入理解财务会计与管理会计领域的核心知识。在财务会计方面，熟练掌握资产、负债、所有者权益等会计要素的核算，明晰财务报表编制原理；在管理会计领域，需精通成本核算、预算编制与控制等知识，构建起完整的会计学知识体系。

实践技能培养是关键目标之一。学生应具备熟练的会计实践操作技能。能独立且准确地填制会计凭证，依据经济业务的原始单据，正确运用会计科目编制分录；熟练登记各类账簿，保证账目的清晰与准确；精准编制财务报表，切实反映企业财务状况和经营成果。学生还需熟练运用会计软件进行电算化会计处理，适应现代会计工作的数字化需求。分析和解决实际问题的能力也是教学重点。学生要学会运用所学知识，对企业财务状况和经营成果进行深入分析，通过比率分析、趋势分析等方法，洞察企业的偿债能力、盈利能力和营运能力，并依据分析结果，为企业决策提供有价值的支持，如协助制定投资策略、优化成本控制方案等。

职业素养和团队协作精神的养成不可忽视。在实际会计工作中，良好的职业操守至关重要。学生在学习过程中，需遵循会计职业道德规范，确保财务信息的真实性和准确性。会计工作常以团队形式开展，学生要学会与团队成员有效沟通、密切协作，共同完成财务任务，以适应会计职业发展的实际需求。

二、融合的策略与方法

明确理论与实践深度融合的目标后，实现两者有效融合至关重要。合理的策略与方法是达成深度融合的关键所在。下面深入探讨实现会计学理论与实践深度融合的具体策略与方法，包括在理论教学中嵌入实践案例、基于实践项目引导理论知识学习以及采用项目驱动式教学促进融合等内容。

（一）在理论教学中嵌入实践案例

1. 案例背景

会计学理论教学存在抽象、与实际脱节的问题，学生理解和应用困难。为增强教学效果，在理论教学中嵌入实践案例，选取企业真实业务案例融入教学，旨在让学生理解理论知识，了解实际会计工作流程。

2. 实践过程

以讲解会计凭证填制为例，教师收集企业实际发生经济业务的原始凭证，如发票、收据、入库单等。在课堂上，先向学生展示这些原始凭证，详细介绍其来源、内容和填制要求，让学生对原始凭证有直观认识。之后，依据原始凭证编制记账凭证，教师逐步演示记账凭证的填制过程，详细讲解填制方法和注意事项，会计科目的选择、借贷方向的确定等。在讲解过程中，引导学生参与讨论，鼓励学生提问，加深对知识的理解。

3.成效分析

通过在理论教学中嵌入实践案例，学生对会计凭证填制的理论知识掌握得更扎实。他们不仅记住了抽象概念，还能将其应用到实际操作中。学生对实际会计工作流程的了解更深入，知道如何将原始凭证转化为记账凭证，提高了学习兴趣，课堂参与度明显提升。在后续测试和实践操作中，学生在会计凭证填制方面的准确率显著提高，解决实际问题的能力也得到锻炼。当面对新的经济业务时，学生能运用所学分析并填制凭证，达到了理论与实践融合的教学目的。

（二）基于实践项目引导理论知识学习

基于实践项目引导理论知识学习，是推动会计学理论与实践深度融合的有效方式。借助精心设计的实践项目，学生在完成任务时能主动探索和运用理论知识，实现知识的深度内化与能力的切实提升。

在财务报表分析课程中，教师挑选一家具有代表性企业的财务报表，让学生深入分析。学生需综合运用财务会计和财务管理知识。在财务会计方面，要精准剖析报表中的会计要素，清楚资产、负债、所有者权益、收入、费用等要素的核算依据和过程，明晰数据来源和含义。从财务管理角度，运用比率分析、趋势分析等方法，全面评估企业的偿债、盈利和营运能力。如计算流动比率、速动比率判断短期偿债能力，依据资产负债率衡量长期偿债风险；用净资产收益率、毛利率评估盈利能力；借助存货周转率、应收账款周转率考察营运效率。教师设计实践项目时，要充分考量学生的知识基础和能力水平。项目难度不能过高，否则学生容易退缩；也不能太简单，不然无法激发学习热情。难度适中能促使学生主动思考、积极探索，在解决问题过程中巩固和拓展知识。项目内容要紧密贴合教学目标，覆盖课程核心知识点，保证学生通过实践全面掌握所学理论。

在项目推进过程中，教师的引导作用不可或缺。当学生分析财务数据遇到难题，无法解释某项财务指标的异常波动时，教师不要直接给答案，而是引导学生回顾相关理论知识，帮助其梳理思路，鼓励其从不同角度思考，尝试多种分析方法。通过这样的方式，培养学生的自主学习能力和独立解决问题的实践能力，让学生在实践中真正理解和运用理论知识，提升专业素养和综合能力。

（三）采用项目驱动式教学促进融合

项目驱动式教学是一种以项目为主线、教师为主导、学生为主体的教学方法，能有效促进理论与实践相结合。在项目驱动式教学中，教师根据教学目标设计一个或多个项目，学生在教师的指导下，以小组合作的方式完成项目任务。在项目实施过程中，学生需要运用所学的理论知识和实践技能，解决项目中遇到的各种问题，从而实现理论与实践的有机结合。在讲解会计信息系统课程时，设计一个企业会计信息系统建设的项目。学生分组扮演不同的角色，如系统分析师、程序员、会计人员等，共同完成企业会计信息系统的需求分析、设计、开发和测试等工作。在项目实施过程中，学生需要学习和运用数据库原理、编程语言、会计核算等相关理论知识，还需要具备一定的团队协作能力和沟通能力。通过完成这个项目，学生不仅能掌握会计信息系统的理论知识和实践技能，还能培养学生的创新能力和团队合作精神。在实施项目驱动式教学时，教师要做好项目的设计和组织工作，确保项目的目标明确、内容合理、难度适中。教师要加强对学生的指导和监督，及时解决学生在项目实施过程中遇到的问题，保证项目的顺利进行。在项目完成后，教师要组织学生进行项目成果展示和评价，让学生分享项目实施过程中的经验和体会，提高学生的学习效率。

三、融合的实施路径

实现理论与实践的深度融合，合理的实施路径至关重要。这不仅关乎融合策略的落地，还直接影响教学效果。下面将从课程体系的融合设计、课堂教学的融合方式以及实践教学环节的融合策略等方面，探讨融合的具体实施路径。

（一）课程体系层面的融合设计

课程体系是实现理论与实践深度融合的基础。在课程体系设计时，应充分考虑理论教学与实践教学的有机结合，构建一个既注重理论知识传授，又强调实践能力培养的课程体系。要合理安排理论课程和实践课程的比例，根据会计学专业的特点和人才培养目标，确定理论课程和实践课程的合理学分和学时分配。一般来说，实践课程的学分和学时应占总学分和总学时的一定比例，以保证学生有足够的时间进行实践操作和能力训练。要优化课程设置，将实践教学内容融入各个课程中。在财务会计课程中增加实践教学环节，安排学生进行企业财务业务的模拟核算和财务报表的编制；在管理会计课程中引入实际企业的案例，让学生运用管理会计的方法进行成本分析、预算编制和决策支持。还可以开设一些综合性的实践课程，如会计综合实训、企业实习等，让学生在实践中综合运用所学的理论知识，提高学生的实践能力和综合素质。课程体系设计还要注重课程之间的衔接和整合。会计学专业的课程之间存在着密切的联系，在课程体系设计时，要避免课程内容的重复和脱节，确保课程之间的衔接顺畅。基础会计课程是财务会计和管理会计课程的基础，在课程内容设计时，要明确各课程的教学重点和难点，避免重复教学。要加强不同课程之间的整合，将相关课程的理论知识和实践内容进行有机融合，形成一个完整的知识体系。

（二）课堂教学过程中的融合方式

课堂教学是实现理论与实践深度融合的关键环节。在课堂教学过程中，教师要采用多样化的教学方法，将理论知识与实践内容有机结合起来，提高教学效率。教师采用案例教学法，在讲解理论知识时，引入实际案例进行分析，让学生通过案例学习掌握理论知识，并学会运用理论知识解决实际问题。在讲解会计职业道德时，列举一些会计造假的案例，让学生分析案例中会计人员的行为是否符合职业道德规范，以及这些行为对企业和社会造成的危害，从而引导学生树立正确的职业道德观念。教师采用情境教学法，创设与实际会计工作场景相似的教学情境，让学生在情境中进行实践操作和模拟演练。在讲解会计凭证的填制和审核时，设置一个企业财务部门的工作场景，让学生分别扮演会计人员、出纳人员和审核人员，模拟企业实际的会计业务流程，进行会计凭证的填制、传递和审核等工作。通过这种方式，学生能更加直观地了解会计工作的实际操作流程，提高学生的实践能力。教师利用现代教育技术手段，如多媒体教学、虚拟仿真教学等，丰富课堂教学内容，增强教学的直观性和趣味性。通过多媒体教学展示企业实际的会计凭证、账簿和财务报表等资料，让学生更加直观地了解会计工作的内容和流程；通过虚拟仿真教学让学生在虚拟的会计环境中进行实践操作，提高学生的实践能力和应对实际问题的能力。

（三）实践教学环节的深度融合策略

实践教学环节是实现理论与实践深度融合的重要保障。在实践教学环节，要加强实践教学基地建设，建立稳定的校外实习基地和校内实训中心，为学生提供良好的实践教学条件。校外实习基地可以选择一些规模较大、管理规范的企业，让学生在企业中进行实习，了解企业实际的会计工作流程和业务内容，提高学生的实践能力和职业素养。校内实训中心则配备先进的会计模拟软件和设备，模拟企业实际的会计工作环境，让学生在模拟环境中进行实践操作和技能训练。在实践教学过程中，要加强对学生的指导和管理。实践教学指导教师要具备丰富的实践经验和专业知识，能给予学生有效的指导和帮助。要建立健全实践教学管理制度，加强对学生实践过程的监督和考核，确保实践教学的质量。在学生实习过程中，指导教师要定期到实习单位了解学生的实习情况，及时解决学生在实习中遇到的问题；在学生进行校内实训时，要制订详细的实训计划和制定详细的考核标准，对学生的实训成果进行严格考核。实践教学环节还要注重与企业的合作。邀请企业的会计人员参与实践教学，举办讲座、指导学生实习等，让学生了解企业实际的会计工作需求和行业发展动态。与企业合作开展实践项目，让学生参与企业实际的会计业务处理，提高学生的实践能力和解决实际问题的能力。学校与企业合作开展财务报表审计项目，让学生在企业审计人员的指导下，参与企业财务报表的审计工作，通过实践项目提高学生的审计能力和职业素养。

第三节 课程内容的动态更新机制

在会计学领域，知识体系与行业实践紧密相连且处于不断发展变化之中。课程内容的动态更新机制对于会计学教育保持活力、培养适应时代需求的专业人才至关重要。这一机制涵盖更新的依据与驱动力、更新的流程与管理以及更新的保障措施等多个关键方面。下面将对这些方面展开深入探讨。

一、更新的依据与驱动力

（一）会计准则和法规的变化

会计准则和法规是会计行业的基石，其动态变化深刻重塑着会计学课程体系。在经济全球化以及国际会计趋同的大背景下，会计准则和法规的调整日益频繁，这对会计学教学内容的更新提出了紧迫要求。

会计准则是保障会计信息质量的关键准则，法规则为会计活动划定法律边界。随着经济环境不断演变，新的经济业务与交易模式层出不穷。为适应这一趋势并与国际会计标准接轨，会计准则持续革新。就拿金融工具会计准则来说，旧准则对金融资产的分类比较粗略，难以精确反映金融市场的复杂性。新准则依据业务模式和现金流量特征重新分类金融资产与金融负债，计量方式也更精细。这一变革使企业对金融工具的会计处理更精准，也要求会计学课程快速更新。学生只有熟练掌握新的分类标准、计量方法以及账务处理流程，才能在未来会计工作中准确处理金融业务。

法规的调整对会计学课程影响重大。税收法规是企业税务会计处理的依据，其变化直接关乎企业的税务成本和合规风险。近年来，增值税税率多次调整，研发费用加计扣除政策也在不断优化，这些都改变了企业的税务核算和筹划方式。这就要求会计学课程及时更新税务会计内容，让学生熟悉最新税收法规，能准确进行税务核算和合理筹划税务。如果课程内容没有及时更新，学生进入职场后，面对新税收政策会不知所措，难以满足企业实际需求，甚至会因税务处理不当给企业造成经济损失和法律风险。密切跟踪会计准则和法规的变化，及时调整会计学课程内容，是培养契合市场需求的会计专业人才的必然选择。

（二）会计行业新技术的应用

科技发展态势迅猛，这一趋势在会计行业中引发了深刻变革，新技术的应用成为推动会计学课程内容更新的关键力量。会计电算化的广泛普及，使传统手工记账逐步被电子记账替代。如今的会计软件功能越发强大，其应用范围覆盖账务处理、报表编制、财务分析等多个关键环节。以用友、金蝶等具有代表性的软件为例，它们能实现自动化记账，通过预设的程序和规则，将经济业务数据快速准确地转化为会计分录，节省了人工记账的时间和精力。在报表编制方面，这些软件具备智能化报表生成功能，可根据已录入的数据自动生成各类财务报表，包括资产负债表、利润表和现金流量表等，不仅提高了报表编制的效率，还减少了人为错误。

大数据和人工智能技术的兴起，为会计领域注入了新的活力。大数据技术让企业能收集并分析海量的财务数据。企业可借助这些数据，挖掘出其中隐藏的价值，通过对销售数据的深度分析，了解不同产品的销售趋势，进而为企业的生产和销售决策提供更精准的支持。人工智能在会计领域的应用也日益广泛，智能财务机器人便是其中的典型代表，可以自动处理重复性、规律性的会计工作，如发票识别、费用报销审核等。智能财务机器人通过图像识别技术读取发票信息，并依据预设的审核规则对费用报销进行审核，提高了工作效率，降低了人工成本。

这些新技术的应用，对会计人员的工作内容和技能要求产生了显著影响。会计学课程必须及时融入这些新技术的相关内容。在教学过程中，一方面要教导学生熟练掌握各类会计软件的使用方法，涵盖软件的安装、初始化设置、日常操作以及数据维护等方面。另一方面要让学生深入了解大数据和人工智能在会计中的应用原理和潜在价值，培养学生的数据思维，使他们具备运用新技术解决会计问题的能力。若会计学课程未能跟上技术发展的步伐，学生在毕业后将难以适应数字化时代的会计工作环境，无法满足企业对会计人才的需求。

（三）市场对会计人才需求的转变

市场需求在会计学课程内容更新进程中发挥着根本性的推动作用。经济全球化的不断深入以及企业多元化发展趋势的逐渐明显，使市场对会计人才的要求持续提升，发生了从单一财务核算能力向综合素养的重大转变。

在传统财务会计的基础上，管理会计的地位越发重要。企业期望会计人员不再局限于事后的财务核算工作，而是深度参与企业的战略规划、预算编制、成本控制和绩效评价等管理活动之中。在企业战略规划环节，会计人员需借助专业的财务分析工具，对不同战略方案的财务可行性进行全面评估，为企业决策提供关键的财务依据。在成本控制方面，会计人员要通过精准的成本核算和深入分析，找准成本控制的关键节点，进而提出切实有效的成本降低措施。这就迫切要求会计学课程提高管理会计的教学比重，着重强化成本管理、预算管理、绩效管理等相关内容的教学。

企业跨境业务数量的不断增加，使具备国际视野和跨文化交流能力的会计人才备受青睐。会计人员不仅要熟知国际会计准则，还要深入了解不同国家的税收政策以及外汇交易的会计处理方法，以此满足企业跨境业务的财务需求。风险防控意识和能力已成为市场衡量会计人才的重要标准。会计人员必须具备识别和评估企业面临的财务风险、市场风险等各类风险的能力，并能提出相应的风险应对策略，为企业的稳定发展保驾护航。

鉴于以上市场对会计人才需求的转变，会计学课程应及时调整教学内容，以培养出符合市场需求的专业会计人才，为企业和社会输送具备综合素养的优质会计力量。

二、更新的流程与管理

在明确会计学课程内容更新的必要性后，规范且科学的更新流程与有效的管理机制至关重要。这不仅能确保课程更新有序推进，还能保证更新后的内容质量过硬，切实满足行业发展和学生学习需求。下面将详细探讨会计学课程内容更新的流程与管理策略。

（一）建立内容更新的信息收集渠道

为了实现会计学课程内容的及时更新，建立多元化且高效的信息收集渠道显得尤为关键。在这一过程中，权威机构与组织发布的信息成为重要的信息源。如国际会计准则理事会等国际权威机构，虽然不直接涉及国内准则修订，但其发布的国际会计准则修订信息、征求意见稿及解释，对国内会计准则的完善具有借鉴意义。财政部会计准则委员会等官方机构定期发布的会计准则修订通知、解释公告等，直接为会计学课程内容更新提供了权威依据。通过订阅这些机构的官方出版物，或关注其官方网站及社交媒体账号，可确保第一时间获取最新的会计准则动态，及时将行业前沿知识融入教学。

行业协会在信息传递中亦扮演着重要角色。我国注册会计师协会、管理会计师协会等行业协会，不仅发布行业研究报告、专业资讯，还定期分析行业发展趋势。这些资料不仅包含会计准则和法规的详细解读，还涵盖会计领域的最新实践案例、技术创新应用及行业热点。深入研读这些资料，有助于教师把握行业脉搏，将实际工作中的最新动态融入教学内容。

与企业的紧密合作是获取第一手信息的有效途径。企业是会计实践的主体，直接面对会计准则变化、新技术应用及市场需求转变带来的挑战。通过与企业财务部门建立长期合作关系，开展定期的企业调研、座谈会等活动，教师可深入了解企业在实际操作中遇到的问题、对会计人才的具体需求以及行业发展的最新趋势。这种基于实践的信息收集方式，能确保教学内容紧密贴合市场需求，培养出更符合企业需求的会计人才。

财经媒体和专业学术期刊是不容忽视的信息来源。这些媒体和期刊及时报道会计领域的热点事件、研究成果和行业动态，为教师提供了丰富的素材和灵感。通过广泛阅读这些资料，教师拓宽了视野，将最新的研究成果和实践经验融入教学，提升课程的时效性和实用性。

（二）课程内容更新的审核与决策机制

在会计学课程内容更新进程中，建立科学的审核与决策机制是保障更新质量的关键环节。这一机制需整合多方专业力量，全面且深入地评估收集到的信息，确保更新内容既符合学术规范，又能满足企业实际需求与教学实践要求。应组建课程内容更新审核小组，成员涵盖会计学领域专家、企业财务高管和一线教师。会计学领域专家凭借深厚的学术积累，能从专业理论层面审视更新内容，保障其合理性与前瞻性，确保课程内容在学术上的严谨性。企业财务高管长期扎根于实际工作，熟悉企业运营中的会计需求，他们可基于实践经验，精准判断更新内容与企业实际业务的契合程度，使课程内容更贴合行业实际。一线教师则从日常教学实践出发，关注更新内容在教学过程中的可操作性，确保新内容能融入现有教学体系，便于学生理解和掌握。

审核小组对收集到的信息进行系统分类整理与深度分析。以会计准则和法规变化为例，当收入会计准则修订时，小组需细致剖析新准则下收入确认的原则、时点以及计量方法的变动。这些变化会对课程内容产生不同程度的影响，涉及财务会计、管理会计等多门课程的相关章节。审核小组要确定具体受影响的课程章节和知识点，明确更新方向，调整教学案例、补充新的账务处理方法等，使学生能准确学习到最新准则要求。

面对新技术应用和市场需求转变相关信息，审核小组要评估其对课程体系和教学目标的影响。对于新兴技术，人工智能在会计领域的应用，需判断其应用前景和成熟度。若新兴技术具备良好的发展潜力且应用相对成熟，审核小组应进一步探讨将其纳入课程内容的深度和广度，确定是在基础课程中简单介绍概念，还是在专业课程中深入讲解应用案例。在决策时，采用投票表决等方式综合各方意见，平衡学术性、实用性和可操作性，保证决策的科学性与公正性。只有通过审核小组严格审核的内容，才能进入课程更新环节，为会计学课程内容的优化升级筑牢根基。

（三）更新后的课程内容推广与实施

更新后的会计学课程内容，其推广与实施直接关乎能否发挥价值，满足教学与行业需求。教师是课程实施的核心力量，对其培训意义重大。邀请参与课程更新的专家和企业人士开展专门培训。专家凭借学术积累与行业洞察，深入解读新内容，剖析新知识点。企业人士从实际工作出发，讲解新技能的应用场景。培训还应涉及教学方法调整，帮助教师掌握新方法的运用，从而提高教学水平，为课程实施提供保障。

编写课程更新说明与教学指南，是推动课程实施的关键。课程更新说明需阐述更新背景、目的、内容及新旧课程衔接关系，让教师把握课程更新的整体情况，明确重点方向。教学指南则针对新内容提供教学方法建议，采用案例教学法时，给出案例选择标准与来源，方便教师选择合适案例辅助教学。在实践教学方面，明确实践目标、任务和流程，助力教师优化实践教学，提高教学质量。在教学中，逐步推广更新后的课程内容更为妥当。先在部分班级或专业试点教学，收集学生和教师的反馈。学生反馈可反映对新内容的理解和学习难点，教师反馈有助于发现教学问题。依据反馈，及时调整课程内容和教学方法。若学生对某知识点理解困难，应优化教学方法，增加解释和示例。根据试点效果，逐步扩大推广范围，保障课程平稳过渡与有效实施。

建立跟踪评估机制必不可少。定期运用考试成绩分析、学生问卷调查、教师教学反思等多种方式评估教学效果。通过评估全面了解学生学习和教师教学情况，依据结果优化课程内容和教学方法。若某章节教学效果不佳，重新审视课程内容组织和教学方法选择，进行有针对性的改进，持续提高课程教学质量，实现会计学课程教学目标。

三、更新的保障措施

在会计学课程内容动态更新机制中，更新的保障措施是确保其有效运行的关键支撑。它不仅关系到课程更新能否顺利实施，还影响着教学质量和人才培养效果。完善的保障措施能为课程内容更新提供全方位支持，让更新后的课程更好地适应会计行业发展和学生学习需求。下面分别从教师专业素养提升、教材及教学资源更新以及构建与行业紧密联系的长效机制等角度，详细阐述保障措施的具体内容。

（一）教师专业发展与知识更新的支持

教师是会计学课程内容更新的直接实施者，其专业素养和知识储备对课程更新质量与效果意义重大。

为推动会计学课程内容动态更新，为教师提供专业发展与知识更新的支持极为关键。学校和教育机构应肩负起推动教师专业发展的重任，制订科学的教师培训计划。计划应涵盖学术研讨会、专业培训课程和企业实践活动等方面。学术研讨会是教师获取前沿知识、拓宽学术视野的重要渠道。学校和教育机构可邀请国内外会计学领域的知名专家学者，分享最新研究成果与学术动态。这些专家的分享能为教师教学和研究提供新方向。专业培训课程聚焦于会计准则和法规变化、新技术应用等内容。

新会计准则的修订对会计教学影响深远。学校和教育机构可举办专门培训课程，邀请专家讲解准则变化，并结合实际案例分析。通过培训，教师能深入理解新准则，掌握新知识和新技能，在教学中准确传授给学生。

鼓励教师参与企业实践活动，是提升教师专业素养的重要方式。学校和教育机构应与企业合作，为教师提供挂职锻炼机会。教师在企业财务部门挂职时，可参与日常会计核算、财务报表编制等工作，了解企业实际操作中的问题和挑战。这有助于教师发现教学问题，为课程内容更新提供案例和素材，使教学内容更贴合实际。

设立教师科研基金，是支持教师专业发展的有效手段。学校和教育机构可设立专门科研基金，支持教师开展与课程内容更新相关的研究项目。这些项目能鼓励教师研究会计学热点问题，探索新教学方法和课程内容。教师在研究过程中，学术水平和专业影响力将不断提高，其研究成果也将为课程内容更新提供理论支持，推动会计学课程教学质量提高。

（二）教材和教学资源的及时更新保障

教材和教学资源是课程内容的关键载体，其及时更新对课程内容动态更新意义重大。会计学领域发展变化迅速，会计准则和法规不断调整，新技术持续出现，市场对会计人才的要求也在改变。这就要求教材编写团队具备敏锐的行业洞察力，时刻关注行业动态。

教材编写团队应以会计准则和法规的变化、新技术应用以及市场需求转变为修订教材的重要依据。在修订时，充分吸收最新研究成果与实践经验。会计准则调整会影响会计核算和报表编制，编写团队需深入研究新准则，将其精准融入教材，保证学生所学知识契合行业实际。除了纸质教材，数字化教学资源的更新也很重要。建设在线课程平台，为教学资源更新提供便利，在平台上上传更新后的教学视频、课件、案例库等。教学视频可由专家或优秀教师录制，详细讲解更新后的课程内容，助力学生理解新知识。课件要随着课程内容更新同步修改，突出重点难点，便于学生掌握关键知识点。案例库应及时补充涵盖不同行业、规模企业实际情况的新案例，增强教学针对性与实用性。

教师自主开发教学资源是丰富教学内容的重要方式。教师处在教学一线，对教学实际需求了解深刻。教师可根据教学需要制作个性化课件、编写案例分析、设计在线测试题。学校和教育机构应提供技术支持与资源保障，搭建教学资源共享平台，促进教师交流合作，提高教学资源质量与更新效率。通过这些措施，实现教材和教学资源的及时更新，提高会计学课程教学质量。

（三）建立与行业联系的长效机制

建立与行业联系的长效机制是确保课程内容动态更新的重要保障。学校和教育机构应与会计行业协会、企业等建立长期稳定的合作关系。与行业协会合作，参与行业标准制定、专业资格认证等工作，及时了解行业发展趋势和最新要求。参与注册会计师考试大纲的制定过程，能使学校的课程内容与行业专业资格认证要求相衔接。与企业建立产学研合作关系，共同开展人才培养、课程开发和科研项目合作。企业为学校提供实习基地、实践项目和兼职教师，学校则为企业提供人才支持和智力服务。在人才培养方面，根据企业需求制定人才培养方案，共同设计课程体系和教学内容；在课程开发方面，邀请企业财务人员参与课程开发过程，提供实际案例和行业经验，使课程内容更贴近企业实际工作。定期举办校企交流活动，如学术讲座、企业参观、校企座谈会等。学术讲座邀请企业高管或行业专家介绍行业最新动态和实践经验；企业参观让学生和教师深入了解企业的会计工作流程和实际操作；校企座谈会则为双方提供沟通交流的平台，及时反馈课程内容与企业实际需求之间的差距，共同探讨解决方案，推动课程内容的持续更新。通过建立与行业联系的长效机制，实现学校教育与行业实践的紧密结合，确保会计学课程内容始终符合行业发展的需求。

第六章 混合教学模式的教学方法创新

在应用转型驱动下，会计学教学模式的变革势在必行，而教学方法的创新是其中的关键环节。混合教学模式融合线上线下教学优势，为会计学教学带来了新的机遇与挑战。本章将围绕混合教学模式下的教学方法创新展开探讨，具体从线上线下结合的课堂教学设计、案例教学与项目驱动的应用以及互动式教学与翻转课堂的实践这几个方面深入剖析，旨在为提高会计学教学质量、培养适应时代需求的会计人才提供有效路径。

第一节 线上线下结合的课堂教学设计

在混合教学模式下，课堂教学设计对提高会计学教学质量意义重大。线上教学资源丰富、可随时学习，线下教学能实现面对面深度交流与实践操作。将两者有机结合，能充分发挥各自优势，提升教学效能。本节围绕线上线下结合的课堂教学设计展开，从功能定位与互补、教学流程规划、时间分配策略这几个关键方面深入探讨，期望为会计学教学实践提供有效指导，助力会计学教学在应用转型背景下持续创新，培养出更符合时代需求的专业会计人才。

一、线上线下教学的功能定位与互补

（一）线上教学的优势与发挥

线上教学的资源丰富性为会计学教学带来了诸多便利。互联网汇聚了全球范围内的教育资源，在会计学领域，线上课程平台提供了大量的教学视频、电子教材、学术论文、案例库等资源。学生根据自身需求，自主选择学习内容。在学习财务会计课程时，学生若对某一知识点理解困难，可在平台上搜索不同教师的讲解视频，

从多角度获取知识，加深理解。线上教学的灵活性体现在学习时间和空间的自由安排上。学生不受地域和时间限制，能根据自己的日程安排进行学习。对于在职学生或学习时间不固定的学生而言，这一优势尤为突出。他们在碎片化的时间里，利用手机、电脑等设备随时随地学习会计学知识，提高学习效率。线上教学还具备强大的互动功能。在线讨论区、答疑系统等工具，方便学生与教师、同学进行交流。学生在学习过程中遇到问题，可随时在讨论区提问，教师和其他同学能及时给予解答和建议。这种互动不仅有助于解决学生的疑惑，还能促进学生之间的思想碰撞，拓宽学习思路。为充分发挥线上教学的优势，教师引导学生利用线上资源进行自主学习。在课程开始前，教师推荐相关的线上课程、学术论文等资料，让学生提前预习。在教学过程中，教师设置线上讨论话题，鼓励学生积极参与讨论，分享自己的见解。教师利用线上教学平台的测试功能，及时了解学生的学习情况，调整教学策略。

（二）线下教学不可替代的作用

线下教学的面对面交流优势明显。在课堂上，教师与学生能直接互动，教师通过学生的表情、眼神等反馈，及时了解学生的学习状态和对知识的掌握程度，进而调整教学节奏和方法。学生之间的面对面交流也能增强学习氛围，促进合作学习。在小组讨论中，学生更直观地交流想法，共同解决问题，培养团队协作能力和沟通能力。线下教学为学生提供了实践操作的机会。会计学是一门实践性很强的学科，线下的会计实验课程、案例分析等活动，让学生能在真实的情境中应用所学知识。在会计实验课上，学生通过填制会计凭证、登记账簿、编制财务报表等实际操作，加深对会计核算流程的理解和掌握，提高实践技能。线下教学在培养学生的综合素质方面也具有重要作用。教师在课堂上的言传身教，能培养学生的职业道德和职业素养。教师严谨的治学态度、对会计法规的严格遵守，会潜移默化地影响学生，使学生在学习知识的同时，树立正确的职业价值观。为充分发挥线下教学的作用，教师应注重课堂互动和实践教学。在课堂上，教师组织多样化的教学活动，如案例分析、小组讨论、角色扮演等，鼓励学生积极参与。在实践教学中，教师提供真实的案例和实验环境，引导学生将理论知识应用到实际操作中，提高学生的实践能力和独立解决问题的能力。

（三）线上线下优势互补的教学环节设计

在会计学教学中，线上线下优势互补的教学环节设计能提高教学效率。在知识讲解环节，对于基础概念和原理的教学，教师利用线上教学资源，让学生通过观看教学视频、阅读电子教材等方式进行自主学习。对于重点和难点内容，教师则在线下课堂上进行深入讲解，结合实际案例，帮助学生理解。在讲解会计凭证填制的基础概念时，学生可在线上学习相关视频，初步了解凭证的种类、填制要求等知识；在线下课堂上，教师通过展示真实的会计凭证，详细讲解填制过程中的注意事项，并让学生进行实际操作练习。

在案例分析环节，线上教学可以提供丰富的案例资源，学生在课前通过线上平台获取案例资料，进行初步分析和思考。在线下课堂上，教师组织学生进行小组讨论，学生分享自己的分析思路和见解，相互启发。教师在一旁引导讨论方向，总结分析方法，提高学生的分析能力和独立解决问题的能力。在学习财务报表分析时，学生在线上获取不同企业的财务报表案例，进行初步分析；在线下课堂上，教师组织小组讨论，引导学生从不同角度分析报表，如偿债能力、盈利能力、营运能力等，并比较不同企业之间的差异。

在复习巩固环节，线上教学提供了多样化的复习资源，如模拟测试题、知识点总结等，学生可根据自己的学习情况进行有针对性的复习。线下教学则通过课堂提问、小测验等方式，检查学生的复习效果，及时发现问题并给予指导。教师还可以组织线下学习小组，让学生相互监督、相互帮助，共同完成复习任务。

二、线上线下结合的教学流程规划

在混合教学模式下，合理规划教学流程对提高会计学教学质量至关重要。线上、线下教学各有特色，两者结合的教学流程规划，能发挥优势促进学生高效学习。下面将从课前、课中、课后的具体教学流程入手，深入探讨其规划要点，为会计学教学实践提供参考。

（一）课前线上预习任务的布置与引导

课前线上预习是线上线下结合教学流程的重要环节。教师应根据教学目标和课程内容，为学生布置明确的预习任务。如在学习成本会计课程前，教师在教学平台上发布预习任务，要求学生观看相关的线上教学视频，了解成本核算的基本概念、方法和流程；阅读电子教材的相关章节，掌握基本知识点；完成一些简单的预习测试题，检验自己的学习效果。教师要对学生的预习进行引导。在教学平台上，教师发布预习指导文档，明确预习重点和难点，提供学习方法建议。教师还可以通过在线讨论区，与学生进行互动，解答学生在预习过程中遇到的问题。对于一些复杂的知识点，教师可以录制短视频进行讲解，帮助学生更好地理解。如在预习财务会计中的长期股权投资这一知识点时，教师录制短视频，对长期股权投资的初始计量方法进行详细讲解，并举例说明，让学生在预习时能更好地掌握这一难点。通过课前线上预习，学生对课程内容有了初步了解，能发现自己的疑惑点，为线下课堂学习做好准备。预习也培养了学生的自主学习能力，让学生学会主动获取知识。

（二）课中线上线下教学活动的衔接与转换

课中线上线下教学活动的衔接与转换是保证教学顺利进行的关键。在课堂导入环节，教师通过线上展示一些与课程内容相关的案例、视频等资料，引起学生的兴趣，导入新课。在学习管理会计的本量利分析时，教师在线上展示一个企业的成本、销量和利润数据案例，引导学生思考成本、业务量和利润之间的关系，从而导入本量利分析的课程内容。

在知识讲解环节，教师根据教学内容的特点，灵活运用线上线下教学方式。对于一些抽象的概念和理论，教师先在线上通过动画、视频等形式进行直观展示，帮助学生理解；然后在线下课堂上进行深入讲解，结合实际案例进行分析。如在讲解会计信息系统的概念时，教师先让学生在线上观看会计信息系统的操作演示视频，对系统有一个初步的认识；在线下课堂上，教师再详细讲解系统的功能模块、数据流程等内容，并结合实际企业案例，分析会计信息系统在企业财务管理中的应用。

在课堂练习和讨论环节，教师组织线上线下相结合的活动。在线上，教师发布一些练习题，让学生进行实时练习，系统自动批改并反馈结果；在线下，教师针对学生在练习中出现的问题进行集中讲解，并组织小组讨论，让学生分享自己的解题思路和方法。如在学习财务分析指标时，教师在线上发布一些财务分析指标计算的练习题，学生完成练习后，教师根据练习结果，在线下课堂上对易错点进行讲解，并组织小组讨论，让学生分析不同财务分析指标的含义和应用场景。通过课中线上线下教学活动的有效衔接与转换，能充分发挥线上线下教学的优势，提高学生的学习效率。

（三）课后线上巩固拓展与线下总结反思

课后线上巩固拓展与线下总结反思在会计学教学中占据关键地位，对学生深化知识理解、增强学习效果意义非凡。线上教学为学生提供了丰富多样的拓展资源。教师可将学术论文、行业报告以及拓展案例等上传至教学平台。以审计课程为例，课程结束后，教师精心挑选最新的审计案例与相关学术论文，这些资料聚焦审计领域的前沿动态和实际问题。学生通过阅读分析，能接触到行业最新的理念、方法和案例，拓宽知识视野，深入了解审计工作的复杂性和多样性。教师布置的线上作业，如案例分析、项目报告等，要求学生运用所学审计知识，对给定案例进行深入剖析，撰写审计报告，分析审计过程中发现的问题并提出解决方法。这不仅促使学生巩固所学知识，还锻炼了他们运用知识解决实际问题的能力，培养了逻辑思维和书面表达能力。线下总结反思活动同样不可或缺。教师通过课堂提问、小组讨论等方式，引导学生回顾会计学原理课程的知识点。如在学习会计凭证填制和审核这一关键知识点后，组织小组讨论，让学生分享学习收获和遇到的问题。每个学生的学习体验不同，在交流中能相互启发，发现自身的不足。教师还可以要求学生撰写学习心得，反思自己在实际操作练习中的表现，明确不足，并制订改进计划。这种反思有助于学生从实践中总结经验，加深对理论知识的理解，提高学习的自主性和主动性。

三、线上线下结合教学的时间分配策略

在混合教学模式中，线上线下教学时间的合理分配是影响教学效果的关键因素。它不仅关系到学生对知识的获取与能力的培养，还与教学目标的实现紧密相连。合理的时间分配能充分发挥线上线下教学的优势，提高会计学教学质量。下面将从不同角度探讨线上线下结合教学的时间分配策略。

（一）不同课程内容的线上线下课时占比

不同课程内容的线上线下课时占比应根据课程的性质和特点进行合理安排。对于理论性较强的课程，如会计理论与方法，线上教学可以占比较大的比重。因为理论知识的学习更适合学生自主学习，线上丰富的教学资源能满足学生多样化的学习需求。线上课时占总课时的60%左右，学生通过观看线上教学视频、阅读电子教材等方式，自主学习理论知识；线下课时占40%左右，教师在线下课堂上对重点和难点进行讲解，组织学生进行讨论和答疑。对于实践性较强的课程，如会计电算化、会计综合实践等，线下教学课时应适当增加。这类课程需要学生进行实际操作练习，线下教学能为学生提供真实的实践环境和指导。线下课时占总课时的60% ~ 70%，学生在实验室或实习基地进行实际操作练习；线上课时占30% ~ 40%，线上教学主要提供实践操作的指导视频、案例分析等资源，帮助学生更好地完成实践任务。对于一些前沿性和拓展性的课程，如智能会计、财务共享服务等，线上线下课时相对均衡。这类课程的内容更新较快，线上教学及时提供最新的知识和信息；线下教学组织学生进行讨论和交流，加深对知识的理解。线上线下课时各占50%左右，学生通过线上学习获取前沿知识，线下课堂上进行深入讨论和案例分析。

（二）依据教学目标灵活调整时间安排

教学目标在决定线上线下教学时间分配中为教学时间的合理安排提供了明确的方向指引。当教学目标聚焦于培养学生的自主学习能力时，适当增加线上教学时间成为必然选择。线上丰富的学习资源，大量的在线课程、学术论文、专业案例库等，为学生自主探索知识创造了有利条件。教师借助这些资源，引导学生根据自身学习节奏和需求，自主规划学习路径。以财务会计课程为例，教师在教学平台上推送与课程内容相关的拓展资料，鼓励学生自主学习并思考，逐步培养他们独立思考问题的能力和自我管理学习进程的能力。

若教学目标旨在提高学生的实践能力，增加线下教学时间则尤为关键。会计学是一门实践性很强的学科，线下实践操作对于学生掌握专业技能不可或缺。在会计实践课程中，教师应安排充足的时间让学生进行实际操作练习。如在会计电算化课程中，教师指导学生使用财务软件进行账务处理、报表编制等操作，让学生在实践中熟悉业务流程，掌握实践技能。学生在实际操作过程中，会遇到各种问题，教师及时给予指导，帮助学生解决问题，进而提高他们解决实际问题的能力。

当教学目标侧重于培养学生的团队协作能力和沟通能力时，线下课堂应发挥更大的作用。教师组织更多的小组活动，为学生创造合作交流的机会。如在财务报表分析课程中，教师布置小组项目，让学生分组对企业财务报表进行分析并撰写报告。小组成员通过分工协作，共同完成任务。在这个过程中，学生相互交流观点、分享经验，锻炼了团队协作和沟通能力。教师在教学过程中，应时刻关注教学目标的变化，并根据学生的学习进度和掌握程度，灵活调整线上线下教学时间分配，才能确保教学时间的安排与教学目标相契合，切实提高教学质量，实现教学目标。

（三）特殊教学情境下的时间分配应急方案

特殊教学情境的出现，对教学时间分配提出了特殊要求，制定科学合理的应急方案成为保障教学质量的关键。如在特殊时期，线下教学受阻，加大线上教学比重成为维持教学秩序的重要举措。教师借助直播教学平台开展实时授课，打破空间限制，将知识传递给学生。通过在线学习管理系统，教师可高效布置作业、组织考试，实现教学任务的有序推进。为确保线上教学效果，教师增加互动环节意义重大。设置在线讨论，能让学生就课程知识点展开交流，碰撞出思维火花；组织小组合作项目，可培养学生团队协作能力。以会计学课程中的财务报表分析为例，教师可安排小组合作项目，让学生分组分析不同企业的财务报表，通过线上协作完成项目报告，有效提升学生参与度，避免线上学习的枯燥感。

当遭遇教学设备故障，实验室财务软件出现问题，影响实践教学时，教师应迅速作出调整。将实践教学转换为理论教学或案例分析教学是可行的应对策略，教师充分利用线上资源，为学生提供丰富的案例资料。在讲解会计核算方法时，教师搜集不同行业企业的会计核算案例，组织学生进行线上案例分析讨论。学生在讨论中，结合所学理论知识，分析案例中的会计处理方式，探讨其合理性，从而加深对知识的理解。

在特殊教学情境下，教师需充分发挥线上教学资源和工具的优势，灵活调整教学时间分配，根据课程内容和学生学习情况，合理安排线上教学的时长与环节。密切关注学生学习状态和需求同样重要。教师要及时发现学生学习中遇到的困难，通过线上答疑、单独辅导等方式给予帮助，确保学生在特殊情境下仍能顺利完成学习任务，维持教学活动的连续性和稳定性，保障教学质量不受较大影响。

第二节　案例教学与项目驱动的应用

在会计学教学中，案例教学与项目驱动教学是重要的教学方法，对于增强学生的学习效果、培养学生的专业能力具有关键作用。这两种教学方法分别从不同角度，引导学生将理论知识与实践相结合，使学生在解决实际问题的过程中，深化对会计学知识的理解与运用。下面将对案例教学的实施要点和项目驱动教学的开展路径进行详细阐述。

一、案例教学的实施要点

（一）案例选择的标准与来源

案例选择是案例教学的首要环节，直接关系到教学效果。在选择案例时，需遵循一系列标准。相关性是重要标准之一。所选案例应与会计学课程的教学内容紧密相关，能准确反映课程中的关键知识点和概念。在讲解财务报表分析课程时，选择的案例要涵盖资产负债表、利润表和现金流量表的分析要点，使学生通过案例分析，更好地理解财务报表各项目之间的关系以及分析方法。真实性也不可或缺。真实案例能让学生接触到实际会计工作中的场景和问题，增强案例教学的实用性。从企业实际财务数据和业务中选取案例，能使学生了解企业在运营过程中面临的财务状况和决策困境，培养学生解决实际问题的能力。案例还应具有启发性。富有启发性的案例能激发学生的思考，促使学生从不同角度分析问题，培养学生的创新思维和思辨性思维。选择存在财务争议或特殊业务处理的案例，让学生探讨不同处理方法的优劣，引导学生深入思考会计原则和方法的应用。

案例的来源较为广泛。企业是重要的案例来源地。教师可通过与企业建立合作关系，收集企业实际发生的财务案例，这些案例涵盖企业的日常财务核算、税务筹划、财务风险管理等多个方面。学术研究文献也是案例的重要来源。会计学领域的学术期刊、研究报告中包含许多经过深入分析的案例，这些案例通常具有较高的学术价值和理论深度，能为教学提供丰富的素材。参考专业的案例库，一些高校或教育机构建立的会计学案例库，这些案例经过精心整理和编辑，具有较好的教学适用性。

（二）基于教学目标的案例分类与分级

依据教学目标对案例进行分类与分级，有助于提高案例教学的针对性和有效性。

从教学目标出发，案例可分为知识理解型、应用技能型和综合分析型。知识理解型案例主要用于帮助学生理解会计学的基本概念、原理和方法。在讲解会计凭证填制时，选取简单的企业日常经济业务案例，让学生通过分析案例，掌握会计凭证的填制要求和方法。应用技能型案例侧重于培养学生的实践操作技能。以成本会计课程为例，选择不同行业企业的成本核算案例，让学生运用所学的成本核算方法进行实际操作，提高学生的成本核算技能。综合分析型案例则用于培养学生综合运用知识解决复杂问题的能力。如提供一个企业面临财务困境的案例，要求学生综合运用财务会计、管理会计、审计等多方面知识，分析企业财务困境的原因，并提出解决方案。

案例可根据难度进行分级。初级案例适合初学者，内容简单，涉及的知识点较少，主要用于帮助学生掌握基础知识和基本技能。中级案例难度适中，包含较多的知识点和复杂的业务情况，用于培养学生的分析能力和解决问题的能力。高级案例难度较大，通常涉及企业的战略决策、复杂的财务交易等内容，用于培养学生的综合分析能力和创新能力。通过案例的分类与分级，教师可根据教学进度和学生的学习情况，选择合适的案例进行教学，满足不同阶段学生的学习需求。

（三）适合会计学课程的典型案例筛选

在众多案例中筛选适合会计学课程的典型案例，需要综合考虑多方面因素。在财务报表分析课程中，选取具有行业代表性的企业财务报表案例至关重要。以制造业企业为例，其资产结构复杂，涉及大量存货、固定资产等项目，通过分析这类企业的财务报表，学生能深入理解资产负债表中各项资产的核算方法以及对企业财务状况的影响。在利润表分析方面，选择利润构成多元化的企业案例，让学生分析不同业务对利润的贡献，以及利润的可持续性。成本会计课程可筛选不同成本核算方法应用的案例。选择采用品种法的大量大批单步骤生产企业案例，学生可学习品种法下成本计算对象的确定、成本项目的归集与分配方法。对于采用分批法的单件小批生产企业案例，学生能了解分批法的特点和适用范围，以及如何在这种方法下进行成本核算。在审计课程中，典型案例应围绕审计流程和审计风险展开。选择存在财务舞弊风险的企业案例，让学生在案例分析中学习如何识别审计风险、制订审计计划以及收集审计证据。通过对这类案例的分析，学生能深刻理解审计工作的重要性和复杂性，提高审计实践能力。

（四）案例引入课堂的时机与方式

在会计学教学中，案例引入课堂的时机与方式，对教学成效有着不可忽视的影响。

于课程导入阶段引入案例，具有独特的价值。以财务会计课程为例，在课程起始，向学生展示企业财务造假案例，可迅速吸引学生注意力。此案例能引发学生对财务会计信息真实性与重要性的深入思考，进而自然地导入课程内容。学生在对财务造假行为及其后果的探讨中，认识到准确的财务信息对于企业自身运营、投资者决策以及市场稳定的关键意义，为后续学习打下良好基础。在知识讲解进程中引入案例，同样发挥着关键作用。在讲解会计核算方法时，结合具体案例进行阐释，可助力学生理解抽象的理论知识。通过实际业务的会计处理案例，学生能直观地看到会计科目的运用场景，掌握账务处理流程。如在介绍借贷记账法时，列举企业常见的经济业务，采购原材料、销售商品等，让学生依据业务编制会计分录，明确“借”与“贷”在不同业务中的运用规则，加深对借贷记账法的理解。

案例引入的方式丰富多样。借助多媒体展示案例，教师运用PPT呈现企业财务报表数据、业务流程等，使案例内容直观呈现。学生能清晰地看到财务报表各项目的构成及变化，理解业务流程中会计处理的逻辑，增强学习效果。通过故事讲述的方式引入案例，把企业财务问题以故事形式呈现，增加案例趣味性。如讲述企业因成本核算失误导致经营困境的故事，学生在听故事过程中，对成本核算相关知识产生兴趣，主动思考问题根源与解决办法。提前将案例资料发放给学生，让学生在课前预习思考，课堂上进行讨论分析，可充分调动学生学习主动性。学生在预习时，对案例形成初步认知，课堂讨论中能更深入分析，培养自主学习与团队协作能力。

（五）案例讨论环节的组织与引导

在会计学案例教学中，案例讨论环节组织与引导的有效性，直接关乎学生的参与度以及分析和解决问题能力的培养成效。

教师组织案例讨论时，明确目标和规则是基础。教师需清晰地向学生阐述讨论的主题，在讲解财务报表分析案例时，点明本次讨论旨在深入剖析企业财务状况、挖掘潜在问题并提出改进建议。告知学生需要解决的关键问题，分析特定财务指标异常波动的原因等。还要规定合理的讨论时间，确保讨论既充分又高效，并且明确发言顺序，避免讨论秩序混乱，保障每个学生都能参与其中。分组讨论是常用且有效的方式，一般将小组规模控制在4 ~ 6人。这样的规模既能保证学生充分交流，又能防止因人数过多导致部分学生参与度不足。

在讨论进程中，教师的引导作用不可或缺。一旦学生讨论偏离主题，教师要敏锐察觉并及时引导。如在讨论企业成本控制案例时，若学生的话题转向市场竞争策略，教师应温和地将讨论拉回成本控制相关内容，确保讨论围绕核心展开。当学生遇到困难，思维受阻时，教师应给予恰当的提示；在分析企业税务筹划案例时，学生对某项税收政策的应用存疑，教师可引导学生回顾政策要点，或者提供类似案例为参考，启发学生思路。教师还应鼓励学生发表不同观点，营造开放的讨论氛围。

如在财务风险评估案例讨论中，教师鼓励学生从不同角度评估风险，促使学生间的思想相互碰撞，拓展思维的广度和深度。

讨论结束后，教师的总结和点评至关重要。教师梳理学生的观点，总结讨论成果，使学生对案例形成更全面、深入的理解。指出学生在分析过程中的优点，如对财务数据的敏锐洞察力、创新的分析视角等，也客观地指出不足，如分析不够全面、忽略某些关键因素等。通过这种方式，帮助学生提升分析和表达能力，让学生在案例讨论中真正有所收获，切实提高学习效率，增强解决实际问题的能力。

（六）案例总结与知识升华的策略

案例总结与知识升华在会计学案例教学中是助力学生深化知识理解、提升综合素养的关键环节。

案例讨论结束后，教师对案例进行全面总结是关键步骤。以企业财务造假案例为例，教师需系统梳理其中的关键信息，包括造假手段、涉及的会计科目以及对财务报表的影响等。要对学生在讨论中提出的各类观点和解决方案进行细致分析。对于学生提出的识别财务造假的方法，依据财务指标异常波动判断造假迹象，教师应从理论和实践两个层面进行探讨，分析其在不同行业、企业规模下的适用性。还要指出其局限性，忽略隐蔽性较强的造假手段等。在总结过程中，教师结合案例再次强调课程中的知识点和理论。以会计核算原则为例，通过财务造假案例中违反原则的行为，让学生深刻理解权责发生制、谨慎性原则等在实际会计工作中的重要性，强化学生对知识的理解和记忆。

引导学生进行知识升华至关重要。教师要帮助学生从具体案例中提炼出一般性的规律和方法。以企业财务报表分析案例为基础，引导学生总结出财务报表分析的通用步骤，涵盖从资产负债表、利润表、现金流量表的初步浏览，到关键财务指标计算，再到综合分析企业偿债能力、盈利能力和营运能力等环节。还要让学生学会通过财务报表分析发现企业存在的问题和潜在风险，资产负债率过高可能暗示企业偿债压力大，净利润增长但经营活动现金流量不足或许意味着盈利质量不高。

教师应鼓励学生思考案例对实际工作的启示。如在企业成本控制案例总结中，引导学生思考如何将案例中的成本控制方法应用到未来工作中，培养学生的职业素养和实践能力。通过案例总结与知识升华，学生能突破案例本身的局限，将所学知识迁移应用到更广泛的领域，切实提高自身综合素质。

二、项目驱动教学的开展路径

项目驱动教学是一种有效的教学方法，在会计学教学中对于培养学生综合能力具有独特价值。它以项目为载体，促使学生在完成任务的过程中主动探索知识、提升技能。下面将从项目主题的确定与设计、项目任务的分解与分配等多个方面，深入探讨项目驱动教学在会计学教学中的开展路径。

（一）项目主题的确定与设计

在项目驱动教学体系中，项目主题的确定与设计是整个项目开展的基石，它不仅决定了学生在项目实施过程中知识与技能的获取方向，还影响着学生综合素养的培养成效。会计学专业具有较强的专业性和实践性，这就要求项目主题紧密贴合专业核心知识与技能，深度融合实际工作场景与行业需求。从专业知识范畴出发，财务报表编制与分析、成本核算与控制、税务筹划以及审计项目实施等领域，均是会计学专业的关键内容，适合成为项目主题的切入点。

以“某上市公司财务报表分析与投资建议”这一项目主题为例，其巧妙融合了财务会计和财务管理两个重要学科板块的知识。学生在开展该项目时，需要运用财务会计知识准确编制财务报表，确保数据的真实性与准确性。借助财务管理中投资决策的理论与方法，对财务报表进行深入剖析，挖掘企业的财务状况、经营成果和现金流量信息，进而依据分析结果，为投资者提供合理的投资建议。

在设计项目主题时，明确的目标和任务是引导学生高效完成项目的关键。对于上述财务报表分析项目，设定学生熟练运用财务分析方法评估上市公司财务状况的知识和技能目标，有助于学生聚焦学习重点。而收集财务数据、计算财务指标、撰写分析报告等具体任务要求，为学生提供了清晰的行动指南。项目主题应具备适度挑战性。挑战性不足，难以激发学生的探索欲望和创新思维；挑战度过高，则会导致学生产生挫败感，影响学习积极性。只有难度适中，才能促使学生在规定时间内充分发挥自身潜力，通过努力完成项目，切实提升专业能力。

（二）项目任务的分解与分配

在项目驱动教学中，项目任务的分解与分配是项目顺利推进的关键环节，直接影响着项目实施的效率与质量。当确定项目主题后，对项目任务进行科学合理的分解是首要步骤。分解过程需遵循系统性和逻辑性原则，以确保任务的完整性和连贯性。以成本核算与控制项目为例，将其拆解为成本核算方法选择、成本数据收集与整理、成本分析与报告撰写等主要阶段，各阶段相互关联，共同构成项目的整体框架。

进一步细化每个阶段的任务，能使学生明确具体工作内容。在成本核算方法选择阶段，学生需要了解不同成本核算方法的特点和适用范围。这要求学生研究品种法、分批法、分步法等核算方法，对比它们在计算流程、适用企业类型等方面的差异。学生要根据企业生产特点选择合适的成本核算方法。对于大量大批单步骤生产的企业，品种法较为适用；而单件小批生产的企业，则更适合采用分批法。通过这样细致的任务分解，学生能有条不紊地开展工作。

在任务分配环节，充分考虑学生的个体差异和能力水平至关重要。小组合作是一种有效的任务分配方式。根据学生的专业知识、技能和性格特点进行分组，能实现成员之间的优势互补。在成本核算与控制项目小组中，擅长数据分析的学生负责成本数据收集与整理工作，他们运用数据处理技巧，确保收集到的数据准确、完整，并对数据进行有效的整理和分类。文字表达能力强的学生则负责报告撰写，将成本分析的结果以清晰、准确的文字呈现出来。这样的任务分配方式，既能发挥学生的特长，又能提高项目实施的效率和质量，促进学生在项目实践中共同成长。

（三）项目实施过程中的指导与监控

在项目驱动教学模式里，项目实施是学生将理论转化为实践能力的关键阶段，教师的指导与监控对项目推进意义重大，既影响项目质量，又关乎学生专业素养和实践能力的培养。

项目启动初期，教师的指导是项目顺利开展的基础。以成本核算与控制项目为例，教师要全面介绍项目背景，包括企业生产规模、产品类型、生产流程等经营场景，让学生理解成本核算与控制在企业运营中的重要性。清晰阐述项目目标与任务，准确核算产品成本、提出成本控制方案，以及收集数据、选择核算方法、分析成本构成等具体工作。教师还需帮学生梳理项目重点和难点。成本核算方法的选择与运用、成本数据的准确分析是成本核算与控制项目的关键。品种法、分批法、分步法等各有适用范围和特点，选择不当会影响核算结果，成本数据不准确则会干扰分析和控制决策。教师引导学生提前认识这些要点，做好应对准备。教师指导学生制订项目计划，合理安排进度，明确任务分工，确保项目有序推进。

项目实施期间，教师定期检查学生项目进展很有必要。以成本核算项目为例，学生遇到数据不准确问题时，教师引导学生从数据来源、收集方法分析原因，如样本选取、录入错误等。如果核算方法选择不当，教师应帮助学生对比适用条件，结合企业生产特点找到更合适的方法。教师要全面监控项目实施过程，监督数据收集处理，确保数据真实准确，因为不准确的数据会影响分析和决策。教师应关注学生团队协作情况，当成员因任务分配产生分歧时，及时调解，根据学生能力特长重新分工，提高团队协作效率。通过这些指导与监控措施，学生积累经验，提升项目实施能力，深化专业知识理解，提升专业素养与实践能力。

（四）项目成果的展示与评价标准

在项目驱动教学中，项目成果的展示与评价不仅是对学生学习成果的检验，还是推动学生持续学习与发展的关键环节。项目成果展示形式多样，每种方式都有其独特价值。

在课堂汇报时，学生借助PPT呈现项目实施过程、成果和结论。如在汇报财务报表分析项目时，学生展示从数据收集、指标计算到得出分析结论的整个过程，分享项目经验与收获，锻炼口头表达和展示能力，也让教师和同学直观了解项目情况。书面报告要求学生详细阐述项目背景、目标、任务、实施过程、成果和结论。这促使学生深入思考项目内容，系统梳理思路，体现其分析和写作能力，还为后续查阅和研究提供详细资料。项目演示通过实际操作或模拟展示项目成果，在会计电算化项目中，学生演示财务软件的操作流程和应用成果，增强成果的直观性和说服力。

科学合理的评价标准是公正评价项目成果的核心。评价项目完成情况，需判断学生是否按要求完成任务，成果质量是否达标。若项目要求编制完整财务报表，需检查报表数据准确性、内容完整性和格式规范性。要考查知识运用能力，看学生能否将会计学专业知识灵活应用于项目。如在成本核算项目中，学生选择合适核算方法并正确处理成本数据，体现对知识的掌握和运用水平。要评价团队协作能力，关注学生在团队中的沟通、协作和领导表现。观察团队讨论时成员的参与度、意见交流情况以及任务分配和执行中的协作配合。要衡量创新能力，看学生在项目中是否提出新观点和方法。如在税务筹划项目中，学生创新地运用税收政策提出独特筹划方案，展现创新能力。通过涵盖多方面的评价标准，能全面、客观地评价学生项目成果，为学生提供有价值反馈，促进其学习和发展。

（五）项目经验的总结与反思

项目完成后的总结与反思，在项目驱动教学中意义重大，是学生成长、教师改进教学的重要环节。

学生对自身项目表现的反思，是自我提升的关键。回顾项目实施，如在成本核算项目里，学生遇到数据缺失、核算方法应用不当等问题。深入剖析问题成因，思考解决方法的优劣，能让学生认清自己在知识和技能上的不足，如对某些核算方法理解不深，或数据分析处理能力欠缺。明确不足后，学生可有针对性地改进，加强知识学习、增加实操练习。

团队协作在项目中不可或缺，学生总结其中的经验、吸取教训，对提升协作能力至关重要。团队在合作时出现沟通不畅、分工不合理等状况，学生需思考如何优化沟通、明确自身角色定位，充分发挥优势并配合他人完成任务。

撰写项目总结报告，能帮助学生系统梳理项目经验，记录过程成果，分析自身表现，为未来学习实践提供参考。

教师对项目教学的总结反思也不容忽视。教师要评估项目主题选择是否契合教学目标与学生实际。主题过简，难以激发学生兴趣和挑战其能力；过难，则易打击学生积极性。要反思任务分解与分配是否合理，包括任务难度与学生能力的匹配度、分工的明确均衡性等。要评估教学指导的有效性，是否及时提供帮助、指导方式是否易于接受。通过这些反思，教师能发现教学问题，为改进教学提供依据。组织学生进行项目经验交流，可促进学生相互学习，拓宽视野。

（六）项目驱动教学的持续改进方向

为提高项目驱动教学质量，培养符合社会需求的会计学专业人才，探索其改进方向十分必要。

项目主题设计应紧跟行业趋势。人工智能和大数据技术在会计领域应用广泛，设计“基于大数据的企业财务风险预警系统构建”这类主题，可让学生接触前沿知识与技术。学生运用大数据分析工具处理财务数据、构建风险预警模型，在实践中掌握新技术，契合未来会计工作数字化需求。

教学方法创新是关键。引入基于问题的学习、基于探究的学习等先进理念，并与项目驱动教学融合，能激发学生学习积极性和主动性。基于问题的学习以实际问题为导向，培养学生解决问题能力和自主学习能力。利用信息化教学工具，在线学习平台和虚拟仿真软件，能为教学提供有力支持。在线学习平台提供丰富资源和互动功能，虚拟仿真软件模拟真实会计场景，提升学生实践和应对实际问题的能力。

教师是项目驱动教学的关键推动者，加强教师培训、提升其教学能力至关重要。教师需不断学习新教学方法和技能，提高项目设计、指导和评价能力。学校和教育机构应提供有针对性的培训与支持，组织教师参加专业课程，邀请专家讲座指导，鼓励教师参与学术研究和教学实践探索，促进其专业发展。只有教师教学能力提升，才能更好地引导学生开展项目学习，让项目驱动教学在会计学教学中发挥更大作用，培养更多高素质专业人才。

第三节　互动式教学与翻转课堂的实践

在会计学教学持续革新的进程中，互动式教学与翻转课堂是新型教学实践模式，现已逐渐崭露头角。它们打破传统教学的局限，为提高教学质量、培养学生综合能力提供了新的方向。互动式教学强调师生、生生之间的交流协作，激发学生主动学习；翻转课堂重新规划教学流程，让学生成为学习的主导者。下面将深入探讨这两种教学实践在会计学教学中的具体应用，分析互动式教学的方法与策略、翻转课堂教学的设计与实施，为会计学教学改革提供有益参考。

一、互动式教学的方法与策略

（一）课堂提问技巧与问题设计

在互动式教学体系中，课堂提问技巧运用与问题设计情况，对教学成效起着关键作用。在会计学教学实践中，教师在设计问题时，需紧密贴合教学目标和具体教学内容。以财务报表分析课程为例，针对资产负债表中资产项目构成设计问题，围绕企业固定资产在总资产中占比情况展开，引导学生分析该占比可能给企业财务状况带来的影响，从而促使学生运用所学知识深入剖析实际财务现象。

问题难度的分层设置是优化课堂提问的重要策略。基础问题主要用于巩固学生所学的基本概念和原理。如关于会计凭证分类的问题，通过此类提问，帮助学生夯实会计学基础知识，加深对基础内容的理解和记忆。拓展性问题侧重于引导学生进行深度思考和知识迁移。如以不同行业企业成本核算方法为切入点设计问题，促使学生对比分析不同行业成本核算方法的差异及其背后的原因。这种问题能激发学生的探索热情，有效培养他们分析和解决复杂问题的能力。

教师对提问时机的把握至关重要。在课程导入环节，恰当的提问会引发学生的学习兴趣。以税务筹划知识教学为例，通过提出与税务筹划相关的问题，自然地引入该部分知识的学习。在知识讲解过程中，适时提问能及时检验学生对知识的理解程度。教师依据学生的回答情况，灵活调整教学节奏，对于学生理解困难的部分进行重点讲解，确保学生能跟上教学进度，提高教学效率。

（二）小组讨论活动的组织与管理

在互动式教学中，小组讨论活动是极为关键的一环，它对促进学生间的思想交流、培养团队协作能力意义重大。教师在组织小组讨论时，合理分组是首要任务，需综合考量学生的学习成绩、能力水平以及性格特点等多方面因素。学习成绩不同的学生组合，可让成绩较好的学生带动基础薄弱的学生；能力水平有差异的学生在一起，能发挥各自专长，擅长数据分析的学生与逻辑思维强的学生相互配合；性格各异的学生共处一组，外向学生的积极表达与内向学生的深入思考相互补充，确保小组内成员优势互补，彼此学习、共同进步。通常，每组人数控制在4 ~ 6人为最佳。人数过多易造成部分学生参与受限，难以充分表达想法；人数过少则无法形成丰富多元的观点交流，不利于思维碰撞。

明确讨论任务和规则是保障小组讨论有序开展的基础。以成本会计课程为例，可设定分析某企业采用分批法进行成本核算的合理性，并提出改进建议的任务。教师要规定讨论时间，促使学生提高效率，在有限的时间内深入探讨问题；明确发言顺序，保证每个学生都有机会阐述自己的观点，避免讨论被少数学生主导；强调尊重他人意见，营造和谐、包容的讨论氛围，让学生敢于发表不同看法。

在讨论过程中，教师的引导作用不可或缺。当小组讨论偏离主题时，教师应敏锐察觉并及时引导学生回归正确方向，确保讨论围绕核心问题展开。若学生遇到困难，教师给予适度提示，而非直接提供答案，以此鼓励学生自主探索，培养其独立思考和解决问题的能力。讨论结束后，教师对各小组的讨论成果进行全面点评，总结优点，指出不足，为学生提供改进方向，助力学生不断提高讨论质量，增强学习效果。

（三）角色扮演等互动形式的应用

在会计学教学领域，角色扮演是一种极具价值的互动形式，突破了传统教学的限制，给予学生生动且沉浸式的学习体验。以审计课程教学为例，教师组织学生进行审计工作场景的角色扮演活动。在活动中，学生被赋予不同角色。部分学生扮演审计人员，依据审计准则和专业知识，仔细审查被审计单位的财务资料。凭借所学知识，他们需敏锐察觉潜在问题，针对财务数据的异常之处提出疑问。而扮演被审计单位财务人员的学生，则要依据企业实际财务状况，对审计人员的问题进行合理的解释与说明，呈现财务数据背后的业务逻辑。这种角色扮演活动为学生理解专业知识提供了直观途径。在模拟审计流程中，学生通过实际操作，深度体验审计程序的具体执行步骤。从制订审计计划，到收集与分析审计证据，再到识别与应对审计风险，学生在亲身体验中，对审计知识的理解不再局限于书本理论，而是能切实掌握各项审计工作的实际操作要点和内在逻辑。角色扮演对学生综合能力的培养也十分有益。在模拟工作场景下，学生频繁与不同角色互动交流，锻炼了沟通能力，学会清晰表达观点、有效倾听他人意见。面对模拟过程中诸如财务数据存在争议、审计程序受阻等突发问题，学生需要迅速思考应对策略，进一步提升应变能力，积累应对复杂情况的经验。通过参与角色扮演，学生能更好地将理论知识与实践相结合，更有能力从事审计及相关工作。

（四）线上互动工具的选择与使用

在会计学教学中，信息技术的发展为互动式教学带来了丰富多样的线上互动工具选择，这些工具拓宽了教学的边界，提升了教学的灵活性与互动性。在线学习平台在教学中发挥着重要作用。如超星学习通、雨课堂这类平台，具备多种实用功能。其课程管理功能有助于教师有序规划教学内容，将会计学课程按章节、知识点进行系统整合。资源推送功能方便教师及时向学生分享教学资料，涵盖教学课件、案例分析、拓展阅读材料等，满足学生多样化的学习需求。在线测试功能可帮助教师随时检验学生的学习成果，了解学生对会计学知识的掌握程度，便于调整教学策略。而讨论区功能则为师生、生生之间的交流提供了广阔空间。以财务会计课程为例，教师在平台上发布企业财务报表资料后，学生能在讨论区针对报表数据展开分析，各抒己见，分享不同的见解与思路，促进知识的交流与碰撞。

即时通信工具，如微信、QQ等，成为教师与学生实时沟通的便捷桥梁。教师借助这些工具建立课程交流群，打破了时间与空间的限制。在群内，教师及时解答学生在学习会计学过程中遇到的疑惑，针对复杂的会计分录编制、财务指标分析等问题进行详细讲解。教师还能分享会计学领域的最新资讯，会计准则的更新、行业内的重大事件等，让学生紧跟学科前沿动态。

投票、抢答等互动小程序为课堂教学增添了新活力。如在财务管理课程中，教师运用投票小程序让学生对不同投资方案进行投票选择，并阐述理由。这一方式有效激发了学生的学习积极性，促使学生主动思考不同投资方案的优劣，提升其分析能力和决策能力。这些互动小程序以轻松有趣的形式，营造了积极的课堂氛围，提高了学生的参与度，让会计学教学更加生动、高效。

（五）线上互动活动的策划与实施

在互动式教学体系中，线上互动活动的策划与实施为会计学教学注入新活力，拓展了教学的深度与广度。线上案例分析活动是提高学生实践能力和思维水平的有效途径。教师可以精心挑选具有代表性的会计学案例，这些案例涵盖企业财务造假、税务筹划成功等多种类型，反映了会计学在实际应用中的复杂情况。教师将案例发布于在线学习平台，让学生分组进行分析。分组时考虑学生的知识水平、能力特点，确保小组具备多元思维和协作能力。规定时间提交分析报告，可培养学生的时间管理和任务执行能力。在讨论区的线上讨论环节至关重要，学生分享各自的分析思路与见解，让思想相互碰撞。教师积极参与其中，适时引导学生深入剖析案例问题，如在企业财务造假案例讨论中，引导学生从会计凭证、财务报表等多方面挖掘造假线索，探讨如何建立有效的财务监督机制等解决方案，培养学生解决实际问题的能力。

线上知识竞赛是推动教学的有力手段。教师依据会计学教学内容，精心设计竞赛题目，全面覆盖各个知识点，从基础概念到复杂的专业应用，确保能检验学生的综合学习成果。利用在线学习平台或专门竞赛软件组织竞赛，这些工具能实现高效的题目展示、答题统计和成绩计算。设置奖项是激发学生参与热情的关键，奖项可以是荣誉证书、学习资料或其他奖励形式。学生为取得好成绩，会主动复习知识、深入思考问题，在竞赛过程中巩固所学，提高学习效率。这种活动营造了积极的学习氛围，让学生在竞争与合作中提升对会计学的兴趣和掌握程度，推动互动式教学目标的实现。

（六）线上线下互动的融合与延续

线上线下互动的融合与延续是优化教学效果的关键策略。该模式整合线上教学灵活性与线下教学深度互动的优势，为学生打造更丰富、高效的学习体验。以会计核算方法教学为例，在线上教学时，教师把精心制作的教学视频和相关资料发布到线上平台。教学视频聚焦核心要点，如不同记账方法的操作流程、成本核算步骤等。相关资料包含案例分析、拓展阅读材料，满足学生多样学习需求，方便学生按照自己的节奏自主学习，初步构建知识框架。

在线下课堂上，教师组织小组讨论。各小组围绕线上学习内容交流，分享心得、提出疑惑。在讨论过程中，学生思维相互碰撞，加深了对复杂知识点的理解。教师在小组间巡视，倾听讨论，适时引导、解答。针对学生普遍的疑惑，如权责发生制与收付实现制的差异，教师集中讲解，助力学生突破学习障碍。课后，线上平台成为学生巩固知识、教师了解学情的重要途径。学生在线上完成围绕会计核算方法设计的作业和测试，题型涵盖计算、分析、案例应用等，全面考查学生的知识掌握程度。教师依据作业和测试结果，分析学生知识薄弱点，提供个性化辅导。

线上线下互动的延续有力支持教学质量提高。教师借助线上平台数据分析功能，持续跟踪学生学习过程。通过分析讨论区发言了解学生思维方式和知识理解深度，从作业完成情况判断知识点掌握精准度，依据测试成绩评估学习成果。基于这些数据，教师及时调整教学策略，为学习慢的学生提供额外资源，为学有余力的学生安排拓展任务，推动全体学生学习成长，实现教学效果最优化。

二、翻转课堂教学的设计与实施

翻转课堂是一种创新教学模式，正重塑会计学教学格局。它颠覆传统教学流程，把学习主动权交还学生，为培养学生自主学习与实践能力开辟新径。下面从课前准备、课中组织、课后安排等方面，深入剖析翻转课堂在会计学教学中的教学设计与实施要点，为推动教学变革提供参考。

（一）翻转课堂的课前准备工作

翻转课堂的有效实施，需要借助稳定的教学平台和优质的教学资源。授课教师在课前选择钉钉、腾讯课堂等线上教学平台，将课堂所需要的讲义、PPT、实时案例、阅读材料等文档资料和教学视频提前上传至教学平台。按照教学计划时间节点合理分配学习任务，为每节课设定明确的预习目标，列出关键知识点和技能要求，让学生明确课前预习的重点。教师还可贴合学生喜欢进行社会实践、关注现实问题的学情特点，将会计准则等相关视频发布于线上教学平台，引导学生思考会计准则与产业结构调整等的关联，引导学生进一步了解我国的新发展理念和新发展格局，激发学生对国家的认同感与自豪感，坚定法治理念和法治信仰，帮助学生树立职业责任感与自豪感。通过课前准备工作，教师为学生提供了充足的学习资源和明确的学习路径，学生在正式上课之前，已经掌握了部分课程知识，这为课中的深度学习和互动讨论奠定坚实的基础。[1]

[1] 王智慧，张月芳.基于翻转课堂的财务会计课程教学 [J].学园，2024, 17(25):59-61.

（二）课中活动的设计与组织

传统“满堂灌”的教学模式已无法满足当下会计专业课程教学需求，翻转课堂教学模式顺势出现。它打破传统，采用“先学后教”的方式，学生先自主学习或预习知识，在课堂上在老师引导下探讨并解决问题。这种模式在基础会计专业教学中效果显著。如基础会计专业注重专业性和实用性，要求学生掌握基本理论与操作方法，能熟练处理经济业务和编制财务报表。翻转课堂以任务驱动、问题为核心，涵盖课下自主学习和课堂引导解惑两部分。教师提前分解教学内容，制作课件和视频并发布学习资源与任务，学生自主学习、发现问题，课堂上老师引导讨论解决。在翻转课堂的课中活动环节，这是整个教学的核心。教师组织学生进行小组讨论，以审计课程为例，提出如判断企业关联方交易是否存在重大错报风险这类有争议性的问题，鼓励学生分组讨论，发表观点，培养思辨性思维和团队协作能力。课堂展示也是重要形式，各小组代表展示预习或讨论成果，其他小组可以提问和发表意见，在财务会计课程中，小组代表展示企业财务报表分析结果，接受质疑和建议，共同提高分析水平。教师在课中发挥关键作用，及时纠正学生讨论偏差，补充完善片面观点，在展示结束后总结评价学生表现，强调重点知识，帮助学生构建知识体系，增强教学效果。[1]

（三）课后复习与反馈的安排

在会计学翻转课堂教学中，课后复习与反馈环节意义重大，是学生巩固知识、提升能力的关键所在。教师在布置课后作业时，应实现作业形式多样化。书面作业是基础，通过选择题、填空题、简答题等，考查学生对会计学基本概念和原理的理解与记忆。设置会计凭证填制规范、会计科目分类相关题目，能强化学生的基础知识。实践作业注重培养学生动手能力，要求学生运用所学进行实际操作。安排学生编制财务报表，从数据收集、整理到报表生成，熟悉报表编制流程；或进行成本核算，依据企业生产资料选择合适方法计算产品成本，提升实践应用能力。案例分析作业聚焦于培养学生分析和解决实际问题的能力。教师选取企业财务造假、税务筹划等真实案例，让学生剖析问题、提出解决方案，锻炼逻辑思维和实际问题处理能力。教师对学生作业的批改和反馈也极为重要。借助在线学习平台，教师可便捷获取作业完成情况。批改时，详细点评学生答案，精准指出优点与不足。如对财务报表编制中数据计算准确、格式规范的地方给予肯定，针对成本核算方法选择错误、案例分析思路不清晰等问题，明确指出并提供改进建议。教师还可组织课后交流讨论活动，让

[1]　秦瑜 . 翻转课堂教学模式在基础会计教学中的应用 [J]. 现代职业教育 , 2020 (3):224-225.

学生分享心得、探讨难题，在互动中加深知识理解与掌握，增强学习效果。

（四）翻转课堂实施过程中的常见问题与应对

在翻转课堂的实施进程中，确实会面临一系列挑战，其中学生自主学习能力不足以及技术问题较为突出。部分学生由于自主学习能力欠缺，难以按时完成课前预习任务。这一现象会影响翻转课堂的教学节奏和效果。教师可从多方面着手解决。一方面，加强引导和监督。明确预习计划与要求，详细规定预习的内容、时间节点以及预期成果；定期检查学生预习进度，及时发现问题并给予指导。另一方面，设立预习奖励机制，对按时完成且预习质量高的学生给予奖励，如学习资料、荣誉称号等，激发学生的积极性。技术问题同样不容忽视，教学视频播放卡顿、线上学习平台故障等情况时有发生。为有效应对，教师在课前需充分准备。谨慎选择稳定可靠的教学平台和视频播放软件，经过市场检验、口碑良好的平台。进行多轮测试，模拟学生使用场景，确保平台和软件运行稳定。还要为学生准备多种学习资源获取途径，提供备用教学视频存储地址，网盘链接，准备纸质学习资料，以保障学生学习不受技术问题干扰，维持教学活动的顺利开展。

（五）翻转课堂对学习效果的影响评估

翻转课堂是新型教学模式，创新变革了传统教学。它借助预先发布的在线视频、课件等资料，鼓励学生课前自主学习，把课堂转变为专注深入讨论、问题解决和小组合作的动态工作坊。

翻转课堂在多方面影响着学生。一方面，能提升学生的多种能力。学生学习的自主性与积极性得以提高，会在课下自发组织学习小组开展课程学习与讨论；独立思考能力增强，能自觉梳理课程内容，深度认知新事物；知识总结、表达和沟通能力进步，可归纳整理知识并清晰表述与他人交流；工程意识有所提高，通过项目实践意识到工程实践与理论的联系，倾向用工程思维思考；创新和实践动手能力得到提升，能对实验或设计提出改进意见并付诸实践。这些都有助于激发学生学习积极性，优化学习过程，提高教学效率。另一方面，翻转课堂也存在一些问题。有研究表明，它对部分学生学习效果增强不明显，学习能力差的学生成绩甚至会下降，而且该模式不适用于推理性、系统性强的课程，在概念原理类教学上效果不如传统教学。

评估翻转课堂对学习效果的影响意义重大。教师可运用多种方式评估，如分析考试成绩，对比翻转课堂教学前后学生在知识掌握和应用能力上的变化；开展问卷调查，了解学生对该教学模式的满意度、学习体验以及对自身学习能力提升的感受；与学生访谈，深入了解他们在学习过程中的收获和困难，从而获取更详细的反馈信息，以此不断优化教学实践，让翻转课堂更好地服务于教学。[1]

（六）翻转课堂在会计学教学中的推广与优化

在会计学教学中推广翻转课堂，需要多方协同努力。经验总结与分享至关重要。组织教师开展教学研讨活动，让在翻转课堂实施中成效显著的教师分享经验心得，为其他教师提供借鉴，促进教师间的交流互学。学校和教育机构在此过程中应发挥关键作用，为教师提供支持与培训，助力教师掌握翻转课堂的教学设计与实施方法，提升教学能力。优化翻转课堂教学模式是持续推进的任务。教师要致力于改进教学视频制作质量，提升教学资料的针对性和实用性，使其更好地满足学生学习需求；依据学生反馈和教学实际情况，灵活调整课中活动的设计与组织方式，以增强学生的参与度，切实提高学习效率；持续关注教育技术的发展动态，积极引入新的教学工具和方法，为翻转课堂教学注入新活力，推动会计学教学不断创新。[2]

[1] 李兴鑫，曹瑞峰，刘起霞．翻转课堂教学模式在材料力学课程中的应用效果评价研究 [J]. 造纸装备及材料，2024, 53(12):224-226.

[2] 邱雅琴．翻转课堂在中职会计教学中的应用探析 [J]. 现代经济信息，2019 (15):460.

第七章 ➤➤➤

会计学教学中的能力培养体系构建

在会计学教学改革持续推进的进程中，能力培养成为关键核心。本章将围绕会计学教学中的能力培养体系展开，对核心能力框架的构建与分解、能力培养与课程教学的有机融合以及能力评价体系的建立与实施进行全方位的深入剖析，旨在为会计学教学提供切实可行的能力培养路径。

第一节　核心能力框架的构建与分解

在会计学教学改革不断深化的背景下，构建科学合理的核心能力框架并对其进行有效分解至关重要。明确会计学专业核心能力，不仅有助于优化课程体系、改进教学方法，还能让学生在学习过程中清晰知晓能力提升的方向。本节将先界定会计学专业核心能力，接着搭建核心能力框架，再对其进行层级分解，逐步深入剖析，助力提高会计学教学质量，培育契合市场需求的会计人才。

一、会计学专业核心能力的界定

（一）基于行业需求的核心能力调研与分析

会计学专业核心能力的确定，需紧密围绕行业需求展开深入调研与分析。当前，会计行业正处于快速变革期，经济全球化进程加快、数字化技术广泛应用，促使行业对会计人才的要求不断变化。

从财务核算角度来看，企业期望会计人员能精准处理各类复杂业务。以金融工具核算为例，金融市场创新，新型金融工具不断涌现，使会计人员不仅要熟悉传统的会计核算方法，还需掌握新金融工具的确认、计量和披露规则。在财务报表编制方面，需准确反映企业财务状况和经营成果，为利益相关者提供可靠信息。这就要求会计人员需具备扎实的财务会计知识，能熟练运用会计准则，确保财务数据的准确性和合规性。

财务管理职能在企业运营中越发关键。会计人员需要参与企业战略规划，通过财务分析为企业决策提供支持。在投资决策中，运用财务指标评估投资项目的可行性，考虑投资回报率、净现值等因素；在融资决策方面，分析不同融资渠道的成本和风险，优化企业资本结构。这意味着会计人员必须具备较强的财务分析和决策能力，能结合宏观经济环境和企业内部情况，为企业发展提供有价值的财务建议。

审计工作的重要性逐渐彰显。为保障财务信息的真实性和可靠性，审计人员需严格遵循审计准则，执行审计程序。在风险导向审计模式下，审计人员要识别和评估企业面临的各种风险，包括财务风险、经营风险等，并据此制订审计计划，收集充分、适当的审计证据。这需要审计人员具备敏锐的风险识别能力、严谨的审计程序执行能力和准确的审计报告撰写能力。

税收政策不断调整，企业税务筹划需求增加。会计人员要熟悉税收法规，为企业进行合理的税务筹划，降低税务成本，确保税务处理的合规性。在企业跨境业务中，还需了解国际税收规则，处理复杂的跨境税务问题。

通过对行业需求的调研分析可知，会计学专业核心能力涵盖财务核算、财务管理、审计、税务筹划等多方面，这些能力是会计人员在行业中立足和发展的关键。[1]

（二）会计学核心能力与其他相关专业能力的区别和联系

1.会计学与财务管理专业

两者密切相关但侧重点不同。会计学侧重于企业经济活动的记录、核算和报告，核心能力在于会计核算流程的熟练操作，涵盖从原始凭证获取、审核，到记账凭证编制、账簿登记，再到财务报表生成的全过程，通过严谨的核算，提供历史财务数据，反映企业过去经营状况。财务管理以会计学提供的财务信息为基础，更关注资金的筹集、投放、运营和分配活动，旨在实现企业价值最大化。其核心能力包括财务分析、预算编制、投资决策和资金管理等。财务人员运用比率分析、趋势分析等方法评估企业财务状况，制订预算计划，作出投资决策，实现企业资金的合理配置与有效利用。

2.会计学与审计学

会计学与审计学在企业财务活动中紧密关联、相辅相成。会计学凭借系统的财务核算，为审计提供关键数据和信息，其财务报表编制与核算能力是审计工作开展

[1] 应丽君.浙江万里学院会计学专业:培养新经济亟须的新型会计人才的创新与实践[J].高教学刊,2020(27):166-169.

的基础。精准的财务报表编制和严谨的核算流程，能如实展现企业财务状况，为审计工作筑牢根基。审计学的主要任务是审查会计信息的真实性、合法性与合规性。这要求审计人员具备多方面核心能力。在制订审计计划时，需深入了解被审计单位情况，结合行业与企业自身特点，明确审计目标、范围和重点。在审计过程中，运用检查、观察等多种方法收集和分析证据，以此判断会计信息是否存在问题。审计人员要做好审计风险评估，识别和评估潜在风险，采取有针对性的措施，撰写内容翔实、结论准确的审计报告，提出客观意见和可行建议，保障财务信息质量，为企业相关方提供可靠决策依据。

3. 会计学与金融学

会计学与金融学虽都涉及资金管理，但在研究领域和核心能力方面存在显著差异。会计学主要围绕企业内部财务信息处理和财务活动管理展开，核心能力体现在微观层面。会计人员运用会计核算方法，对企业的各项经济业务进行记录、分类和汇总，编制财务报表，为企业内部管理和外部利益相关者提供准确的财务信息。在企业日常运营中，进行成本核算、资金收付管理等工作，保障企业财务活动的有序进行。金融学则聚焦于货币、信用、银行等金融领域，致力于研究金融市场的运行规律、金融产品定价机制以及风险管理策略。其核心能力更侧重于宏观金融市场分析和金融产品创新。金融专业人员须具备敏锐的市场洞察力，运用经济金融理论和数据分析工具，对宏观经济形势、利率汇率走势等进行分析，预测金融市场的变化趋势。在金融产品设计方面，要结合市场需求和客户特点，创新金融产品和服务，设计出结构复杂的金融衍生品。面对复杂多变的金融市场环境，还须具备强大的金融风险管理能力，识别、评估和控制各类金融风险，保障金融机构和投资者的资产安全。

4. 各专业协作关系

在经济活动中，会计学、财务管理、审计学、金融学等专业相互协作、共同发展。会计学的核心能力是财务核算和信息处理，它为其他专业提供重要基础。精准的财务核算数据是财务管理进行预算编制和投资决策的依据；完整的财务信息是审计工作的基础，便于审计人员审查信息的真实性和合法性；其微观财务数据处理成果，还为金融学分析宏观金融市场提供微观支撑。而其他专业也拓展、补充了会计学的核心能力。财务管理统筹规划资金，提高资金使用效率，拓宽了会计学在资金管理方面的范畴。审计学审查监督会计信息，保障财务信息质量，规范会计学发展。金融学凭借宏观市场分析和产品创新能力，为会计学在企业投融资决策、风险管理等方面提供新的思路与方法。各专业紧密配合，推动企业发展和经济有序运行。[1]

---

[1] 何秋璐 . 会计学与财务管理专业的区别与联系探讨 [J]. 中国乡镇企业会计 , 2020 (9):207-208.

（三）从职业发展角度确定核心能力范畴

从职业发展的视角出发，会计学专业核心能力范畴并非一成不变，而是伴随着职业阶段的进阶不断拓展与深化，呈现出明显的阶段性特征。

在会计职业的初级阶段，核心能力聚焦于基础会计核算。会计人员必须熟练掌握会计凭证填制、账簿登记以及财务报表编制等基础技能。在填制会计凭证时，需依据原始单据准确判断业务性质，正确选择会计科目并确定借贷方向与金额。登记账簿要遵循规则，保证账目清晰准确。编制财务报表需汇总分析各类会计数据，切实反映企业财务状况和经营成果。这些基础能力是进入会计职场的必备条件，为后续职业发展打下坚实基础。职业经验的积累，使步入中级阶段的会计人员，财务分析能力变得至关重要。他们要运用财务比率分析、趋势分析等方法深入解读企业财务数据，通过计算流动比率、资产负债率评估偿债能力，分析毛利率、净利率了解盈利能力，借助存货周转率、应收账款周转率判断营运能力。凭借这些分析，会计人员能为企业内部管理提供决策支持，助力管理层制定合理经营策略。

到了高级阶段，战略决策支持和风险管理能力成为核心能力的重要部分。高级会计人员参与企业战略规划，运用财务数据和专业知识评估不同战略方案的财务可行性，在企业并购、投资扩张等重大决策中提供关键财务分析和风险评估。面对复杂市场环境，他们还须具备风险管理能力，识别、评估和应对各类财务风险，制定有效策略保障企业财务安全。会计学专业核心能力在职业发展各阶段不断提升完善，有力推动会计人员在职业道路上持续成长。

二、核心能力框架的搭建

明确会计学专业核心能力范畴后，搭建与之适配的核心能力框架是关键。该框架能系统整合各类能力要素，为会计学教学和学生能力培养提供清晰指引。下面将从专业技术能力、综合素养能力、创新实践能力维度，搭建会计学专业核心能力框架，深入剖析各维度要点。

（一）专业技术能力维度的构成

1.财务会计能力

这是专业技术能力的基础，包含账务处理与财务报表分析两方面。账务处理要求会计人员熟练掌握从原始凭证获取到财务报表生成的全过程，准确审核原始凭证，正确编制记账凭证，遵循规则登记账簿。财务报表分析能力也很关键，会计人员需运用比率、趋势分析等方法，对资产负债表、利润表和现金流量表进行深入剖析，通过分析偿债、盈利、营运能力等指标，评估企业财务状况和经营成果，为决策提供依据。

2.管理会计能力

管理会计能力侧重于为企业内部管理提供决策支持。成本核算与分析能力是重点，会计人员要掌握品种法、分批法、分步法等核算方法，根据企业情况选择合适方法，并进行成本形态分析。预算编制与控制能力也不容忽视，会计人员需熟悉固定、弹性、滚动预算等编制方法，依据企业战略和经营计划编制并监控调整预算，确保目标实现。

3.审计能力

审计能力是保障企业财务信息真实、准确、完整的核心专业能力。审计人员须具备扎实的审计理论知识和丰富的实践经验，熟悉审计各阶段与程序，严格按照准则执行。他们需运用检查、观察、询问等多种审计程序，全面审查财务报表及内部控制，确保审计证据的充分性与适当性，评估重大错报风险。审计报告撰写同样关键，审计人员需根据审计结果，撰写规范、准确、清晰的报告，明确表达审计意见，指出问题并提出改进建议。报告不仅是审计工作的总结，还是企业改进财务管理的重要依据。审计人员须具备良好的文字表达和逻辑思维能力，确保报告准确可读，为企业和利益相关者提供有价值的参考。通过严谨的审计流程执行与精准的报告撰写，审计人员能助力企业提高财务信息质量，保障各方利益。

4.税务筹划能力

税务筹划能力是会计人员的核心专业能力，关乎企业税务成本的降低和经济效益的提升。会计人员需深入掌握税收法规及优惠政策，紧跟政策动态，尤其是针对小微企业的扶持措施。结合企业实际，制定个性化筹划方案，如高新技术企业利用研发费用加计扣除政策，劳动密集型企业关注用工税收优惠。在日常经营中，合理安排收入和成本确认时间，选择适当的收入确认点和成本核算方法，充分利用税收政策允许的扣除项目，合规降低税负。通过精准运用优惠政策，增强企业盈利能力和市场竞争力，确保企业在合法合规的框架内实现税务成本的最小化。

（二）综合素养能力维度的要素

综合素养能力维度对会计学专业人才的全面发展至关重要，涵盖沟通协作、职业素养、学习创新及问题解决等多个关键要素。沟通协作能力是会计人员在工作中不可或缺的能力。他们需与采购、销售等部门紧密合作，确保财务数据的准确性和业务流程的合规性。在团队项目中，良好的沟通协调能力有助于提高工作效率，促进信息流通，避免误解和错误。职业素养是综合素养的核心，包括职业道德和职业态度。会计人员应诚实守信、客观公正，严格遵守会计准则和法规，确保财务信息的真实性和准确性。对待工作需认真负责，具备严谨细致的工作作风，确保每一笔财务业务的准确性和可靠性。学习创新能力在快速变化的会计行业中尤为重要。会计人员需持续学习新知识、新技能，紧跟会计准则、税收法规及会计技术的更新步伐。应具备创新能力，探索新的财务工作方法和模式，利用数字化技术提高财务工作效率，创新财务分析方法，为企业提供更具价值的财务信息。问题解决能力同样是综合素养的重要体现。面对财务数据异常、税务风险等挑战，会计人员需迅速分析问题，制定有效解决方案。通过核对账目、审查凭证等方式找出问题根源，并提出合理应对策略，降低风险损失。这些综合素养能力要素相互关联、相互促进，共同构成会计学专业人才的全面素质。它们使会计人员能更好地适应复杂多变的会计工作环境，提高工作效率，确保财务信息质量，为企业的稳健发展提供坚实保障。[1]

（三）创新实践能力维度的要点

创新实践能力对会计学专业人才培养意义重大，是核心能力框架的关键部分。在新技术应用能力方面，在数字化浪潮下，会计人员需掌握大数据分析、人工智能、区块链等技术在会计领域的应用。大数据助力挖掘分析海量财务数据，为企业决策提供精准支持；人工智能实现财务流程自动化，智能财务机器人处理重复性工作，提高效率；区块链保障会计信息安全存储与共享，确保数据真实不可篡改。会计人员积极学习应用这些新技术，可优化工作质量与效率。业务流程优化能力同样关键。会计人员应深入了解企业业务流程，运用专业知识和创新思维，找出流程存在的问题并提出优化方案。在财务审批流程中引入信息化系统实现线上审批，提高效率、减少错误；优化成本核算流程，采用先进方法准确反映成本结构，为成本控制提供有力支持。实践项目参与能力不可或缺。会计人员通过参与财务报表审计、税务筹划等实际项目，将理论知识用于实践，积累经验，锻炼解决实际问题的能力。参与财务报表审计项目时，运用审计知识审查报表，发现潜在问题并提出改进建议，还能借此了解行业动态和企业需求，为创新会计工作方法提供思路。创新思维培养是核心要点。会计人员要突破传统思维，探索新的工作方法和理念。在财务分析中运用创新模型挖掘潜在信息，提供前瞻性财务建议；在风险管理方面创新评估和应对策略，增强企业风险应对能力。上述要点相互关联，共同推动会计人员创新实践，提升自身能力，为企业创造更多价值。

三、核心能力的层级分解

构建会计学专业核心能力框架后，对其进行层级分解，能更清晰地明确不同阶段学生或从业者应达到的能力水平，为教学活动开展、人才培养方案制定提供精确

[1] 李静．会计学与财务管理专业的区别与联系 [J]. 中国市场，2020 (34):190,192.

指引。下面将从基础层级、中级层级、高级层级深入剖析核心能力的具体要求、进阶标准和达成目标，并阐述各层级间的递进关系，助力精准培育适应不同职业发展阶段需求的会计人才。

（一）基础层级核心能力的具体要求

基础层级核心能力是会计学专业学生步入会计领域的基石，对其后续发展起着关键的奠基作用。在这一层级，学生需要掌握一系列基础且关键的能力。

在专业技术能力方面，学生要熟练掌握基础会计核算技能。这包括对会计凭证的填制与审核，能准确识别原始凭证的各类要素，如发票的真伪、业务内容的真实性等，并依据会计准则和企业实际情况编制规范的记账凭证。在登记账簿时，要遵循记账规则，确保账簿记录的准确性和完整性，清晰地反映企业经济业务的来龙去脉。对于财务报表的编制，学生应能编制简单的资产负债表和利润表，理解报表中各项目的含义和计算方法，掌握基本的财务比率计算，如流动比率、毛利率等，以初步分析企业的财务状况和经营成果。在综合素养能力方面，基础层级要求学生具备基本的沟通能力和职业素养。在沟通方面，学生要能与同学、教师进行有效的交流，在小组学习和讨论中清晰表达自己的观点，理解他人的意见。在职业素养上，学生要初步了解会计职业道德规范，明白诚实守信、客观公正等原则的重要性，培养严谨认真的学习和工作态度，对待会计作业和实践操作要一丝不苟，确保数据的准确性。

在创新实践能力方面，基础层级主要培养学生的实践操作能力和初步的创新意识。学生要能熟练使用基础会计软件，如用友、金蝶等，进行简单的账务处理操作，熟悉软件的基本功能和操作流程。在实践操作中，鼓励学生积极思考，尝试不同的方法解决问题，培养创新思维能力。在进行会计凭证录入时，思考如何提高录入效率和准确性，探索软件的更多功能应用。基础层级核心能力的培养为学生后续学习和职业发展打下坚实基础，使学生具备初步的会计专业素养和能力，能适应会计工作的基本要求。

（二）中级层级核心能力的进阶标准

中级层级核心能力是在基础层级之上的进阶，对会计人员的专业能力和综合素质有更高要求。在专业技术能力上，财务会计能力要求显著提升。会计人员需处理复杂业务账务，如非货币性资产交换、债务重组等特殊业务，准确判断业务性质并选择合适处理方法。财务报表分析要运用多种方法，如趋势分析、结构分析和同行业对比分析，深入挖掘数据背后的经济实质，发现潜在财务问题，为企业决策提有供针对性的建议。

在管理会计能力方面，成本核算与分析能力成为关键。会计人员要熟练掌握多种成本计算方法，依据企业生产特点和管理需求选择合适方法，运用作业成本法精准核算成本、找出成本控制关键点。预算编制与控制能力也需提升，掌握弹性预算、滚动预算等先进方法，提高预算编制的准确性和灵活性，有效监控预算执行情况并及时调整。在综合素养能力上，沟通协作能力进一步增强。会计人员要与企业内部各部门深入协作，参与业务决策，为业务部门提供财务支持，在团队合作中发挥重要协调作用。在职业素养方面，要更深入理解和遵守职业道德规范，面对复杂财务情况坚守底线，同时具备较强学习能力，及时掌握新准则、政策和技术。

在创新实践能力上，会计人员要能独立完成复杂会计项目，如财务报表审计、税务筹划等。在项目实施中发现问题并提出创新性解决方案，根据企业实际情况和税收政策设计合理税务筹划方案。还应关注行业动态，学习应用新会计技术，提高工作效率和质量。中级层级核心能力的提升，让会计人员能更好应对复杂会计工作，为企业提供更专业、全面的财务服务。

（三）高级层级核心能力的达成目标

会计学专业高级层级核心能力是在前两级基础上的升华，聚焦于为企业战略决策提供深度支持、推动行业发展变革。达成这一目标的会计人员，必须具备全面专业素养、战略眼光和创新能力。在专业技术上，高级会计人员立足宏观视角，结合经济形势、行业动态和企业战略制定财务战略，能精准评估企业不同发展阶段的投资、资金策略，优化资本结构。精通国际会计准则和前沿理论，处理国际业务财务问题，助力企业拓展海外市场。在管理会计领域，运用战略管理会计思维，借助价值链分析等方法挖掘企业竞争优势，助力企业制定并实施长远战略，创造价值。在审计能力方面，高级审计人员不仅要有扎实的审计技术，还须具备风险管理和质量控制能力。能建立完善的风险管理制度，全面评估和监控大型审计项目风险，确保审计质量。在审计过程中，及时发现并解决风险问题，运用创新技术提升审计效率和准确性。在综合素养层面，高级会计人员是跨部门协作的引领者和行业发展的推动者。凭借专业知识和沟通能力，促进部门间深度融合，提高企业运营效率。在职业素养上，树立行业道德标杆，参与行业规范制定和职业道德建设。创新实践能力也是关键，高级会计人员积极探索新理论和方法，应用大数据、人工智能等新技术创新工作模式，关注行业前沿，为企业提供创新解决方案。

（四）不同层级核心能力之间的递进关系

会计学专业核心能力呈递进关系，构成职业成长阶梯。基础层级奠定基础，掌握基本核算技能；中级层级拓展深化，处理复杂业务，增强沟通协作；高级层级实现飞跃，具备战略决策与风险管理能力，引领企业财务与行业发展，满足行业复杂需求，促进会计人员持续成长（见表1）。

表1 会计学专业核心能力递进关系

层级	核心能力描述	能力体现
基础层级	掌握基本的会计核算技能，熟悉会计凭证填制、账簿登记和简单财务报表编制等操作流程	理解和处理财务数据的基础，确保财务数据准确性
中级层级	处理复杂业务账务，运用多种财务分析方法深入挖掘数据价值；增强沟通协作能力，参与企业业务决策过程	应对企业日常运营中的财务问题，提供更具针对性的财务支持
高级层级	具备战略决策支持和风险管理能力，参与企业战略规划和决策过程	从宏观层面为企业制定财务战略，运用先进的管理会计方法，为企业创造价值

第二节 能力培养与课程教学的有机融合

在会计学专业教育中，培养学生具备扎实的专业能力至关重要，而能力培养与课程教学的有机融合则是实现这一目标的关键所在。将能力培养贯穿课程体系的优化、教学方法的选择以及课程内容的设计等各个环节，能构建起一套高效且科学的教学模式。这不仅有助于提升学生的专业素养，使其更好地适应未来职业发展的需求，还能推动会计学专业教育质量的整体提高。下面将从多个方面深入探讨能力培养与课程教学的有机融合策略。

一、基于能力培养的课程体系优化

（一）根据核心能力调整课程设置

会计学专业核心能力包含专业技术、综合素养和创新实践能力等多个维度，课程设置应围绕这些能力，培养符合行业需求的专业人才。在专业技术能力培养上，基础会计课程让学生掌握基本账务处理流程，中级财务会计拓展复杂业务核算能力，高级财务会计聚焦特殊业务与行业会计处理。管理会计课程涵盖成本核算、预算编制等内容，帮助学生掌握多种成本核算方法和预算编制技巧，为企业内部管理提供决策支持。审计学课程教授审计理论、流程、方法以及风险评估、报告撰写等知识，培养学生审计能力。税务筹划课程让学生学习税收法规和筹划技巧，为企业降低税务成本。在综合素养能力培养方面，沟通技巧与商务写作课程提升学生沟通协作能力，通过多种教学方式，让学生学会有效沟通和撰写专业文档。职业道德与职业规范课程培养学生职业素养，使其树立正确职业道德观，坚守道德底线。在创新实践能力培养上，数据分析与挖掘课程使学生掌握大数据分析技术在会计领域的应用，为企业决策提供精准支持。创新创业课程鼓励学生探索新业务模式和方法，培养创新思维和创业精神。[1]

（二）课程之间能力培养的衔接与递进设计

课程之间的衔接与递进设计对提升学生能力十分关键。在会计学专业课程体系中，各课程需依据核心能力层级要求，合理安排教学内容与顺序，形成有机整体。基础课程是能力培养的根基。就如基础会计课程，它教授会计基本概念、原则和账务处理流程，为后续课程学习筑牢基础。中级财务会计课程在此基础上，让学生深入学习复杂财务会计业务处理，特殊业务核算和财务报表分析。高级财务会计课程则聚焦前沿、复杂会计问题，国际会计准则应用和跨国企业财务处理。管理会计与财务会计紧密相连。财务会计提供数据基础，管理会计对其数据进一步加工利用。学生学完财务会计，掌握数据生成和基本分析方法后，管理会计课程引导学生进行成本分析、预算编制和绩效评价，培养为企业内部管理提供支持的能力。审计学课程与财务会计、管理会计也相互关联。前两者为审计学提供专业知识，审计学则培养学生审计思维和技能，让学生学会审查评价企业财务报表和内部控制，发现问题并提出建议。不同层级课程在能力培养上呈递进关系。以财务报表分析能力培养为例，基础会计让学生了解报表基本结构，中级财务会计使学生学会简单比率分析，高级财务会计要求学生综合运用多种分析方法，结合宏观环境和行业特点预测企业发展趋势。实践教学环节同样重要，需与理论课程配合。学完基础会计，学生可通过实训巩固知识；学完中级财务会计和审计学，参与财务报表审计实训项目，提升审计实践能力。

（三）跨课程综合能力培养项目的规划

跨课程综合能力培养项目是培养会计学专业学生综合运用多门课程知识解决实际问题能力的重要方式。在规划此类项目时，要充分考虑专业核心能力要求和课程关联性。如企业财务综合模拟项目，以虚拟企业财务活动为背景，学生需综合运用财务会计、管理会计、审计学、税务筹划等知识，完成财务核算、预算编制等一系列工作。在项目实施中，学生扮演不同角色，模拟企业财务运作环境。这不仅有助于学生加深对课程知识的理解与掌握，还能培养团队协作、沟通和解决实际问题的能力。财务决策案例分析项目同样有效。教师可选取实际企业的财务决策案例，如投资、融资、并购决策等，让学生运用财务会计、管理会计、金融学等课程知识深

---

[1] 李现宗，秦海敏，王保忠 . 基于财务数智化需求的会计类人才培养改革，河南财经政法大学会计学院人才培养实践与探索 [J]. 中国注册会计师，2024 (7):112-115.

入分析，并提出决策建议。在分析过程中，学生需综合考虑企业财务状况、经营目标和市场环境等因素，运用多种分析工具和方法，进而培养综合分析、决策和创新思维能力。创新创业实践项目旨在培养学生的创新实践能力。学生结合会计学和创新创业知识，提出创新性商业想法，并进行可行性分析和财务规划。这需要运用多门课程知识，考虑市场需求和竞争状况等。通过该项目，学生能培养创新精神和创业能力。在规划项目时，要注意难度和复杂度应与学生学习阶段相适应。低年级学生可参与简单、综合性较弱的项目，巩固基础知识，初步培养综合能力。随着年级升高和知识储备增加，逐渐提高项目难度，加强教师指导监督，确保项目顺利推进和学生能力有效提升。

二、教学方法选择与能力培养的适配

教学方法的选择对学生能力培养效果影响重大。在会计学专业教学中，不同教学方法与能力培养的适配度各异。合理选择教学方法，能更有效地促进学生专业技术、综合素养和创新实践能力提升。下面将具体探讨讲授法、讨论法、实践教学法在能力培养中的作用与应用要点。

（一）讲授法在能力培养中的应用与改进

讲授法是会计学专业传统且常用的教学方法，在知识系统传授方面具有关键作用，但为契合能力培养需求，需合理应用与改进。在专业知识传授上，讲授法能高效传递会计学基础概念、原理和方法。对于基础会计课程，教师借助讲授法讲解会计基本假设、等式、借贷记账法等知识，助力学生构建会计学初步认知。在讲解时，运用简洁语言、生动例子和直观图表，帮助学生理解抽象概念与复杂理论。培养学生思维能力时，讲授法不能局限于知识灌输，应注重引导思考。教师在讲授中设置启发性问题，促使学生主动思考问题本质与解决办法。在讲解财务报表分析方法时，可让学生思考资产负债率对企业偿债能力的影响，以及毛利率下降的原因，以此培养学生分析和解决问题的能力。讲授法还可与其他教学方法配合增强教学效果。讲授理论知识后结合案例教学法，能加深学生对知识的理解和应用。如在讲解管理会计本量利分析方法后，引入企业实际案例，让学生分析成本、利润和销售量之间的关系并提出经营决策建议。在应用讲授法过程中，教师要关注学生反馈，及时调整教学进度与方法。通过课堂提问、观察学生表情和眼神等方式，了解学生知识掌握与理解程度。若学生对某知识点理解困难，教师可放慢进度、进一步解释，或采用其他教学方法辅助教学。[1]

[1] 徐文聪 .案例教学法在会计教学中的应用研究 [J]. 商业会计 , 2019 (4):122-124.

（二）讨论法对不同能力培养的促进作用

讨论法是一种以学生为主体的教学方法，在会计学专业教学中，讨论法对于培养学生的多种能力具有重要作用。讨论法能培养学生的沟通协作能力。在讨论过程中，学生需要与小组成员进行交流和合作，共同探讨问题的解决方案。通过讨论，学生学会倾听群众的意见和观点，表达自己的想法和见解，协调团队成员之间的关系，提高沟通协作能力。如在财务决策案例讨论中，学生需要共同分析案例中的财务数据和经营情况，讨论不同的决策方案，并达成一致意见。在这个过程中，学生的沟通协作能力得到了锻炼和提升。

讨论法有助于培养学生的思辨性思维能力。在讨论过程中，学生需要对不同的观点和意见进行分析和评价，判断其合理性和可行性。通过这种方式，学生学会从不同的角度思考问题，发现问题的本质和关键，培养思辨性思维能力。如在讨论审计风险评估方法时，学生会提出不同的观点和方法，通过对这些观点和方法的讨论和分析，学生能加深对审计风险评估的理解，提高思辨性思维能力。讨论法还能激发学生的创新思维能力。在讨论过程中，学生的思维相互碰撞，会产生新的想法和创意。通过讨论，学生能拓宽思路，突破传统思维的束缚，培养创新思维能力。如在讨论企业税务筹划方案时，学生根据所学的税收法规和企业实际情况，提出不同的税务筹划方案，并对这些方案进行讨论和优化，激发学生的创新思维能力。

为了充分发挥讨论法的作用，教师在组织讨论时应注意以下几点。教师应选择具有讨论价值的话题，话题应与课程内容紧密相关，且具有一定的难度和争议性，能激发学生的兴趣和积极性。教师应合理分组，确保小组内成员具有不同的背景和能力，能相互学习和促进。教师应在讨论过程中进行适当的引导和监督，确保讨论的顺利进行和讨论目标的实现。

（三）实践教学法与能力提升的紧密联系

实践教学法在会计学专业教学中与学生的能力提升密切相关。实践教学法能有效提升学生的实践操作能力。在会计学专业中，实践操作能力是学生必备的核心能力之一。通过实践教学，学生能在模拟的实际工作环境中进行账务处理、财务报表编制、审计流程等实践操作，提高实际动手能力。如在基础会计实训课程中，学生通过模拟企业的经济业务，进行原始凭证的填制、审核，记账凭证的编制，账簿的登记和财务报表的编制等实践操作，熟练掌握会计核算的基本流程和方法。

实践教学法有助于培养学生解决实际问题的能力。在实践教学过程中，学生会遇到各种实际问题，如原始凭证填写不规范、账务处理错误、财务报表不平衡等。

通过解决这些问题，学生学会运用所学的理论知识分析问题的原因，并寻找解决问题的方法，提高解决实际问题的能力。如在财务报表审计实训中，学生会发现企业财务报表中存在的一些异常情况，通过对这些情况的调查和分析，学生能学会如何发现和解决审计过程中遇到的问题。实践教学法还能增强学生的职业素养。在实践教学中，学生需要遵守企业的规章制度和职业道德规范，培养严谨的工作态度和责任感。通过实践教学，学生能更好地了解会计职业的工作环境和要求，为未来的职业发展做好准备。在企业实习过程中，学生需要按照企业的工作流程和要求进行工作，与企业的员工进行沟通和协作，了解企业的文化和价值观，增强职业素养。

为了提高实践教学的质量，学校和教师应加强实践教学基地建设，为学生提供良好的实践教学环境。学校与企业建立合作关系，建立校外实习基地，让学生有机会到企业进行实习。学校还可以建设校内模拟实验室，配备先进的教学设备和软件，模拟企业的实际工作环境，为学生提供实践操作的平台。教师在实践教学过程中应加强对学生的指导和评价，及时发现学生存在的问题并给予指导，对学生的实践成果进行客观、公正的评价，激励学生不断提高实践能力。

三、课程内容设计中的能力培养嵌入

课程内容设计是会计学专业能力培养的关键环节。合理嵌入能力培养元素，能让学生在学习知识的同时提升专业能力。下面将从理论知识讲解、案例教学环节以及课程作业与考核等方面，探讨如何将能力培养融入课程内容设计。

（一）理论知识讲解中渗透能力培养目标

在会计学专业课程的理论知识讲解中，将能力培养目标有机地渗透其中，是实现能力培养与课程教学融合的重要环节。以财务会计课程为例，在讲解会计核算原则时，教师不仅要让学生理解权责发生制、配比原则等理论知识，还要引导学生思考这些原则在实际会计工作中的应用和意义。通过分析不同会计处理方法对财务报表的影响，培养学生的分析判断能力。如在讲解固定资产折旧方法时，教师对比直线法、双倍余额递减法等不同折旧方法对企业成本、利润和资产负债表的影响，让学生思考企业在不同情况下应如何选择合适的折旧方法，从而提升学生运用理论知识解决实际问题的能力。

在管理会计课程中介绍成本性态分析理论时，教师可以结合企业实际案例，引导学生分析固定成本、变动成本和混合成本的特点及变化规律。通过这种方式，培养学生对成本数据的敏感度和分析能力，使学生能在实际工作中准确识别成本类型，为成本控制和决策提供依据。在讲解预算编制方法时，教师让学生参与模拟预算编制过程，让他们理解不同预算编制方法的适用场景和优缺点，培养学生的预算编制和规划能力。

审计学课程在讲解审计证据的收集与评价理论时，教师应强调审计人员在实际工作中如何根据审计目标和被审计单位的情况，选择合适的审计程序获取充分、适当的审计证据。通过案例分析，让学生学会判断审计证据的可靠性和相关性，培养学生的审计思维和证据收集分析能力。在讲解审计报告撰写时，教师展示不同类型审计报告的范例，让学生了解审计报告的结构和内容要求，培养学生的书面表达和逻辑思维能力。

为了更好地在理论知识讲解中渗透能力培养目标，教师需要深入理解课程内容与能力培养目标之间的联系，精心设计教学内容和教学活动。在教学过程中，通过提问、引导学生讨论等方式，激发学生的思考，让学生在学习理论知识的同时，不断提升相应的能力。

（二）案例教学环节突出能力训练重点

案例教学是会计学专业课程中强化能力训练的有效手段，通过精心选择和设计案例教学环节，突出不同能力的训练重点。

在财务会计课程的案例教学中，选择一些具有代表性的企业财务案例，涵盖各种复杂业务的会计处理。

如选择一个涉及企业合并、债务重组等特殊业务的案例，让学生运用所学的财务会计知识，对案例中的业务进行账务处理，并编制财务报表。在这个过程中，重点训练学生处理复杂业务的能力和综合运用财务会计知识的能力。通过对案例中财务数据的分析，培养学生的财务报表分析能力，让学生学会从财务数据中解读企业的经营状况和财务风险。

管理会计课程的案例教学应围绕成本管理、预算控制、绩效评价等核心内容展开。如选取一个制造业企业的成本管理案例，让学生分析企业的成本结构，运用成本核算方法计算产品成本，并提出成本控制的建议。通过这个案例，重点训练学生的成本核算与分析能力、成本控制能力以及解决实际管理问题的能力。

在预算控制案例教学中，如以一个企业的年度预算编制和执行过程为案例，让学生参与预算编制的模拟过程，跟踪预算执行情况，分析预算差异的原因，并提出调整措施，培养学生的预算编制与控制能力。

（三）课程作业与考核对能力培养的引导作用

课程作业与考核在会计学专业能力培养体系中占据重要地位，它们对学生能力的发展有着直接且关键的引导作用。课程作业是学生巩固知识、锻炼能力的重要途径。在会计学专业课程作业设计上，应围绕专业核心能力展开。财务会计课程的作业可布置复杂业务的账务处理任务，让学生根据给定的企业经济业务资料，完成从原始凭证填制到财务报表编制的全过程，用于强化学生的账务处理能力。管理会计课程作业可要求学生针对某企业实际案例进行成本分析和预算编制，培养学生运用管理会计方法解决实际问题的能力。通过这些作业，学生不仅能加深对课程知识的理解，还能在实践操作中提升专业技术能力。

考核则是对学生学习成果和能力水平的检验。考核内容应全面涵盖知识掌握和能力运用。在考核财务会计知识时，除了考查基础概念和账务处理规则，还应设置案例分析题，要求学生分析企业财务状况，判断会计处理的合理性并提出改进建议，考查学生的财务分析和综合运用知识的能力。在审计学考核中，可模拟审计项目场景，让学生制订审计计划、设计审计程序并撰写审计报告，检验学生的审计实践能力。考核形式也应多样化。除传统的笔试外，可增加实践操作考核、小组项目考核等方式。实践操作考核能直接检验学生的动手能力，小组项目考核则可考查学生的团队协作和沟通能力。通过不同形式的考核，全面评估学生的综合素养和专业能力，引导学生注重自身能力的全面发展。

课程作业与考核紧密关联，相互配合。合理的作业布置为考核奠定基础，有效的考核又反馈于作业设计和教学过程，两者共同促进学生能力提升，推动会计学专业人才培养目标的实现。

第三节　能力评价体系的建立与实施

教育理念的革新与会计行业的持续发展，使构建科学合理且切实可行的能力评价体系，成为会计学专业人才培养的关键环节。这一体系不仅能精准测定学生在专业技术、综合素养和创新实践等维度的能力水准，还为教学活动的优化升级提供了关键支撑。下面将从能力评价指标的确定、能力评价方法的选择以及能力评价体系的实施流程等核心层面深入剖析，探究如何打造一套行之有效的能力评价体系。

一、能力评价指标的确定

（一）针对不同核心能力的评价指标选取

会计学专业核心能力包含专业技术、综合素养和创新实践能力，构建能力评价体系的基础是针对不同核心能力选取合适指标。在专业技术能力方面，财务会计能力评价可设账务处理准确性和财务报表分析能力指标。前者考查学生处理业务时遵循准则的情况，计算正确率；后者关注学生计算财务比率的准确性和分析深度。管理会计能力评价的关键指标是成本核算方法运用的合理性，以及预算编制的科学性与执行监控能力。审计能力评价侧重于审计程序执行的完整性和审计报告撰写质量。税务筹划能力评价选取方案可行性和节税效果指标。在综合素养能力方面，沟通协作能力通过学生在小组项目中的参与度和团队贡献度进行评价。职业素养评价从遵守职业道德规范和持续学习能力两个维度设置指标，分别通过案例分析和学生参加专业活动、学习新知识的情况来衡量。在创新实践能力方面，新技术应用能力评价学生运用大数据分析等新技术的熟练和创新程度。创新思维能力通过学生提出的创新性会计方法、业务模式，考量其思维独特性和可行性。

（二）评价指标的可操作性与有效性考量

评价指标的可操作性和有效性直接关系到能力评价体系的实施效果。可操作性要求评价指标能在实际评价过程中易于获取数据和进行量化分析。在专业技术能力评价中，账务处理准确性指标可通过学生完成的作业、考试中的账务处理题目得分来统计，数据获取相对容易。而一些难以直接量化的指标，通过合理转化使其具备可操作性。对于沟通协作能力中的团队贡献度指标，可通过小组内成员互评、教师观察等方式进行评价，将主观评价转化为可比较的分数。有效性是指评价指标能真实反映学生的能力水平。在选取评价指标时，要充分考虑其与核心能力的相关性。在评价管理会计能力时，成本核算方法运用的合理性指标直接与管理会计的成本核算核心技能相关，能有效衡量学生在这方面的能力。要避免选取冗余或无效的指标。如果在评价财务会计能力时，既设置了账务处理准确性指标，又设置了一个与之高度重叠的凭证填制准确性指标，就会造成评价资源的浪费，且不能更准确地反映学生能力。为确保评价指标的有效性，还需进行定期的验证和调整。会计学专业知识体系的更新、行业需求的变化以及教学实践的发展，使评价指标也应与时俱进。当新的会计准则或会计技术出现时，相应调整专业技术能力评价指标，以保证评价结果能准确反映学生适应行业发展的能力。[1]

（三）定性与定量评价指标的结合运用

定性评价指标和定量评价指标各有优势，将两者结合运用能更全面、准确地评价学生的能力。

定量评价指标具有明确的数据标准和量化方法，能对学生能力进行客观、精确的衡量。在专业技术能力评价中，财务比率计算的准确性、税务筹划方案的节税金额等定量指标，能直观地反映学生在相关领域的能力水平。

定性评价指标更注重对学生能力的综合、深入的描述，能弥补定量评价的不足。在评价综合素养能力时，学生在小组项目中的沟通协作表现、职业素养方面的行为表现等，很难用具体数据进行精确衡量，但通过定性评价，教师的评语、同学的评

[1] 陈丽花.基于应用型人才培养的会计学专业实践教学评价指标体系构建 [J]. 商业会计，2019 (3):120-122.

价等方式，更全面地展现学生在这些方面的能力特点。在实际评价过程中，可根据不同核心能力的特点，合理确定定性与定量评价指标的比重。对于专业技术能力中的一些基础技能，如账务处理、成本核算等，可适当提高定量评价指标的比重，以确保对学生专业技能的精准评估；对于创新实践能力、综合素养能力等难以完全量化的能力，定性评价指标应占据较大比重，以充分反映学生在这些方面的综合素质。

以审计能力评价为例，在审计程序执行完整性方面，可采用定量评价，统计学生完成的审计程序数量占应完成数量的比例；在审计报告撰写质量方面，除了对报告格式、内容完整性等进行定量打分，还应结合教师对报告中审计意见合理性、问题分析深度等方面的定性评价，从而全面评价学生的审计能力。通过定性与定量评价指标的有机结合，能构建一个更加科学、全面的能力评价体系。

二、能力评价方法的选择

确定合理的评价指标后，选择恰当的能力评价方法十分关键。不同评价方法各有优劣，其适用场景也有所差异。合理选择评价方法，能更精准、全面地评估学生在会计学专业的能力水平。下面将探讨考试考核、项目成果评价以及多元化评价主体参与等评价方法在能力评价中的具体应用。

（一）考试考核在能力评价中的作用与优化

考试考核是能力评价中常用的方法，在会计学专业能力评价体系中具有重要作用。考试考核能系统地考查学生对专业知识的掌握程度，这是能力发展的基础。在财务会计课程考试中，设置关于会计核算原则、账务处理流程、财务报表编制等方面的题目，可检验学生对财务会计基础知识的理解和运用能力。通过不同类型的题目，选择题、简答题、计算题等，能从不同角度考查学生的知识掌握情况。

考试考核在一定程度上考查学生的思维能力和应用能力。在管理会计考试中，设置案例分析题，要求学生运用所学的成本分析、预算编制等知识，对给定的企业案例进行分析并提出解决方案，这不仅考查了学生对知识的掌握，还考查了学生分析问题、解决问题的能力。传统的考试考核方式存在一定的局限性，需要进行优化。在题型设置上，应增加主观题和综合性题目的比例。减少单纯记忆性的选择题，增加需要学生进行分析、判断、推理和综合运用知识的题目。在审计学考试中，可设置大型审计案例分析题，要求学生根据给定的企业财务资料和审计环境，制订审计计划、实施审计程序并撰写审计报告，全面考查学生的审计能力。考试考核的内容也应更加注重与实际工作场景的结合。在税务筹划课程考试中，引入真实企业的税务案例，让学生根据企业实际情况制定税务筹划方案，使考试内容更贴近行业实际需求，提高考试考核对学生实践能力的考查效果。

采用多样化的考试考核形式。除了传统的闭卷考试，可增加开卷考试、半开卷考试等形式。开卷考试可以考查学生对知识的综合运用和查阅资料的能力，半开卷考试则在一定程度上限制学生过度依赖资料，考查学生对重点知识的掌握程度。通过优化考试考核方式，能更全面、准确地评价学生的能力。

（二）项目成果评价在能力评估中的应用

项目成果评价是一种基于学生实际项目完成情况的能力评估方法，在会计学专业能力评价中具有独特的优势。项目成果评价能真实地反映学生的综合能力。如在企业财务综合模拟项目中，学生需要综合运用财务会计、管理会计、审计学、税务筹划等多门课程的知识，完成企业的财务核算、预算编制、成本控制、财务报表分析、税务筹划以及审计等一系列工作。通过对学生在项目中完成的财务报告、预算方案、审计报告等成果进行评价，全面考查学生的专业技术能力、综合素养能力和创新实践能力。

项目成果评价注重过程性评价。在项目实施过程中，学生需要经历资料收集、方案设计、团队协作、项目执行和成果总结等多个环节。在评价学生的项目成果时，不仅关注最终的成果质量，还应关注项目实施过程中的表现。学生在团队协作中的沟通能力、解决问题的能力以及在项目执行过程中对知识的运用和创新能力等，都通过项目过程中的观察和记录进行评价。为了有效应用项目成果评价，需要明确项目成果的评价标准。评价标准应根据项目的目标和要求制定，包括成果的准确性、完整性、创新性、实用性等方面。如在财务决策案例分析项目中，评价标准包括学生提出的决策建议的合理性、对财务数据的分析深度、运用方法的正确性以及对企业实际情况的考虑程度等。

要确保评价过程的客观性和公正性。评价人员由教师、企业专家等组成，采用定量与定性相结合的评价方式。对项目成果进行打分的同时，给出详细的评语，指出优点和不足，为学生提供有价值的反馈。通过项目成果评价，能激励学生积极参与实践项目，提高自身综合能力。

（三）多元化评价主体的参与方式

多元化评价主体参与能力评价，能从多个角度对学生能力进行全面、客观的评价。教师是专业知识的传授者和教学活动的组织者，在能力评价中发挥着主导作用。教师具有专业的知识和丰富的教学经验，能根据教学目标和评价指标，对学生的学习成果和能力表现进行专业的评价。在专业技术能力评价中，教师根据学生的课堂表现、作业完成情况、考试成绩以及项目成果等，综合评价学生对专业知识的掌握程度和运用能力。

学生自评是培养学生自我反思和自我管理能力的重要方式。学生通过对自己学习过程和成果的反思，能更好地认识自己的优势和不足，明确努力方向。在综合素养能力评价中，学生对自己在团队协作中的沟通能力、职业素养方面的表现进行自我评价。学生自评促进学生积极参与评价过程，增强学习的主动性和自觉性。学生互评能让学生从同伴的角度了解自己的表现，拓宽评价视野。在小组项目中，学生之间相互了解彼此的工作表现和贡献，通过互评更全面地评价学生的团队协作能力、沟通能力等。学生互评还可以培养学生的思辨性思维和合作精神，促进学生之间的相互学习和共同进步。

为了确保多元化评价主体参与的有效性，需要明确不同评价主体的评价重点和评价方式。教师评价应注重对学生专业知识和能力的全面评价，采用定量与定性相结合的方式，给出客观、准确的评价结果。学生自评应引导学生按照评价指标进行客观反思，可通过填写自我评价表等方式进行。学生互评可采用小组互评、匿名评价等方式，减少主观因素的影响，保证评价的公正性。在实际评价过程中，要合理整合不同评价主体的评价结果。根据不同评价主体的权重，对评价结果进行综合计算，得出最终的评价结论。通过多元化评价主体的参与，能构建一个更加全面、客观、公正的能力评价体系。

三、能力评价体系的实施流程

能力评价体系构建完成后，其实施流程的科学性和规范性决定了评价的质量与效果。只有合理安排实施流程，才能准确收集和分析数据，充分发挥评价体系的作用。下面将从评价时间节点的安排、评价数据的收集与整理以及评价结果的反馈与运用这几个关键环节展开探讨。

（一）评价时间节点的安排

合理安排评价时间节点是能力评价体系有效实施的重要保障。评价时间节点的安排应根据教学进程和能力培养目标进行。在课程教学过程中，应设置阶段性评价节点。对于会计学专业的基础课程，如基础会计，在完成一个章节或一个教学模块的学习后，进行单元测试或作业评价，及时了解学生对基础知识的掌握情况，发现学生学习过程中存在的问题，为后续教学调整提供依据。

在课程结束时，进行终结性评价。通过期末考试、课程项目成果评价等方式，全面评价学生在该课程学习过程中所获得的知识和能力。对于财务会计课程，期末考试可以综合考查学生对财务会计知识的掌握程度，课程项目成果评价可以考查学生的综合应用能力。除了课程内的评价，还应在学期末或学年末进行综合性评价。综合性评价对学生在一个学期或一学年内所学的多门课程知识和能力进行整合评价。通过组织综合性项目、跨课程案例分析等方式，考查学生对知识的融会贯通能力和综合应用能力。

在学生毕业前，进行毕业综合评价。毕业综合评价是对学生整个大学期间学习成果和能力的全面检验，包括专业技术能力、综合素养能力和创新实践能力等方面。通过毕业论文、毕业答辩、实习报告评价等方式，综合评价学生是否具备毕业条件，能否满足行业对会计学专业人才的能力需求。评价时间节点的安排还应考虑不同能力培养的特点。对于一些需要长期积累和实践的能力，如创新实践能力，应在不同学习阶段设置多次评价节点，跟踪学生能力的发展过程。通过合理安排评价时间节点，能及时、全面地了解学生的能力发展情况，为教学改进和学生发展提供有力支持。

（二）评价数据的收集与整理

评价数据的收集与整理是能力评价体系实施的关键环节，直接影响评价结果的准确性和可靠性。评价数据来源应多样化，以全面反映学生的能力表现。在专业技术能力评价方面，数据可来源于学生的作业、考试成绩、项目成果等。通过收集学生在财务会计课程作业中账务处理的正确率、在管理会计考试中案例分析题的得分，以及在企业财务综合模拟项目中完成的财务报告质量等数据，能从不同角度了解学生的专业技术能力水平。

在综合素养能力评价方面，数据可来源于课堂表现记录、小组项目评价、实习单位反馈等。通过观察学生在课堂讨论中的参与度、在小组项目中的团队协作表现，以及收集实习单位对学生职业素养和沟通协作能力的评价意见，能全面评价学生的综合素养能力。创新实践能力评价的数据可来源于学生参与的科研项目、创新创业实践活动、学科竞赛成果等。收集学生在科研项目中提出的创新性观点、在创新创业实践活动中取得的成果，以及在学科竞赛中的获奖情况等数据，能有效评价学生的创新实践能力。

收集到评价数据后，需要进行整理和分析。对数据进行分类整理，将不同来源、不同类型的数据按照评价指标进行分类。将学生的考试成绩按照专业技术能力评价指标中的不同知识点进行分类，将学生在小组项目中的表现数据按照综合素养能力评价指标中的沟通协作能力、团队贡献度等指标进行分类。运用适当的统计方法对数据进行分析。对于定量数据，计算平均值、标准差等统计量，了解学生能力水平的集中趋势和离散程度；对于定性数据，进行归纳总结，提炼出关键信息。通过对评价数据的整理和分析，能清晰地呈现学生的能力状况，为评价结果的反馈和运用提供有力支持。

（三）评价结果的反馈与运用

评价结果的反馈与运用是能力评价体系的重要目标，对教学改进和学生发展具有重要作用。评价结果反馈给学生，能帮助学生了解自己的学习成果和能力水平，明确自身的优势和不足，为学生的学习和发展提供指导。教师通过课堂反馈、书面评语、个别辅导等方式，将评价结果及时反馈给学生。在学生完成财务会计课程作业后，教师在批改作业时详细指出学生存在的问题，并给予改进建议，帮助学生提高账务处理能力。

评价结果反馈给教师，能为教师调整教学策略和方法提供依据。教师通过分析学生的评价数据，了解学生在哪些知识点或能力方面存在普遍问题，从而有针对性地调整教学内容和教学方法。如果发现学生在财务报表分析能力方面普遍较弱，教师可以增加相关的案例分析和实践练习，加强对学生财务报表分析能力的培养。评价结果还可以为教学管理部门提供决策支持。教学管理部门通过对学生评价数据的分析，了解课程教学质量和专业人才培养效果，从而对课程设置、教学计划等进行调整和优化。如果发现某门课程的学生评价结果普遍不理想，教学管理部门组织教师进行教学研讨，找出问题所在，对课程进行改革和完善。

对于学生发展而言，评价结果是学生选择职业方向、参加实习和就业的参考。学生根据自己的能力评价结果，选择适合自己的职业岗位，提高就业竞争力。评价结果还可以激励学生不断努力学习，提升自己的能力。通过对评价结果的有效反馈与运用，能促进教学质量的提高和学生的全面发展，实现能力评价体系的价值。

第八章

混合教学模式的技术支持与资源建设

在教育数字化转型中，采用混合教学模式正逐渐成为教育领域的重要趋势，会计学专业也不例外。这种融合线上与线下教学优势的模式，为提高教学质量、满足学生多样化学习需求提供了新途径。而要使混合教学模式有效落地，强大的技术支持与丰富的资源建设不可或缺。下面将深入探讨在会计学专业的混合教学中，如何选择与优化教学平台、如何开发与应用数字化教学资源以及如何进行教学管理与评估，以更好地推动教学发展、助力学生成长。

第一节　教学平台的选择与优化

在混合教学模式下，教学平台是实现线上线下教学融合的关键枢纽。合适的教学平台不仅能承载丰富的教学资源，还能为师生提供便捷高效的教学交互环境。市场上教学平台种类繁多、功能各异，要保障教学效果，就需对教学平台的功能需求进行分析，比较主流平台特点并探讨优化策略，以此找到适配会计学专业混合教学的优质平台。

一、教学平台类型概述

（一）在线课程平台的特点与功能

在线课程平台是一种以提供各类在线课程资源为核心的教学平台。它具有课程资源丰富多样的特点，涵盖了从基础学科到专业领域的广泛内容，会计学专业也不例外。这些平台汇聚了众多高校、教育机构以及行业专家开发的会计学课程，课程形式包括视频讲座、电子教材、案例分析等多种形式。

在线课程平台通常具备课程管理功能。平台能对课程进行分类整理，方便学生查找和选择所需课程。以某知名在线课程平台为例，其会计学课程按照基础会计、中级财务会计、高级财务会计等不同层级进行分类，学生根据自己的学习进度和需求选择相应课程。平台还支持课程更新和维护，教师随时上传新的教学内容或对已有课程进行修改完善，确保课程内容的时效性和准确性。在线课程平台为学生提供了自主学习的环境。学生根据自己的时间和学习节奏自由安排学习进度。他们可以暂停、回放课程视频，反复学习重点难点内容。平台还设有学习记录功能，能记录学生的学习轨迹，包括学习时长、课程完成进度等信息，方便学生随时查看自己的学习情况，也便于教师对学生的学习过程进行跟踪和评估。

互动交流是在线课程平台的重要功能之一。平台一般设有讨论区、问答板块等互动区域，学生在这些区域与教师、其他学生进行交流讨论。在会计学课程的学习中，学生会对某些会计概念、账务处理方法等存在疑问，通过在讨论区提问，能及时获得解答和帮助。学生之间分享学习心得和经验，促进共同学习和进步。[1]

（二）学习管理系统的优势与应用场景

学习管理系统（Learning Management System,LMS）是一种用于管理教学过程和学习资源的数字化平台。它的优势体现在对教学流程的有效管理上。LMS能实现课程创建、学生注册管理、教学计划安排等功能。教师在系统中创建会计学专业课程，设置课程的教学目标、教学内容、教学进度等信息，并将课程发布给学生。学生通过注册登录系统，即可获取相应课程信息，按照教学计划进行学习。

LMS在学习资源管理方面表现出色。它可以整合多种类型的学习资源，包括文档、视频、音频、测试题等，并对这些资源进行分类管理。教师根据教学需要将不同的学习资源关联到相应的课程章节中，方便学生学习。在会计学教学中，教师将财务会计的教学课件、审计学的案例视频、税务筹划的练习题等资源上传到LMS，并按照课程内容进行有序组织，学生在学习相应课程章节时，方便地获取这些资源。学习评估是LMS的重要功能。它支持多种评估方式，包括在线测试、作业提交与批改、课程项目评估等。教师在LMS中创建在线测试题，设置考试时间、题型等参数，学生在规定时间内完成测试后，系统能自动评分并反馈结果。对于作业和课程项目，学生通过LMS提交电子文档，教师在线进行批改和评价。通过这些评估方式，教师能及时了解学生的学习情况，发现学生在学习过程中存在的问题，从而调整教学策略。

LMS的应用场景广泛。在会计学专业的日常教学中，教师利用LMS进行课程教

[1] 赵呈领，梁云真，汪存友，等.在线课程平台的体系结构、功能特性及发展趋势[J].现代教育技术，2017，27(8):58-64.

学管理，将线上学习资源与线下教学活动相结合。在进行财务会计课程教学时，教师在 LMS 上发布课程预习资料，让学生提前了解课程内容；在课堂教学结束后，教师在 LMS 上布置作业和拓展学习任务，巩固学生所学知识。LMS 还适用于远程教学、培训等场景，为学生提供灵活的学习方式。

（三）直播教学平台在混合教学中的作用

在混合教学模式不断发展的当下，直播教学平台的优势显著，推动了会计学专业教学的变革与进步。直播教学平台最大的亮点在于打破了时间和空间的限制，实现了实时远程教学。以会计学专业为例，在遇到特殊情况无法进行线下授课时，它就成为维持教学活动正常运转的关键桥梁。教师借助直播平台，同身处传统教室一般，将精心准备的会计学知识实时传递给学生，保证了教学进度不受影响。

实时互动性强是直播教学平台的突出特点。在直播授课过程中，教师能随时提问、发起讨论，充分调动学生的积极性，学生则可以通过弹幕、连麦等便捷方式进行回答和参与讨论，这种互动模式让学生仿佛置身于真实课堂，增强了他们的学习积极性和参与度，进而有效提高教学效率。在讲解会计学案例时，教师引导学生对复杂的财务案例进行深入分析讨论，学生借助直播平台及时发表自己的观点和看法，教师当场进行点评和总结，帮助学生加深对知识的理解和掌握，这种互动式学习让学生对会计学知识的理解更加透彻。直播教学平台还为教学资源共享提供了有力支持。教师在直播过程中能轻松展示教学课件、案例资料等，确保学生可以同步观看，获取最新的学习资料。而且，直播平台一般都具备录制功能，能将整个直播过程录制下来，生成回放视频。这一功能为学生提供了便利，学生如果在直播过程中对某个知识点理解困难，或者因特殊原因错过直播，都可以通过观看回放视频进行学习，方便对知识进行复习和巩固，真正实现了学习的自主性和灵活性。

在混合教学模式下，直播教学平台并非孤立存在，而是与其他教学平台配合使用，发挥出更大的价值。教师通常会在在线课程平台或学习管理系统上发布直播课程信息，引导学生按时进入直播平台进行学习。直播结束后，教师还会将直播回放视频上传到其他教学平台，作为宝贵的学习资源供学生反复观看。通过多种教学平台的协同使用，能更好地满足会计学专业教学的多样化需求，全面提高教学质量，为培养高素质的会计学专业人才奠定坚实基础。

二、教学平台选择依据

教学平台选得恰当与否，直接关乎混合教学模式在会计学专业中的实施成效。面对多样的教学平台，需要明确合理的选择依据。这不仅关系到能否满足教学的实际需求，还影响着学生的学习体验与教学管理的效率。下面将从适配课程教学需求、满足学生学习习惯与技术能力、符合学校教学管理与技术支持条件这几个关键方面，深入探讨教学平台的选择依据。

（一）适配会计学课程教学需求

会计学课程具有专业性强、知识体系复杂的特点，这就要求所选择的教学平台必须高度适配其独特的教学需求。丰富的专业教学资源是适配会计学课程的基础所在。专业课程视频的质量与覆盖范围起着关键作用。从最基础的会计原理启蒙，帮助学生理解借贷记账法、会计等式等核心概念，到高级财务分析中对复杂财务指标的深度解读，以及审计技巧的详细讲解，都需要专业教师精心录制。这些视频不能仅局限于知识的简单传授，还要注重引导学生构建起系统的会计学知识体系。在讲解财务报表分析时，逐步引导学生理解资产负债表、利润表和现金流量表之间的钩稽关系，让学生明白各项数据背后所反映的企业经营活动。大量源于实际企业财务活动的案例库，是实现理论与实践相结合的重要桥梁。以企业财务报表分析案例为例，学生通过对真实企业报表的解读，学会从资产结构、盈利能力、偿债能力等多个维度去剖析企业的经营状况；税务筹划案例则让学生深入了解税收法规，培养他们合法降低企业税负的能力，真正将抽象的会计学理论应用到实际工作场景中。

适配的教学工具是增强教学效果的关键因素。财务数据模拟分析功能为学生提供了一个虚拟的实践场域。在这个模拟环境中，学生可以处理和分析各类财务数据，深度熟悉常见会计软件如用友、金蝶的操作流程，提前为未来的职场应用筑牢基础。会计分录编制练习模块不可或缺。学生在进行分录编制练习时，能及时获得系统的反馈和专业的指导，通过不断练习和改进，逐步提升账务处理能力，精准掌握会计核算的核心技能，避免在实际工作中出现基础错误。

支持实践教学环节是教学平台适配会计学课程的重要体现。教学平台应整合在线会计实训软件，模拟真实的会计工作场景。学生在这样的平台上，可以经历完整的会计核算流程，从原始凭证的填制、记账凭证的编制，再到财务报表的生成，全方位提升实践操作能力。教师能通过平台实时监控学生的实践过程，及时发现并纠正学生在操作中出现的问题，确保学生实践操作的准确性和规范性，使学生更好地适应未来会计工作岗位的要求，缩短从校园到职场的适应期。

（二）满足学生学习习惯与技术能力

学生的学习习惯和技术能力在教学平台的选择中占据重要地位。不同学生在学习习惯上存在显著差异，部分学生热衷于自主学习，课后他们倾向于通过观看教学视频、研读电子教材等途径提升知识储备。对这类学生而言，教学平台需提供充足的自主学习资源，如丰富多样的课程视频、全面系统的电子教材等，配备便捷的学习工具，如书签、笔记记录、课程内容检索等功能，让学生能依据自身学习节奏自由安排学习进度。而另一部分学生更依赖教师的引导，他们需要频繁与教师、同学互动交流来深化知识理解。针对这些喜欢互动学习的学生，教学平台要具备出色的互动交流功能。实时讨论区必不可少，学生随时在讨论区分享自己的学习心得、提出疑问，与同学共同探讨问题。在线答疑功能也至关重要，教师能及时解答学生的疑惑，给予专业指导，增强学生的学习体验。学生的技术能力参差不齐，也是选择教学平台时不可忽视的因素。平台操作难度应与学生技术水平相适配。简洁直观的界面设计有助于学生快速上手，若平台操作过于复杂，会给学生带来额外的学习负担，进而打击他们的学习积极性。对于技术能力较弱的学生，平台应提供详细的操作指南和培训资源，如操作视频教程、图文并茂的操作手册等，帮助他们逐步熟悉平台使用方法。对于技术能力较强的学生，平台可设置高级功能，如个性化学习路径规划、数据深度分析工具等，满足他们更高层次的学习需求，充分发挥其技术优势，增强学习效果。

（三）符合学校教学管理与技术支持条件

学校的教学管理和技术支持条件在教学平台选择中从多个维度影响着教学平台的适配性与使用效果。教学平台与学校教学管理系统的兼容性是极为关键的考量因素。学校教学管理系统是一个综合性的管理体系，涵盖学生信息管理、课程安排、成绩管理等多个重要功能模块。教学平台只有与学校教学管理系统实现有效对接，才能达成数据的共享与交互，进而提高教学管理的效率和质量。以学生信息管理为例，教学平台若能自动获取学校教学管理系统中的学生注册信息，就能避免学生在教学平台上重复注册，既节省了学生的时间，也减少了管理的复杂性。在成绩管理方面，教学平台的成绩数据若能自动同步至学校成绩管理系统，学校便能更便捷地开展教学管理与评估工作，分析学生的学习趋势、评估教师的教学质量等。

学校的技术支持能力深刻影响着教学平台的选择方向。对于技术支持团队规模较小、能力有限的学校而言，选择操作简单、维护便捷的教学平台是更为明智的选择。这类平台的优势在于，当出现一些常见问题时，学校的技术人员凭借有限的资源和能力就能迅速处理，保证教学活动不受影响。而对于那些技术支持团队强大、具备技术开发和定制能力的学校来说，则可以考虑选择功能丰富、扩展性强的教学平台。通过对这类平台进行二次开发和定制，能使其更加契合学校独特的教学需求，充分发挥技术优势，增强教学效果。

学校的网络基础设施是不容忽视的重要因素。如果学校的网络带宽有限，在选择教学平台时就应当避开对网络要求过高的平台。在使用过程中极有可能出现卡顿、掉线等状况，严重影响教学效果，打断教学进程，降低学生的学习体验感。因此，学校在选择教学平台之前，务必对自身的网络状况进行全面、深入的评估，确保所选平台能在现有的网络环境下稳定运行，为教学活动提供可靠的网络支持。

三、教学平台优化策略

选择合适的教学平台只是第一步，优化平台才能充分发挥其价值，更好地服务于会计学专业教学。教学平台的优化涉及多个方面，其成效直接影响教学体验与质量。接下来将从界面设计、功能模块、技术性能等关键维度探讨优化策略，让教学平台更契合教学需求，助力增强教学效果。

（一）界面设计优化以提升用户体验

界面设计是影响教学平台用户体验的重要因素，对其进行优化能提高会计学专业师生的使用满意度。教学平台针对会计学课程的界面布局应合理规划。将会计学各课程模块，如基础会计、中级财务会计、高级财务会计等，清晰地设置在课程导航栏中；把相应课程的学习资源，如会计分录案例解析文档、财务报表分析视频等，展示在中间核心区域；互动交流板块则放在右侧，方便师生围绕会计学知识点进行讨论。这样的布局符合用户操作习惯，能让师生快速定位所需内容，提高学习和教学效率。

在色彩搭配上，要协调且契合会计学科严谨、专业的风格。如选择淡蓝色为主色调，白色和灰色为辅助色，营造简洁、清新的视觉效果，减轻用户视觉疲劳，让师生在学习复杂的会计学知识时保持舒适的视觉感受。文字排版需清晰易读，选择合适字体和字号，确保会计专业术语、课程重点等文字内容清晰可辨。对于重要信息，如会计法规解读、关键账务处理步骤等，使用较大字号和醒目的颜色突出显示，方便师生快速获取关键知识点。注意文字行距和字距，避免因文字拥挤影响阅读体验，尤其在展示复杂会计公式和案例分析时，确保排版清晰，便于理解。

教学平台应具备良好的响应式设计。考虑到会计学专业学生会在移动设备上随时随地学习，利用碎片化时间复习会计分录、查看财务案例等，平台界面应能根据不同设备屏幕尺寸自适应调整。在手机上访问时，界面元素自动缩放，适应手机屏幕大小，确保师生可以方便地进行学习和互动，参与线上会计案例讨论、完成简单的会计知识小测验等。[1]

（二）功能模块调整满足教学互动需求

教学平台功能模块的调整优化，应以满足教学互动需求为导向。在讨论区功能

[1] 王鹏，李慧灵．在线教育平台用户界面设计优化研究 [J]. 现代教育技术，2020, 30 (3): 121-127.

优化方面，需拓展互动深度与广度。针对会计学专业课程，设置多样化讨论主题，以此引导学生围绕专业知识深入探讨。在财务会计课程讨论区，设立新收入准则对企业财务报表影响的相关主题，激发学生的思考与讨论热情。鼓励学生积极发表个人见解，并相互评论回复，营造良好的互动氛围，促使学生深化对专业知识的理解。在线测试功能的完善也至关重要。丰富题型种类，除常见的选择题、填空题外，增设案例分析题、简答题等主观题型，便于全面考查学生知识掌握程度与应用能力。在审计学课程在线测试中，布置审计案例分析题，要求学生剖析审计过程中的问题并提出改进建议，检验其对审计知识的综合运用水平。优化测试结果反馈机制，除告知学生成绩外，还应详细分析答题情况，指出错误之处，提供相关知识点讲解及学习建议，助力学生增强学习效果。教学平台还应强化小组协作功能。提供小组创建、任务分配、进度跟踪等功能，便于学生开展小组学习与项目协作。会计学专业实践教学常涉及企业财务报表分析、税务筹划方案设计等小组项目。借助教学平台的小组协作功能，学生可在线组建小组、明确分工，并实时跟进项目进度。教师能监控小组协作过程，及时发现并解决问题，推动小组项目顺利开展，培养学生团队协作与沟通能力，提高实践教学质量。

（三）技术性能提升保障教学流畅性

技术性能是教学平台稳定运行的基础，提升教学平台的技术性能可以保障教学的流畅性。服务器性能是关键因素之一。学校或平台提供商应配备高性能的服务器，确保能承载大量用户的并发访问。在会计学专业教学中，当进行在线直播授课或大规模在线测试时，会有大量学生同时访问教学平台，如果服务器性能不足，就会出现卡顿、掉线等问题。要定期对服务器进行性能评估和升级，根据用户数量和使用频率合理配置服务器资源，保证平台的稳定运行。

网络传输优化是提升技术性能的重要方面。采用先进的网络传输技术，如内容分发网络技术，将教学资源缓存到离用户更近的节点，提高资源的加载速度。当学生访问教学平台上的视频课程时，内容分发网络技术能根据学生的地理位置，从距离最近的节点获取视频资源，减少视频加载时间，避免视频卡顿现象的发生。优化平台的代码结构，减少网络请求次数，提高数据传输效率。数据安全保障至关重要。教学平台涉及大量的教学资源和学生信息，必须确保数据的安全。采用加密技术对数据进行加密存储和传输，防止数据泄露。在学生登录教学平台时，对学生的账号和密码进行加密处理，确保学生的账号安全。建立完善的数据备份机制，定期对教学平台的数据进行备份，防止数据丢失。在遇到突发情况时，如服务器故障、自然灾害等，能及时恢复数据，保障教学活动的正常进行。

通过对教学平台类型的深入了解、依据合理的选择标准进行平台选择，并实施有效的优化策略，能为会计学专业的混合教学提供有力支持，促进教学质量的提高和学生的全面发展。

第二节　数字化教学资源的开发与应用

在教育领域不断革新的当下，数字化教学资源已成为推动教学发展的关键力量。对于会计学专业而言，深入理解数字化教学资源的分类、掌握其开发要点并有效应用，对提高教学质量、增强学生学习效果意义重大。以下将从数字化教学资源的分类、开发要点以及应用方法三个方面展开详细论述。

一、数字化教学资源的分类

（一）多媒体课件资源的形式与内容

多媒体课件资源是数字化教学资源中应用广泛的一种形式。它融合了文本、图像、音频、视频等多种元素，以直观、丰富的方式呈现教学内容。从形式上看，多媒体课件通常采用PPT、Flash等格式制作。PPT格式因其操作简便、兼容性强，成为教师制作课件的常用选择。教师在PPT中插入文字、图表、图片等元素，通过设置动画效果和切换方式，增强课件的动态性和吸引力。Flash格式则在交互性方面具有优势，能制作出更具互动性的课件，模拟会计业务流程的交互动画，学生通过点击、拖拽等操作，深入了解会计业务的处理过程。

多媒体课件的内容紧密围绕会计学专业课程展开。在基础会计课程的课件中，会涵盖会计基本概念、会计等式、借贷记账法等基础知识。通过简洁明了的文字阐述、生动形象的图表展示以及必要的案例分析，帮助学生建立起对会计学科的初步认识。对于中级财务会计和高级财务会计课程，课件内容则侧重于复杂业务的账务处理、财务报表分析等内容。以长期股权投资的账务处理为例，课件会详细讲解不同类型长期股权投资的核算方法，通过图表对比不同核算方法的特点和适用范围，并结合实际案例进行演示，让学生清晰掌握相关知识。在成本会计课程的多媒体课件中，会包含各种成本核算方法的介绍，如品种法、分批法、分步法等。课件会通过流程图展示每种成本核算方法的计算步骤，用数据表格呈现计算过程和结果，使学生能直观地理解成本核算的原理和操作流程。

（二）微课、慕课等视频资源的特点

微课和慕课是近年来兴起的视频类数字化教学资源，它们在教学中发挥着独特的作用。微课通常是针对某个知识点或教学环节制作的简短精悍的视频，时长一般

5 ~ 10分钟。其特点是内容聚焦、针对性强。在会计学教学中，微课针对一些重点难点问题进行深入讲解。在讲解会计分录的编制时，微课通过具体的业务案例，详细演示从分析经济业务到编制会计分录的全过程，让学生能集中精力理解这一关键知识点。微课制作灵活，教师根据教学需要随时制作。采用录屏软件录制PPT讲解过程，通过拍摄教师的讲解画面或操作演示来完成。这种灵活性使微课能快速响应教学中的实际需求，及时解决学生在学习过程中遇到的问题。慕课是大规模开放在线课程，具有开放性、大规模和互动性强的特点。慕课通常由多所高校的优秀教师联合制作，课程内容系统全面。在会计学专业的慕课中，会涵盖从基础到高级的一系列课程内容，包括财务会计、管理会计、审计学、税务筹划等多个领域。学生在全球范围内自由选择感兴趣的课程进行学习，打破了时间和空间的限制。慕课的互动性体现在其丰富的交流功能上。课程平台设有讨论区、答疑板块等，学生在学习过程中随时与教师和其他学生进行交流。在学习审计学慕课时，学生就审计程序的实施、审计证据的收集等问题在讨论区与其他学习者分享自己的见解，也可以向教师请教解惑，这种互动能促进学生对知识的深入理解和掌握。

（三）虚拟仿真实验资源的开发意义

虚拟仿真实验资源在会计学教学中具有重要的开发意义。会计学是一门实践性很强的学科，虚拟仿真实验资源能为学生提供接近真实的实践环境。通过开发虚拟仿真实验资源，学生在虚拟环境中进行会计业务的处理、财务报表的编制、审计项目的实施等实践操作。在虚拟仿真的会计实验室中，学生模拟企业的日常会计工作，从原始凭证的填制和审核，到记账凭证的编制、账簿的登记，再到财务报表的生成，完成一整套会计核算流程。这有助于学生将理论知识与实践相结合，提高学生的实际操作能力。虚拟仿真实验资源还可以培养学生的创新能力和问题解决能力。在虚拟环境中，学生尝试不同的业务处理方法和决策方案，观察其对企业财务状况和经营成果的影响。在进行成本控制的虚拟实验时，学生调整不同的成本控制策略，分析其对企业利润的影响，从而探索出最优化的成本控制方案。这种实践过程能激发学生的创新思维，提高学生解决实际问题的能力。虚拟仿真实验资源不受时间和空间的限制，学生可以随时随地进行实验操作。这不仅提高了实验资源的利用率，也为学生提供了更加便捷的学习条件。虚拟仿真实验资源还可以降低实践教学的成本，避免因实际操作失误而造成的经济损失。

二、数字化教学资源的开发要点

数字化教学资源开发质量直接影响其在会计学教学中的应用效果。明确开发要点是打造优质资源的关键，它关系到资源能否有效辅助教学、提升学生学习成效。

下面将从资源内容、资源设计以及与教学目标的关系等方面，深入探讨数字化教学资源的开发要点，为高质量资源开发提供指引。

（一）资源内容的准确性与时效性

在会计学数字化教学资源开发的广阔领域中，资源内容的准确性与时效性无疑是最为关键的要素，并支撑着整个数字化教学体系的有效运转。准确性是数字化教学资源的核心价值，在会计学这样一门规范严谨的学科中体现得淋漓尽致。会计学的发展紧密依托会计准则和税收法规，而这些准则和法规并非一成不变，而是处于持续更新的动态过程中。这就要求教师在制作各类教学资源时，必须时刻保持敏锐的行业洞察力，严格遵循最新准则。以财务会计多媒体课件为例，其中对会计处理方法、财务报表编制规则等内容的讲解，都需要与新收入准则、新金融工具准则的要求高度契合。一旦准则发生变动，教学资源的更新工作刻不容缓。在新收入准则下，收入确认时点和计量方式都发生了显著改变，这种变化必须及时融入教学内容。若未能及时更新，学生获取的知识就可能是错误或陈旧的，这无疑会对他们的学习和未来职业发展产生严重的负面影响。

虚拟仿真实验资源的开发要将准确性放在首位。实验中的业务数据应真实可靠，确保能反映实际会计工作中的各种情况。操作流程也必须严格符合会计工作规范和行业标准。如在税务筹划虚拟实验中，依据最新税收法规设置场景和规则至关重要。只有这样，学生才能通过实验掌握合法、有效的税务筹划方法。如果实验规则滞后于税收法规的变化，学生极有可能形成错误认知，在未来的实际工作中面临法律风险。

时效性在会计学数字化教学资源中不容忽视。会计学领域正处于快速发展的阶段，新理论、方法和技术不断涌现。开发者需要时刻关注行业动态，积极将前沿成果融入教学资源。如今，人工智能、大数据技术在会计领域的应用日益广泛，它们对财务分析、会计核算的影响等相关内容应及时融入教学。这样一来，学生就能接触最新知识，为他们未来的职业发展提供有力支持，使他们更好地适应不断变化的会计职场环境，在激烈的竞争中脱颖而出。

（二）资源设计的趣味性与吸引力

在数字化时代背景下，学生获取信息的途径丰富多样，这使他们的注意力更易分散。数字化教学资源若要提升学生的学习积极性与参与度，趣味性和吸引力的设计不可或缺。多媒体课件的设计是增强资源吸引力的重要一环。丰富的色彩搭配、生动形象的图像以及趣味性十足的动画，都能有效吸引学生的注意力。在讲解会计循环时，制作动画展示会计凭证、账簿和财务报表之间的逻辑关系，能将抽象的会计循环概念转化为直观、可视化的内容，帮助学生更好地理解这一复杂概念。微课、慕课等视频资源，通过多样化的教学方法与表现形式来增添趣味性。结合实际生活案例，采用故事化讲述方式是一种有效的手段。在讲解个人所得税计算时，以某员工工资收入为例展开讲述，能让学生切实体会到会计知识与日常生活息息相关，增强他们对知识的认同感和学习兴趣。虚拟仿真实验资源融入游戏化元素，对提升学生参与度大有裨益。在虚拟会计实习场景中设置任务关卡和奖励机制，学生完成任务后可获得虚拟货币、荣誉称号等奖励，不仅能激发学生的学习兴趣，还能培养他们的竞争意识和团队合作精神。虚拟现实和增强现实技术的应用，为学生创造了沉浸式学习体验。在企业财务报表分析教学中，学生借助VR设备进入虚拟企业财务室查看各类财务报表和数据，这种身临其境的学习方式提升了学生的学习兴趣，使他们更深入地理解财务报表分析知识，提高学习效果。

（三）资源与教学目标的契合度

数字化教学资源的开发必须紧密围绕教学目标进行，确保资源能有效支持教学活动的开展。在制定教学目标时，要明确学生通过学习应掌握的知识、技能和态度。如在基础会计课程中，教学目标包括让学生掌握会计基本概念、学会编制简单的会计分录等。在开发多媒体课件、微课等教学资源时，要根据这些教学目标设计相应的内容。多媒体课件的结构和内容要与教学目标相匹配。在讲解会计分录编制时，课件应先介绍会计分录的基本概念和编制原则，通过具体的案例进行演示，最后设置练习题让学生进行巩固练习。微课和慕课的视频内容也要围绕教学目标进行设计，突出重点难点，避免内容过于冗长或偏离教学目标。虚拟仿真实验资源的设计同样要与教学目标相契合。如果教学目标是培养学生的财务报表分析能力，那么虚拟仿真实验设置不同类型企业的财务报表，让学生进行分析和解读。通过实验，学生能运用所学的财务分析方法，对企业的财务状况和经营成果进行评估，从而达到教学目标的要求。在开发数字化教学资源时，还要考虑不同教学阶段和不同学生群体的特点。对于初学者，教学资源应注重基础知识的讲解和基本技能的训练；对于高年级学生，则可以增加资源的深度和广度，培养学生的综合应用能力和创新能力。

三、数字化教学资源的应用方法

数字化教学资源开发完成后，合理有效的应用是发挥其价值的关键。科学的应用方法能让这些资源深度融入教学过程，切实提高教学质量，满足会计学专业的教学需求。下面将从课堂教学引入、学生自主学习时资源的推送以及基于资源的教学活动设计等方面，探讨数字化教学资源在会计学教学中的具体应用方法，助力教学实践。

（一）课堂教学中资源的适时引入

在课堂教学场景下，适时引入数字化教学资源对提高会计学教学质量有着重要意义。它不仅能丰富教学内容，还能增强教学效果，促进学生对知识的理解与掌握。

教师需要依据教学内容和进度，精准把握数字化教学资源的引入时机。在开启新会计知识点的讲解时，一段简洁的微课视频通常能成为激发学生兴趣的有效工具。如在讲解“金融资产分类”这一复杂知识点时，微课通过动画、实例，迅速将关键内容呈现给学生，帮助他们搭建初步认知框架；在讲解财务报表分析课程时，展示真实企业的财务报表数据，并借助多媒体课件进行图表分析，能让抽象的分析方法和意义变得直观易懂，教师通过课件展示折线图、柱状图等，清晰呈现企业各项财务指标的变化趋势，学生能更深入理解偿债能力、盈利能力等分析要点。虚拟仿真实验资源的引入则为学生创造了实践机会。以审计课程为例，教师在课堂上运用虚拟仿真审计平台，模拟完整审计项目流程，学生参与其中，从制订审计计划、实施审计程序到获取审计证据，一步步深入了解审计工作实际操作。这种实践体验能加深学生对理论知识的理解，切实提升他们的实践能力。

在引入数字化教学资源的过程中，教师引导学生思考和讨论至关重要。播放完会计案例视频后，教师提出有针对性的问题，案例中会计分录编制是否准确、成本核算方法选择是否合理等，鼓励学生积极分析讨论。通过这样的互动，激发学生学习积极性，培养其分析和解决问题的能力，真正实现教学相长，让数字化教学资源在课堂中发挥最大价值。

（二）学生自主学习时资源的推送策略

信息技术的发展，使学生自主学习的需求日益增加。教师要根据学生的学习特点和需求，制定合理的资源推送策略，帮助学生更好地进行自主学习。在学生自主学习过程中，教师通过学习管理系统或在线教学平台，向学生推送相关的数字化教学资源。如对于正在学习财务会计课程的学生，教师推送一些与课程内容相关的微课视频、练习题、拓展阅读材料等。推送的资源要具有针对性。教师根据学生的学习进度和学习情况，推送适合学生的资源。对于学习进度较快的学生，推送一些难度较大的拓展性资源，如高级财务会计的案例分析、学术论文等，满足学生的求知欲；对于学习困难的学生，推送一些基础知识讲解的微课视频和有针对性的练习题，帮助学生巩固所学知识。教师利用人工智能技术，实现个性化的资源推送。通过分析学生的学习行为数据，学习时长、答题情况、浏览记录等，了解学生的学习偏好和薄弱环节，为学生推送个性化的学习资源。如果学生在会计分录编制方面存在困难，系统自动推送更多关于会计分录编制的微课视频和练习题。教师要鼓励学生积极利用数字化教学资源进行自主学习。设置一些与资源学习相关的任务和奖励机制，如要求学生观看微课视频后完成在线测试，对成绩优秀的学生给予一定的奖励，提高学生自主学习的积极性。

（三）基于资源的教学活动设计

基于数字化教学资源设计教学活动，能充分发挥资源的优势，提高教学质量。教师设计探究式教学活动，引导学生利用数字化教学资源进行自主探究和学习。在讲解成本核算方法时，教师提供一些虚拟仿真实验资源和相关的案例资料，让学生自主探究不同成本核算方法的适用场景和计算过程。学生通过操作虚拟仿真实验、分析案例数据，得出自己的结论，从而加深对知识的理解和掌握。

合作学习活动是基于数字化教学资源的有效教学方式。教师组织学生进行小组合作学习，利用数字化教学资源完成特定的学习任务。如在税务筹划课程中，教师让学生分组利用在线税务法规数据库和虚拟税务筹划平台，为某个企业制定税务筹划方案。小组成员通过分工协作，收集资料、分析数据、制定方案，并在课堂上进行展示和交流。这种合作学习活动不仅能提高学生的专业能力，还能培养学生的团队合作精神和沟通能力。教师设计项目式教学活动，让学生在完成项目的过程中综合运用数字化教学资源。如在会计学专业的实践教学中，教师布置一个企业财务综合分析项目，要求学生利用多媒体课件、微课、虚拟仿真实验资源以及在线数据库等，对某企业的财务状况进行全面分析，并撰写分析报告。通过这样的项目式教学活动，学生能将所学的会计学知识融会贯通，提高综合应用能力和创新能力。

数字化教学资源在会计学专业教学中具有重要的地位和作用。通过合理分类、精心开发和有效应用数字化教学资源，能为学生提供更加丰富、高效的学习体验，促进会计学专业教学质量的提高，培养出适应时代发展需求的高素质会计人才。

第三节 技术支持下的教学管理与评估

在教育领域持续革新的进程中，技术的深度融入正重塑着教学管理与评估模式。对于会计学专业教学而言，借助技术力量优化教学管理与评估体系，成为提高教学质量、推动教育发展的关键路径。下面将围绕技术支持的教学管理手段、教学评估技术应用以及技术支持下教学管理与评估的优化三个核心方面展开深入探讨。

一、技术支持的教学管理手段

（一）学生学习过程监控技术应用

在会计学专业教学体系中，学生学习过程监控技术的应用助力教师把握学生学习动态，优化教学过程，提高教学质量。学习管理系统是常用且高效的监控工具，为教师提供了全面且详细的学生学习轨迹记录。在会计学专业学习过程中，系统不仅会记录学生登录平台的具体时间，还会精确统计学生访问课程资源的次数，包括对基础会计理论讲解视频的观看频次、中级财务会计案例分析资料的查阅情况等。学生参与讨论交流的频率，以及完成各类会计学作业的时间和成绩等信息，都被完整地记录下来。教师通过深入分析这些数据，能清晰地了解每个学生的学习活跃度。当发现某学生连续多日未登录平台学习会计学课程时，教师可及时通过系统反馈或其他沟通渠道进行督促，为学生提供学习引导，帮助学生重新找回学习节奏，保持学习进度。

视频监控技术在特定的会计教学场景中发挥着独特的作用。以会计实践课程为例，在教室中安装摄像头后，教师能实时观察学生的操作过程。当学生进行会计电算化软件操作时，教师可以通过视频监控查看学生是否正确运用软件功能进行账务处理，是否准确录入会计凭证、能否熟练运用软件生成财务报表等。一旦发现学生出现错误操作，教师能及时进行纠正，确保学生在实践课程中掌握正确的实践技能，为未来从事会计工作奠定坚实的实践基础。

学习分析技术能深入地挖掘学生学习过程中的数据，为教学优化提供有力支持。它能精准分析学生在学习会计学知识点时的困难点。通过对学生在各类会计练习题、测试题中的答题情况进行深度分析，学习分析技术可以发现学生普遍在复杂财务报表分析、特殊业务会计处理等知识点上出错较多。基于这些数据反馈，教师便能及时调整教学策略，针对复杂财务报表分析，增加更多实际案例进行讲解，引导学生从不同角度解读报表数据；对于特殊业务会计处理，组织专项练习和小组讨论，加强对这些难点的讲解和辅导，从而提高学生对会计学知识的掌握程度。

（二）教学任务分配与进度管理工具

在会计学教学体系中，教学任务分配与进度管理是确保教学有序推进的重要环节，而借助专业工具能让这一过程更加高效。项目管理软件在教学任务分配中优势明显。对于会计学专业的课程设计项目，教师运用项目管理软件可以对任务进行细致拆解。以财务报表分析课程设计项目为例，将其拆解为资料收集、数据分析、报告撰写等多个子任务，并分别分配给不同学生小组。软件明确显示每个任务的负责人、起始与截止时间，这使教学任务分配清晰明了，有效避免因任务不明而产生的教学混乱，保障教学流程顺畅。课程管理系统在教学进度管理上发挥着关键效能。教师借助该系统制定会计学课程的教学大纲以及详尽的教学进度规划。如基础会计课程，教师会确定在第几周完成会计凭证编制内容的教学；对于中级财务会计课程，也会设定在特定时间段内完成长期股权投资章节的讲解。课程管理系统依据设定的进度计划，自动提醒教师和学生教学进度，有助于师生合理规划教学和学习活动，保证教学按既定节奏稳步前行。在线协作平台为教师与学生在教学任务上的沟通协作提供了便利。如在会计学实践教学场景中，教师在平台发布实践任务要求和指导文件，学生通过平台在线提交实践成果。师生之间还能利用平台实时交流，及时解决任务执行过程中出现的问题，为教学任务按进度推进提供有力保障，进而提高会计学教学实践环节的质量与效率。

（三）教师教学活动管理平台功能

教师教学活动管理平台在会计学教学管理中为提高教学管理效率发挥了关键作用。课程规划功能是该平台的一大核心优势。教师借助此平台，能为会计学课程制定全面且系统的整体规划。以财务会计课程为例，教师可在平台上明确教学目标，构建清晰的教学内容框架。在教学方法选择上，针对理论知识部分，可选择讲授法，系统地向学生传授知识；针对案例部分，则采用讨论法，引导学生深入思考和交流。通过这样的规划，让教学活动更具逻辑性和系统性，有助于学生更好地掌握知识。

教学资源管理是平台的一个重要功能。教师将会计学教学过程中所需的各类资源，包括精心制作的课件、贴合实际的案例以及有针对性的练习题等，统一上传至平台，并按照课程章节、教学类型等不同维度对这些资源进行分类整理。这种分类管理方式方便了教师在备课和授课过程中快速查找和调用所需资源，有效缩短了教学准备时间，提高了教学准备效率。

平台还为教师组织与安排教学活动提供了便利。教师可在平台上发布课程通知，及时将课程调整信息、作业提交要求等关键内容传达给学生。平台支持多样化的在线教学活动组织，开展线上会计案例讨论，让学生在交流中深化对知识的理解；组织线上答疑，及时解决学生在学习过程中遇到的问题。这些功能丰富了教学活动形式，打破了时间和空间的限制，增强了教学效果，促进了会计学教学质量的提高。[1]

---

[1]　李静.基于网络教学平台的高校会计教学改革探索 [J]. 中国管理信息化，2019, 22 (13):209-210.

二、教学评估技术应用

教学评估是教学过程中的关键环节，对于提高会计学教学质量意义重大。在技术快速发展的当下，各类先进技术在教学评估中的应用，正不断革新评估方式、提高评估精准度。下面将从在线考试与测评系统的使用、学习数据分析用于教学评估以及学生学习行为数据挖掘与评估这几个方面，详细探讨教学评估技术在会计学教学中的具体应用。

（一）在线考试与测评系统的使用

在会计学教学评估领域，在线考试与测评系统应用范围十分广泛。该系统的题型设置极为丰富，突破了传统考试题型的局限。除了常规的选择题、填空题，还涵盖了简答题、案例分析题以及计算分析题等。以财务会计课程考试为例，计算分析题要求学生依据给定的企业经济业务数据完成账务处理，并进行财务指标计算，这种题型能有效考查学生将财务会计知识运用于实际的能力，促使学生深入理解并灵活运用所学知识。自动评分功能是在线考试与测评系统的一大亮点。对于客观题，系统在学生提交答案的瞬间就能给出分数，提高了评分效率。针对主观题，教师可提前设定详细的评分标准，系统会按照标准自动评分。这不仅大幅减少了教师的评分工作量，还保证了评分的客观性和一致性，避免了人工评分可能出现的主观偏差。在线考试与测评系统的考试过程监控功能，有力地维护了考试的公正性。系统可设置考试时间限制，约束学生在规定时间内完成答题，避免拖延。通过对学生答题时间、答题页面切换次数等信息的监测，能有效判断学生是否存在异常行为。若学生答题时间过短，或页面切换过于频繁，系统便会发出预警，便于教师进一步核实，从而有效防止作弊行为，确保考试公平公正，让考试结果真实反映学生的学习水平。

（二）学习数据分析用于教学评估

在会计学教学体系中，学习数据分析深入剖析教学过程，为教学评估提供了丰富且多维度的视角，在提高教学质量方面发挥着不可替代的关键作用。分析学生的学习行为数据、学习时间分布、课程资源访问频率等，能有效评估其学习投入度。就拿会计学课程来说，若一名学生每周花在会计学课程上的学习时间远远低于平均水平，并且很少主动去访问与课程相关的拓展学习资源，如前沿会计研究论文、行业案例分析资料等，这就很明显地表明该学生在这门课程上的学习投入度不足。教师需要进一步深入了解原因，是学生对课程缺乏兴趣，还是学习方法不当，抑或是受到其他因素干扰。只有找准问题所在，才能采取有针对性的措施，激发学生兴趣、给予学习方法指导等，引导学生加强学习投入。

学习成绩数据分析是了解学生知识掌握程度的重要途径。教师通过对学生在会计学各章节测试、期末考试成绩进行细致分析，能精准定位学生知识掌握的薄弱点。以成本会计课程为例，分步法核算成本是一个重要且复杂的知识点，如果在考试中发现学生在这部分内容上失分较多，这就意味着学生对分步法的原理、计算步骤等方面理解不够深入。针对这种情况，教师应及时调整教学策略，加强该知识点的教学与辅导。可以增加案例讲解，通过实际企业案例让学生更直观地理解分步法在成本核算中的应用；组织专项练习，让学生在实践中熟练掌握分步法的计算流程。

跟踪学生在不同学期、不同课程阶段的学习成绩变化，是评估其学习成长情况的有效方式。当学生在会计学专业课程学习中成绩逐渐提高，这充分说明学生的学习方法和学习效果在不断改善，学习能力在逐步提升。而当成绩出现波动或下滑时，教师需及时与学生沟通交流。通过了解学生在学习过程中的困难、心理状态等，查找问题根源。如果是学习方法问题，教师可以帮助学生调整学习方法；如果是课程难度增加导致的问题，教师可以适当调整教学进度和方法。在这一过程中，教师依据成绩变化趋势，对成绩进步的学生提供更具挑战性的学习任务，参与会计科研项目、进行复杂案例分析等，进一步挖掘学生潜力；对成绩下滑的学生给予更多关注和指导，帮助他们尽快走出困境，实现教学质量的整体提高，推动学生在会计学专业知识学习的道路上持续进步。

（三）学生学习行为数据挖掘与评估

在会计学教学中，学生学习行为数据挖掘与评估是优化教学的重要途径。通过挖掘学生学习行为数据，能深入洞察学生的学习特点和需求，进而增强教学效果。关联规则挖掘在分析学生学习行为关联方面发挥着关键作用。研究发现，频繁参与会计案例讨论的学生，在会计实务课程考试中通常能取得较好成绩。这清晰地表明，积极投身于案例讨论，能有效促进学生实践应用能力的提升。教师可依据这一结论，积极引导更多学生参与讨论，激发学生的学习积极性，营造活跃的学习氛围，让学生在交流互动中深化对会计知识的理解和应用。聚类分析则从另一个维度为教学提供助力。它依据学习行为特征将学生分类，如主动学习型、被动学习型、中等学习型等。针对不同类型的学生，教师需制定差异化的教学策略。对于主动学习型学生，提供更具挑战性的学习任务和丰富的拓展资源，满足他们的求知欲，进一步挖掘其学习潜力；对于被动学习型学生，要加强督促和引导，帮助他们养成良好的学习习惯，逐步提升学习自主性。序列模式挖掘聚焦于学生学习行为的先后顺序。研究表明，学生先学习基础会计知识，再学习中级财务会计知识时，学习效果更为理想。教师可依据这一规律，对教学顺序进行科学优化，合理安排课程内容的讲授顺序，使教学过程更符合学生的认知规律，从而提高教学效率，助力学生更高效地掌握会计学知识体系。

三、技术支持下教学管理与评估的优化

在会计学教学领域，技术支持下的教学管理与评估优化可从多方面着力。管理与评估流程的信息化整合，能将各环节有机融合，实现数据共享与交互。技术应用效果的持续跟踪与改进，需收集反馈，优化工具并引入新技术。基于评估结果的教学决策优化，要求深入分析数据，调整教学内容、资源配置及课程设置，以提高教学质量。

（一）管理与评估流程的信息化整合

技术支持下的教学管理与评估流程的信息化整合，在会计学教学中对提高教学效率和质量意义非凡。建立一体化教学管理与评估平台是实现这一整合的核心举措。此平台将学生学习过程监控、教学任务分配与进度管理、教学评估等多个功能模块融为一体，打破各环节之间的数据壁垒，实现数据的高效共享与交互。以学生学习过程监控数据为例，这些数据在教学管理中发挥着关键作用。教师借助平台，能实时获取学生在各知识点学习上的表现数据。若发现学生在成本会计中对于“分步法核算”知识点的掌握程度欠佳，学习进度落后，教师可在平台上迅速作出反应。一方面，重新分配教学任务，为学生增加针对该知识点的专项练习资源，强化学生对知识的理解与运用；另一方面，合理调整教学进度，适当增加该知识点的教学时长，确保学生能跟上整体教学节奏。评估结果在平台上的及时反馈，也为教学优化提供了有力支撑。学生通过平台查看学习评估报告，能清晰了解自身学习状况，明确优势与不足，进而有针对性地调整学习策略。教师依据评估结果，深入分析学生学习情况，对教学策略进行精准调整。针对学生普遍掌握薄弱的环节，教师优化教学内容，丰富教学方法，采用案例教学、小组讨论等多种形式，增强学生的学习效果，从而构建起教学管理与评估相互促进的良性循环机制，推动会计学教学不断发展。[1]

（二）技术应用效果的持续跟踪与改进

在会计学课程教学的大背景下，技术应用效果的持续跟踪与改进具有不可忽视的重要性。教育机构和学校围绕会计学教学所使用的技术工具构建完善的跟踪机制，定期收集师生反馈意义重大。

[1] 刘婷.基于信息化平台的高校教学质量监控与评价体系构建研究 [J]. 中国教育信息化，2019(9):84-87.

在会计学教学中，教师会使用特定的学习管理系统来管理课程内容，上传会计案例资料、布置会计实务作业等。问卷调查显示，教师经常反馈这些学习管理系统针对会计学课程资源的分类缺乏行业针对性，查找特定的会计准则解读资料、经典会计案例时，花费时间长，影响备课效率。在线考试与测评系统用于考核学生会计学知识掌握程度，组卷时却存在选项设置复杂、难以灵活组合会计分录编制、财务报表分析等题型的问题，无法精准贴合会计学课程的考核需求。对于学生而言，他们在使用这些系统进行会计学学习和测试时，会觉得操作流程烦琐，尤其是在处理会计电算化模拟操作题时，系统功能无法很好地满足实际练习和复习需求。基于这些反馈，技术团队在优化改进时应着重关注会计学教学的特殊性。若教师反映学习管理系统操作界面影响教学效率，技术团队重新规划界面时，应将会计学课程相关功能，会计学课程大纲查看、会计实训资料分类管理等突出显示，减少操作层级，方便教师进行会计学课程管理、资源上传下载等操作。当学生反馈在线考试与测评系统答题界面不友好，技术团队在升级时，针对会计专业题型，调整答题区域布局，使其更符合会计业务处理的逻辑，在编制会计分录的答题区域优化输入格式，增强系统在会计学教学场景下的易用性。

科技发展，使人工智能技术在会计学教育领域的应用潜力巨大。学校和教育机构可将人工智能融入会计学教学管理与评估。利用智能辅导系统分析学生在会计学课程学习中的数据，分析学生在各类会计业务处理题目中的答题情况，依据学生对不同会计知识点的掌握程度、学习进度，为学生提供个性化学习建议。帮助学生找出在成本核算、税务会计等方面的知识薄弱环节，制订符合自身情况的学习计划，增强会计学学习效果，推动会计学教学管理与评估朝着智能化方向发展，更好地服务会计学课程教学活动。

（三）基于评估结果的教学决策优化

在教学实践中，评估结果为教学决策优化提供了关键支撑。深入剖析教学评估数据，能让教师精准定位教学过程中存在的问题，进而有的放矢地调整教学决策。以会计学教学为例，当学习数据分析表明学生在特定知识点的理解上存在障碍时，教师需采取切实措施。在复杂金融工具的会计处理这一知识点上，若学生理解困难，教师应适当增加教学时间，调整教学方法，摒弃传统单一的讲授模式，采用案例教学、可视化演示等更直观、易懂的方式。通过实际企业案例分析，引导学生逐步掌握复杂金融工具的账务处理流程；运用图表、动画展示其内在逻辑，加深学生对抽象概念的理解。

学校和教育机构应依据评估结果合理配置教学资源。若某会计学课程学生人数众多，但师资力量薄弱、教学设备不足，就需加大资源投入力度。调配经验丰富、专业能力强的教师充实师资队伍，为学生提供更优质的教学指导；增添先进的会计模拟软件、多媒体教学设备等，改善教学硬件条件，满足学生多样化的学习需求。

评估结果也是优化教学计划和课程设置的重要依据。若评估发现会计学课程内容存在重复或脱节现象，学校应及时调整课程体系。对重复内容进行整合精简，避免学生重复学习，减轻学习负担；针对脱节部分，重新规划课程顺序，补充衔接性内容，确保知识的系统性和连贯性。如将成本会计中相关成本核算方法的内容进行合理整合，优化财务会计与管理会计课程的衔接，使学生构建起完整的会计学知识体系，培养出更契合市场需求的专业人才，提升学生在就业市场的竞争力。

第九章

混合教学模式的实施效果评价

在教育教学变革中，混合教学模式在会计学课程教学中应用广泛。其实施效果关乎教学质量，是教育者和学习者关注的重点。深入评价该模式的效果，能反馈教学实践，为后续教学改进和发展提供依据。下面将从多维度展开全面评价。

第一节　教学效果评价的指标体系构建

在混合教学模式广泛应用于会计学课程教学的背景下，构建一套科学、全面且具有针对性的教学效果评价指标体系，对于准确衡量教学成效、发现教学过程中存在的问题以及推动教学质量提高具有重要意义。本节将从知识掌握、技能提升、学习过程、态度与情感四个维度详细阐述教学效果评价的指标体系构建。

一、知识掌握维度指标

（一）理论知识考核成绩指标

理论知识考核成绩是衡量学生会计学知识掌握程度的基础指标。会计学理论知识丰富多样，涉及财务会计、管理会计、财务管理等多个领域。在财务会计中，会计要素确认与计量、会计凭证编制及账簿登记规则是重要内容，管理会计包含成本性态分析、成本量利分析原理，财务管理则有资金时间价值计算、财务报表分析方法等知识要点。对学生会计学理论知识的考核，要借助定期考试、测验实现量化。考核内容既要有对基本概念和原则的考查，如会计基本假设、会计科目的含义等基础知识，用以检验学生的记忆与理解能力，也要让学生根据给定的企业经济业务数据编制财务报表并进行财务比率分析，以此考核学生对复杂理论的应用能力和综合运用知识的水平。考核还需关注学生对知识深度与广度的把握。学生不仅要广泛涉猎会计学知识，更要对关键知识点深入理解，能在具体业务场景中准确运用。考核内容和题型要契合会计职业资格考试标准，让学生在日常学习考核中，接触与职业考试相近的内容，提前适应考试要求。综合多维度的考核方式，能全面评估学生的会计学理论知识水平，推动学生深入理解知识，提升实际应用能力。这也为判断教学在知识传授方面是否达到预期目标提供了关键依据，有助于及时调整教学策略，提高教学质量。[1]

（二）知识点理解与应用能力指标

理解是应用的基础，在会计学学习里，学生对知识点的理解深度直接影响其运用知识解决实际问题的能力。如“存货计价方法”是评估学生应用能力的关键指标。存货计价方法的选择对企业意义重大，既关系企业会计利润，又和税务负担紧密相关。在不同经济环境下，不同计价方法对企业经济发展和税务筹划作用各异，如价格上涨或下跌时，加权平均法给企业税务负担带来的影响不同。学生需全面掌握每种存货计价方法的原理、适用场景和优缺点，从而在不同情境下作出合理判断与应用。在实际应用中，选择先进先出法、后进先出法或加权平均法，要综合考量存货性质、成本以及市场价格变动等因素。学生要运用所学分析企业存货计价方法，解释选择原因以及该方法对企业财务报表和经营成果的影响。若企业存货以原材料和产品为主，且依据存货成本和可变现净值计量，学生就要分析这些因素对计价方法选择的影响。在教学时，教师在课堂教学和课后作业中设置结合实际案例的问题，给出不同企业在不同经营环境下的存货收发数据，让学生分析并选择合适的存货计价方法，阐述选择理由以及对企业的影响。通过分析学生对这类问题的回答，可有效评估他们对“存货计价方法”知识点的理解深度和应用能力水平。这种分析能力训练能提升学生的分析、综合能力，帮助他们更好地理解和掌握会计学核心知识与技能。[2]

（三）知识拓展与迁移能力指标

在会计学领域，知识体系庞大且持续发展。学生具备知识拓展与迁移能力，对其未来学习和职业发展意义重大。这一能力体现在学生于掌握课堂知识后，主动拓宽知识面，并将所学知识灵活运用于新情境。教师在教学时，通过布置开放性研究课题、小组项目等方式，培养和考查学生此能力。就拿“新经济形势下企业财务风险管理策略”课题来说，学生需要自主收集资料，广泛查阅学术文献、行业报告，

---

[1] 孙金梅 . 中职会计专业课堂教学思考 [J]. 文理导航 (中旬), 2019 (7):96.

[2] 董令令 . 高职院校会计学课程混合式教学模式应用研究 [J]. 天中学刊 , 2023, 38(5):154-156.

深入探究新经济形势下企业面临的财务风险类型和特点。这一资料收集的过程，正是学生主动拓宽知识边界的过程。学生要运用课堂所学的财务管理知识，针对所研究企业的财务风险状况提出可行的风险管理策略。这需要学生突破常规思维，把课堂知识迁移到新经济形势之复杂情境中，实现知识的深度融合与应用能力的提升。在项目实施过程中，教师从多个维度评估学生表现。关注学生资料收集得是否全面，考查学生对知识的整合运用能力，考量学生提出策略的创新性和可行性，综合评判项目最终成果质量。通过这些方面的评估，精准判断学生知识拓展与迁移能力的强弱，为后续教学改进提供有力参考，推动学生在会计学领域不断进步。

二、技能提升维度指标

在会计学教学里，技能提升是学生培养的关键目标之一。技能提升维度指标对全面评估教学效果、衡量学生未来职业发展能力意义重大，它关乎学生专业知识的实践运用和实际工作表现。下面将深入剖析会计实务操作技能考核、软件工具应用熟练度、问题解决与决策技能这几个指标的内涵与重要性。

（一）会计实务操作技能考核指标

会计实务操作技能在会计学专业教育体系中，是学生未来从事会计相关工作必须掌握的关键能力。为切实提升学生这方面的技能，并对其进行精准考核，在教学实践中，专门设置会计实训课程成为重要举措。这一课程以模拟企业真实会计业务处理流程为手段，对学生的实务操作技能展开全面考查。

实训涵盖会计工作的多个关键环节，从原始凭证的填制与审核起始。原始凭证是会计核算的基础依据，其填制的准确性和审核的严谨性至关重要。学生需依据实际经济业务，规范填写凭证内容，包括日期、摘要、金额等信息，并严格按照审核标准，对凭证的真实性、合法性进行审查。随后是记账凭证的编制，这要求学生依据审核无误的原始凭证，准确运用会计准则和企业会计制度，正确选择会计科目，明确借贷方向，确定金额，确保每一笔经济业务都能在记账凭证中得到恰当反映。账簿登记环节，学生必须遵循平行登记原则，将记账凭证中的信息准确无误地登记到各类账簿中，如总账、明细账等，保证账证相符、账账相符，以此构建完整且准确的会计信息记录体系。

财务报表编制则是实训的重要成果体现。教师提供企业一段时期（如一个月）的经济业务资料，学生需按照会计核算程序，综合运用前期积累的数据，编制出资产负债表、利润表和现金流量表。这些报表直观反映企业的财务状况、经营成果和现金流量，编制过程对学生的综合能力要求极高。在考核时，对学生操作结果的准确性固然要重点关注，但操作流程的规范性和熟练程度同样不可忽视。通过制定详细的量化评分标准，从各个操作环节对学生进行细致评估，能全面、客观地衡量学生的会计实务操作技能水平，为教学成果评估和学生未来职业发展提供有力依据。

（二）软件工具应用熟练度指标

在信息技术广泛应用于会计领域的当下，掌握相关软件工具使用技能，对会计学专业学生至关重要。用友、金蝶等财务软件以及Excel在会计数据分析中的应用，都是学生需要熟练掌握的内容。在教学中设置软件操作课程与实践项目，能让学生在实际操作中熟悉软件功能与使用方法。考核学生软件工具应用熟练度涵盖多个方面。在基本功能操作上，学生要能熟练运用财务软件进行账务处理、固定资产管理、薪资核算等常见模块操作，这是实际会计工作的基础技能。在数据处理与分析能力方面，学生需借助Excel对会计数据进行整理、分析和可视化展示，如制作财务比率分析图表、成本分析报表，以此反映对会计数据的处理和运用水平。软件综合应用能力同样关键，学生要运用软件完成从数据录入、审核，到记账、结账，再到报表生成的完整业务处理流程，这既考验操作技能，也锻炼思维和业务理解能力。通过设置具体操作任务和项目，依据学生完成任务的质量、速度以及对软件功能的运用程度，可客观、全面地评估学生软件工具应用熟练度，为指导学生学习提供有力支持。[1]

（三）问题解决与决策技能指标

在会计工作领域，复杂问题与决策情境层出不穷，培养会计学专业学生的问题解决和决策技能是教学重点。案例教学和模拟决策等教学方式，为学生提供了实践平台。以企业陷入财务困境的情况来讲，假设企业面临资金短缺、成本高企、盈利能力下滑等难题，学生需要充分运用所学会计学知识，紧密围绕企业实际情况进行深度分析和思考。问题分析能力是独立解决问题的基石，学生要精准把握案例中的问题，找出资金链断裂、成本构成等关键因素，探究问题产生的根源，并评估其对企业运营和市场竞争力的影响范围与深远后果。

解决方案设计能力很关键，学生要提出创新且实用的方案。对于资金短缺，可从拓展融资渠道、优化资金周转方案等方面思考；针对成本过高问题，可考虑优化生产流程、调整采购策略。随后，要全面比较各方案的优劣，选出最佳方案。

决策能力不容忽视，学生需基于案例分析和解决方案设计作出有效决策。这涵盖评估决策的风险与收益，分析某种融资方式对企业财务成本的影响；制订执行计划，明确各阶段任务和时间节点；预测决策实施后对企业短期和长期发展的结果。风险评估与应对能力在决策过程中也至关重要，学生要准确识别市场波动、政策变

---

[1] 焦烜.试论如何加强会计电算化仿真教学[J].财会学习，2016 (1):254-255.

化等潜在风险，评估风险发生的可能性和影响程度，提出有效的预防和控制策略。专业知识运用能力贯穿整个过程，学生要灵活运用会计原则和规定，准确分析、解读会计信息，正确记录和报告财务数据。在小组讨论和案例分析时，学生还需具备良好的沟通与协作能力，清晰表达观点，与他人有效合作，尊重不同意见。

在考核时，着重关注学生在案例分析和决策过程中，分析问题的逻辑性和全面性、解决方案的可行性和有效性以及决策过程中的风险评估和应对措施，以此综合衡量学生问题解决与决策技能的发展水平。[1]

三、学习过程维度指标

在会计学教学效果的评估体系中，学习过程维度指标是不可或缺的部分。它能从多方面反映学生的学习状态和投入程度，对于全面衡量教学成效意义重大。下面将从线上学习参与度、线下课堂互动活跃度、作业完成质量与及时性这三个关键指标，来深入剖析学习过程维度指标的内涵与价值。

（一）线上学习参与度指标

在会计学课程教学新模式下，线上学习成为关键环节，线上学习参与度指标对评估学生学习情况意义重大。借助学习管理系统，能获取多维度学生线上学习数据。课程视频观看时长直观反映学生对线上课程内容的关注程度，观看时间长表明学生重视课程、积极求知；观看时间短则需教师引导。学习资料下载次数体现学生对知识拓展的需求，频繁下载意味着主动探索学习内容。在线讨论区参与频率也很重要，学生发表观点和回复他人的次数，彰显其互动积极性与思维活跃度，有助于培养思辨性思维和交流能力。作业提交情况从及时性和完成质量两方面，反映学生对线上学习任务的重视程度和学习效果。综合分析这些数据，可全面评估学生线上学习参与度，清晰掌握其自主学习表现与投入程度。

（二）线下课堂互动活跃度指标

线下课堂是师生面对面交流互动的重要场所，其互动活跃度直接影响会计学课程教学效果。线下课堂互动活跃度指标主要依据学生课堂表现衡量。主动提问的学生展现积极思考、探索知识的态度；回答问题的表现能体现对知识的掌握程度和应变能力。参与小组讨论不仅促进知识理解，还培养团队协作精神。课堂展示则综合体现学生的表达能力、知识运用能力等。教师在教学过程中，通过设置启发性问

[1] 王蓓蕾，周夙韬.浅谈案例教学法在《财经法规与会计职业道德》教学中的应用[J].商，2014(23):140-141.

题、组织小组讨论等方式激发学生学习兴趣和主动性。如在讲解财务报表分析课程时，教师提出企业财务状况和经营成果相关问题引导学生讨论，观察学生参与热情、发言质量和协作能力，就能准确评价其线下课堂互动活跃度。积极参与课堂互动的学生，通常能更好地理解和掌握知识，有效提升沟通与团队协作能力。

（三）作业完成质量与及时性指标

作业是会计学课程教学过程的重要环节，对学生巩固知识、提高应用能力至关重要。作业完成质量与及时性指标从两个核心方面考核。作业完成质量涵盖答案准确性、解题思路清晰性以及对知识点的运用和拓展等。答案准确和清晰的解题思路表明学生对知识掌握较好，对知识点的运用和拓展体现其创新思维与综合能力。作业提交的及时性反映学生的学习态度和时间管理能力。教师布置作业时应明确要求和评分标准，确保作业内容与教学目标紧密结合。批改作业时详细记录学生答题情况，分析总结问题。对完成质量高的学生给予肯定鼓励，对作业质量差或未按时提交的学生，及时沟通了解原因并给予指导帮助。通过综合评价作业完成质量和及时性，可全面了解学生对知识的掌握程度和学习态度，为教学改进提供有力依据。

四、态度与情感维度指标

在会计学课程教学效果的评价体系中，态度与情感维度指标有着不可忽视的作用。它从多个独特视角，反映出学生内心对学习的态度、情感倾向，这不仅影响当下的学习进程，更关联着学生未来在会计学领域的发展。下面将从学习兴趣与积极性、学习态度与自主学习意识、对混合教学模式的满意度这几个关键指标，深入探究态度与情感维度指标的内涵与价值。

（一）学习兴趣与积极性指标

学习兴趣是学生学习的内在驱动力，影响学习效果；积极的学习态度有助于提高学习成效。学习兴趣与积极性指标用于衡量学生在会计学课程学习中的主观能动性，从学生学习过程中的行为表现、参与意愿和对学习内容的关注度等方面考量。在课堂教学中，教师通过观察学生表现评估其学习兴趣。观察学生眼神是否跟随教师讲解，以此判断其对教学内容的关注程度；关注学生表情，可成为判断其对所学内容是否感兴趣的参考。学生参与课堂讨论、回答教师提问的积极性，也体现其对知识的追求和学习投入程度。除课堂观察外，问卷调查和学生访谈是获取学生学习兴趣与积极性信息的有效方式。通过设计问卷和访谈内容，收集学生对会计学课程兴趣相关信息，包括兴趣程度、激发兴趣的因素、兴趣变化情况等。对收集的数据进行系统分析，能了解学生学习兴趣与积极性的实际状况。基于分析结果，教师针对学生兴趣特点和需求，调整教学方法和内容。若发现学生对某章节内容兴趣低，教师可优化教学手段，采用案例分析、小组合作学习等方式，增强课程吸引力，激发学生学习兴趣，增强学习效果。

（二）学习态度与自主学习意识指标

在应用转型驱动下的会计学课程教学重构进程中，学习态度与自主学习意识对于学生在混合教学模式下的能力培养至关重要，是构建一体化教学体系的关键环节。学习态度与自主学习意识指标旨在深入考查学生对待学习的认真程度、自我管理能力以及主动学习的意愿和实际行动。这一指标在会计学课程教学中意义非凡，紧密关联着教学目标的达成与学生综合素养的提升。

在评估学生学习态度时，日常学习表现是重要依据。按时上课在会计学课程学习中极为关键，由于会计学知识具有连贯性，按时上课能让学生完整地获取系统知识，为后续学习筑牢基础。在课堂上，认真听讲能使学生紧跟教师的教学思路，理解复杂的会计概念、原则和方法，如会计分录的编制规则、财务报表的钩稽关系等。做好笔记不仅有助于梳理会计学知识的逻辑框架，将各类会计业务处理流程以笔记形式呈现，还方便学生课后复习，强化对重点内容的记忆。课后主动复习和预习也是良好学习态度的体现，复习能巩固课堂所学的会计学知识，加深对会计原理的理解；预习提前让学生熟悉新的会计学课程内容，提前了解成本核算方法的基本概念，在课堂学习时更具针对性，提高学习效率。关注学生自主学习行为对衡量该指标不可或缺。在会计学领域，主动查阅相关资料、拓宽知识面，体现了学生对专业知识的积极探索。学生主动查阅会计准则的最新变化、行业财务分析报告等资料，有助于深入理解会计学在实际中的应用；能制订系统学习计划并自觉执行，反映出学生具备良好的自我管理能力。以会计学课程学习为例，学生根据课程进度和自身实际情况，制订包含学习时间安排、学习目标设定等内容的计划，合理分配学习财务会计、管理会计等不同板块知识的时间，有助于系统地掌握会计学知识体系。

对学生学习态度和自主学习意识进行客观评价，能让教师精准把握学生的学习状态。教师可针对学生在会计学学习中的具体问题，对财务比率分析理解不透彻等，给予个性化指导，引导学生树立正确的学习观念。通过持续引导，逐步培养学生的自主学习能力，使学生在未来的学习和工作中，能主动适应会计学知识不断更新的社会环境，在会计领域持续发展，实现教学与实践的有效衔接，推动应用转型背景下会计学课程教学目标的实现。

（三）对混合教学模式的满意度指标

在会计学课程的混合教学模式中，学生对该模式的满意度是衡量教学实施效果与学生学习体验的关键因素。为获取这方面的信息，教育者通常会采用问卷调查、组织学生座谈会等方式，广泛收集学生对混合教学模式的反馈，从而了解他们对线上教学资源、线下教学活动以及教学组织与管理等方面的满意程度。

在设计问卷调查时，所设置的问题与混合教学的各个方面紧密相关。在线上教学资源方面，重点关注课程视频的质量和内容，这关系到学生能否通过线上学习有效获取知识；线下教学活动聚焦于线下课堂教学和线上学习的融合合理性，因为两者的有机结合有助于增强学习效果。对于教师在混合教学模式下的教学方法与指导，也是调查的重要内容，教师的教学方式直接影响学生的学习效率和质量。问卷收集完成后，对学生的反馈意见进行系统整理和深入分析。从学生的反馈中，能总结出混合教学模式的诸多优势。线上教学资源的灵活性和可重复性，使学生根据自身学习进度和时间安排随时回顾学习内容，满足不同学生的学习需求。在分析过程中也会发现一些不足。线上线下教学的衔接有时不够顺畅，导致学生在学习过程中出现知识理解的断层；教学组织流程也存在烦琐的地方，影响学生的学习体验和教学效率。

通过对学生反馈的深入研究，能为优化混合教学模式提供极具价值的参考。依据分析结果，教育者调整教学策略，根据学生的学习特点和需求制订更合适的教学计划；完善教学资源，提高线上课程视频质量，丰富教学内容；改进教学组织管理方式，简化烦琐流程，提高教学效率。这些举措旨在提升学生的学习满意度，增强会计学课程的教学效果，促进混合教学模式在会计学教学中的更好应用。

第二节　学生能力提升的实证分析

在应用转型驱动下的会计学课程教学重构中，对学生能力提升进行实证分析是评估混合教学模式有效性的关键环节。通过严谨的样本选取、数据收集以及深入的分析，能清晰地了解学生在混合教学模式下的能力变化情况，挖掘影响能力提升的因素，为进一步优化教学提供科学依据。

一、样本选取与数据收集

（一）选取参与混合教学的学生样本

在探究应用转型驱动下会计学课程混合教学模式对学生能力提升的研究时，样本选取的科学性对研究结果的有效性与代表性至关重要。确定参与混合教学的学生样本时，采用随机抽样与分层抽样相结合的方法。研究对象为开展会计学课程混合教学的院校学生，如选取综合性大学、财经类院校以及应用型本科院校的学生为样本。综合性大学学科门类丰富，会计学教学常融合多学科知识；财经类院校在会计学专业教学方面有深厚专业积淀和特色课程体系；应用型本科院校侧重培养学生实践应用能力，会计学教学与实际工作联系紧密。纳入不同院校的学生，能全面反映混合教学在不同教学环境下的效果。在选定的每所院校内，依据专业和年级进一步分层。会计学专业包含多个专业方向，财务会计专注财务信息记录与报告，管理会计为企业内部管理提供决策支持，审计专业聚焦企业财务活动监督审查。各专业方向课程设置和培养目标不同，学生对混合教学的适应情况和反馈存在差异。不同年级学生的知识储备、学习能力以及对新教学模式的接受程度有别。低年级学生的基础知识相对薄弱，但对新事物接受度高；高年级学生的知识积累较多，有一定自主学习能力，或许习惯传统教学方式。鉴于这些差异，从每个专业方向和年级中随机抽取一定数量学生组成研究样本。这样的样本构成保障了多样性，使不同教学环境、专业方向和年级因素在研究中得以体现，有效控制变量，减少因样本单一而产生的误差。

（二）确定数据收集的方法与渠道

为全面获取与学生能力提升相关的数据，采用多种数据收集方法和渠道。问卷调查是主要的数据收集方式之一。设计包含多个维度的问卷，内容涉及学生的基本信息、学习情况、对混合教学的感受以及各项能力自评等。在学习情况方面，询问学生在会计学课程学习过程中的出勤情况、作业完成情况、参与线上线下讨论的频率等；询问对于混合教学的感受，了解学生对线上教学资源、线下教学活动、教学组织与管理的满意度；能力自评部分，依据前文构建的教学效果评价指标体系，让学生对自己在知识掌握、技能提升、学习过程以及态度与情感等维度的能力进行自我评价。问卷通过线上问卷平台发放，确保问卷发放的广泛性和回收的便捷性。除问卷调查外，还收集学生的学业成绩数据。如从学校教务管理系统中获取学生在实施混合教学前后的会计学课程考试成绩，包括平时成绩和期末考试成绩。这些成绩是学生知识掌握程度的客观量化指标，能直观地反映学生在课程学习中的成果，以此进行教师评价。教师是教学过程的主导者，对学生的能力提升有着直观的观察和深入的了解。通过制定教师评价量表，让教师对学生在课堂表现、实践操作能力、问题解决能力等方面进行评价。教师评价从专业角度补充了学生能力的相关信息，使研究数据更加全面。

（三）数据收集的时间节点安排

数据收集时间节点的精准规划，对剖析学生能力提升状况意义非凡。数据收集涵盖实施混合教学前、教学进行一段时间后以及教学结束后的不同阶段，各阶段数据相互配合，共同为教学研究提供关键支撑。

在混合教学实施前，开展预调查收集初始数据。学生所在院校类型、专业方向和年级等基本信息，可辅助分析不同教学环境与背景下学生的差异。之前的学业成绩反映学生的知识基础，会计学课程方面的基础水平影响其后续学习进程。学生对课程内容的熟悉程度、期望学到的知识技能等对会计学课程的初步认知，应被纳入收集范围。这些初始数据是后续对比分析的基石，能准确衡量学生在混合教学过程中的能力变化。混合教学实施一段时间后，进行中期数据收集。此阶段聚焦学生在教学过程中的学习过程和态度变化。采用问卷调查方式，收集学生线上课程视频观看时长、线下课堂互动频率等线上线下学习参与度的数据，以此体现学生的学习投入程度。关注学生学习兴趣和积极性的变化，判断教学模式是否激发学生主动学习。中期数据能及时呈现混合教学的阶段性效果，教师依据这些数据可灵活调整教学策略，确保教学与学生学习需求紧密契合，助力实现能力培养目标。

混合教学结束后，进行最终数据收集。全面收集学生的平时成绩和期末考试成绩，以此全面反映学生知识掌握程度。收集学生的能力自评数据，让学生从自身角度评估知识、技能的提升。收集教师对学生课堂表现、实践操作、问题解决能力等方面的评价数据。整合这些数据，能综合评估学生在整个混合教学周期内的能力提升情况。通过对比不同时间节点的数据，可清晰呈现学生能力提升的过程和结果，为进一步优化会计学课程混合教学模式、推动教学重构、增强能力培养效果提供有力依据。

二、能力提升的对比分析

在探究会计学课程混合教学模式的成效时，对学生能力提升进行对比分析是关键环节。这一分析旨在精准把握混合教学实施前后学生能力的变化，以及不同背景学生在能力提升上的差异。通过对比，能清晰呈现教学模式对学生能力发展的影响，为后续优化教学、提高教学质量提供重要依据。

（一）对比实施混合教学前后学生能力水平

将实施混合教学前后收集的数据进行对比分析，以评估混合教学对学生能力提升的总体效果。在知识掌握方面，通过对比学生的学业成绩可以发现，混合教学实施后，学生的平均成绩有所提高。具体来看，平时成绩中的作业成绩和课堂表现成绩都有不同程度的上升，反映出学生在日常学习中对知识的掌握更加扎实。期末考试成绩的提升则表明学生在系统知识的理解和运用上取得了进步。进一步分析成绩分布发现，成绩优秀和良好的学生比例增加，不及格学生比例减少，说明混合教学有助于提高学生整体的知识水平。

技能提升维度。根据教师评价和学生自评结果，学生在会计实务操作技能、软件工具应用熟练度以及问题解决与决策技能方面均有明显提升。在会计实务操作方面，学生在模拟企业会计业务处理的实践中，操作的准确性和效率都有所提高；在软件工具应用上，学生能更加熟练地运用财务软件和Excel进行数据处理和分析；在问题解决与决策技能方面，学生在案例分析和模拟决策任务中，分析问题更加全面深入，提出的解决方案更具可行性，决策过程也更加合理。

学习过程维度。从问卷调查数据可知，学生的线上学习参与度显著提高。课程视频观看时长增加，学习资料下载次数增多，在线讨论区的参与频率也大幅上升，表明学生更加积极主动地参与线上学习。线下课堂互动活跃度同样有所提升，学生主动提问、回答问题的次数增多，小组讨论更加热烈，课堂展示的质量也有所提高。作业完成质量与及时性也有明显改善，学生的答案准确性提高，解题思路更加清晰，按时提交作业的比例增加。

态度与情感维度。学生的学习兴趣与积极性增强，更多学生表示对会计学课程感兴趣，学习的主动性和自觉性提高。学习态度与自主学习意识也得到培养，学生能主动制订学习计划并自觉执行，主动查阅相关资料拓宽知识面。学生对混合教学模式的满意度较高，认可线上线下教学相结合的方式，认为这种教学模式有助于提高学习效率。

（二）不同专业背景学生能力提升差异分析

由于会计学专业包含多个专业方向，不同专业背景的学生在能力提升方面存在差异。对样本中不同专业方向的学生数据进行分类分析，探讨专业背景对学生能力提升的影响。

财务会计方向的学生在知识掌握方面，对财务报表编制、会计核算等核心知识的理解和运用能力提升较为显著。这是因为混合教学中的线上资源提供了丰富的财务案例和实操演示，线下课堂则有针对性地进行财务知识的深入讲解和案例分析，与财务会计专业的核心知识紧密结合，有助于学生更好地掌握专业知识。在技能提升方面，财务会计方向学生的会计实务操作技能提升明显，在编制记账凭证、登记账簿等操作上更加熟练准确，管理会计方向的学生则在问题解决与决策技能方面提升突出。在混合教学中的案例教学和模拟决策活动，为管理会计方向的学生提供了大量运用管理会计工具和方法进行分析决策的机会。学生能运用成本性态分析、成本量利分析等方法，对企业的经营管理问题提出有效的解决方案，决策能力也得到锻炼。在学习过程中，管理会计方向的学生更注重对知识的整合和运用，线上学习资源方便他们获取不同企业的管理会计实践案例，线下课堂的讨论和交流则促进了知识的内化和应用。

审计专业方向的学生在专业知识运用能力和风险评估与应对能力方面有较大提升。混合教学中的实践项目和案例分析，使审计专业学生能将审计准则和方法应用到实际案例中，增强了对审计知识的理解和运用能力。在学习过程中，学生通过对企业财务数据的分析和风险识别，提高了风险评估与应对能力。在态度与情感方面，审计专业学生对混合教学模式的满意度较高，认为这种教学模式有助于培养他们严谨的专业态度和独立思考能力。

（三）不同学习层次的学生能力提升效果对比

根据学生的入学成绩、前期学业表现等因素，将样本学生划分为不同的学习层次，对比不同学习层次的学生在混合教学中的能力提升效果。

对于学习成绩优秀的学生，混合教学为他们提供了更广阔的学习空间和资源。在知识掌握上，他们能利用线上丰富的学术资源深入学习会计学前沿知识，线下课堂则成为他们与教师和同学交流探讨的平台，进一步拓宽思维。在技能提升方面，优秀学生在软件工具应用熟练度和问题解决与决策技能上提升显著。他们能快速掌握新的软件工具，运用所学知识解决复杂的实际问题，决策过程更加科学合理。在学习过程中，优秀学生的自主学习能力得到充分发挥，线上学习参与度高，能主动探索学习内容，线下课堂也积极参与互动，带动了课堂氛围。

中等学习层次的学生在混合教学中取得了明显的进步。在知识掌握上，通过线上课程的反复学习和线下教师的针对性辅导，他们对基础知识的理解更加深入，知识体系更加完善。在技能方面，会计实务操作技能和问题解决能力有所提升，能较好地完成基础的会计业务处理和一般性问题的分析解决。在学习过程中，中等学习层次学生的学习态度和自主学习意识得到培养，逐渐学会制订合理的学习计划，主动参与线上线下学习活动，学习积极性提高。

学习成绩相对较差的学生在混合教学中受益良多。线上教学资源的灵活性使他们根据自己的学习进度进行学习，弥补知识漏洞。线下教师的关注和指导，帮助他们更好地理解和掌握知识。在技能提升方面，虽然进步幅度相对较小，但在会计实务操作的规范性和基本技能的掌握上有一定改善。在学习态度上，部分学生的学习兴趣有所提高，开始主动参与学习活动，学习过程中的消极态度有所转变。

三、影响能力提升的因素分析

在明确学生能力有显著提升后，深入剖析影响能力提升的因素至关重要。这不仅能揭示混合教学模式中促进与制约学生发展的关键要素，还能为后续教学优化提供精准方向。下面将从教学方法、学生个体差异、教学资源利用这几个关键维度，探究影响会计学课程学生能力提升的各类因素。

（一）教学方法对能力提升的影响因素分析

在混合教学模式下多种教学方法并用，不同程度地影响着学生能力的提升。案例教学法在会计学课程里应用广泛。引入实际企业案例，能让学生把理论知识与实际应用相融合，提高知识掌握水平。在分析案例时，学生运用会计知识剖析企业财务状况和经营成果并提出解决方案，锻炼了问题解决与决策技能，也激发了学习兴趣和积极性，促使学生更主动参与学习。案例质量和教师引导能力会左右案例教学法的效果。陈旧或脱离实际的案例难以让学生产生共鸣，教师引导不到位，会使学生分析方向出错，无法深入理解案例蕴含的知识。项目式学习法是混合教学的重要组成部分。学生完成具体项目任务，如企业财务报表分析项目、会计信息系统设计项目等，在这个过程中综合运用知识和技能，提升实践操作与团队协作能力。在项目实施时，学生要自主查阅资料、制订计划并分工协作，培养自主学习意识和沟通协作能力。项目式学习法对教学资源和时间要求高，项目设计不合理，会让学生任务过重或无法实现预期学习目标。线上线下互动教学法推动学生提高学习参与度，促进知识吸收。线上学习平台资源丰富，学生可随时学习，还能在线上讨论区与师生交流。线下课堂为学生创造面对面交流和实践操作的机会，教师能及时给予指导反馈。这种教学法增强学生学习兴趣和积极性，提高学习效率。线上线下教学衔接不合理，会打乱学生学习节奏，影响学习成效。

（二）学生个体差异对能力提升的影响因素

学生个体差异在影响会计学课程混合教学模式下的能力提升方面占据重要地位。不同学生在学习能力、学习风格以及学习动机等方面存在区别，这些差异使得学生对混合教学模式的适应程度不同，进而导致能力提升效果有所差异。

在会计学学习中，学习能力强的学生能迅速适应混合教学模式，充分利用线上线下教学资源提升自身能力。会计学知识体系庞大且复杂，涉及财务会计、管理会计、审计等多个领域，学习能力强的学生在理解和掌握这些知识时更具优势。在学习财务会计的复杂会计分录编制、管理会计的成本性态分析等内容时，他们可快速将新知识融入已有的知识体系。在技能学习上，面对会计电算化软件操作、财务报表分析等技能，这类学生掌握速度更快，并且善于运用所学技能解决实际会计问题，通过财务比率分析判断企业财务状况，为企业决策提供依据。与之相反，学习能力较弱的学生适应混合教学模式时会面临一定的困难。线上学习要求学生具备一定的自主学习能力，学习能力弱的学生在面对海量的会计学线上学习资源时，如线上课程、电子资料等，无法合理管理学习时间和筛选学习内容，致使学习效果欠佳。在线下课堂中，会计学课程的快节奏教学，在讲解复杂的税务会计知识时，他们也较难跟上教师教学节奏，对知识的理解和掌握存在困难。

学习风格影响学生在会计学课程中的能力提升。视觉型学习风格的学生通过观看视频、图片等方式学习效果更佳，混合教学中的线上课程视频和课件，讲解会计凭证填制流程的动画视频、财务报表结构的图表等，对其帮助较大；听觉型学习风格的学生更适宜通过听讲来学习，在线下课堂中教师对会计学概念、原理的讲解和同学间的讨论，对他们理解借贷记账法、会计核算原则等内容更为有效；动觉型学习风格的学生偏好通过实际操作学习、项目式学习和实践教学环节，模拟企业会计业务处理、参与会计师事务所实习项目等，更有助于他们提升会计实务操作能力。教学方法与学生学习风格不匹配，会对学生学习会计学的积极性和能力提升效果产生不良影响。学习动机也是影响学生会计学能力提升的关键因素。具有内在学习动机的学生，对会计学课程本身充满兴趣，追求知识获取和自身能力的提高。他们在学习复杂的会计学理论和方法时充满热情，积极参与线上案例讨论、线下小组实践项目等学习活动，在学习财务报表分析课程时，主动深入研究不同行业企业的财务报表，学习效果良好。而外在学习动机较强的学生，更关注成绩、奖励等外部因素，学习的主动性和持续性相对不足。当外在激励减少时，他们在面对会计学中复杂且枯燥的内容，如长期股权投资的会计处理等，学习积极性会下降，进而影响能力提升。

（三）教学资源利用对能力提升的影响因素

1.线上教学资源的影响

线上教学资源的质量和多样性对会计学专业学生的学习效果有着深远的影响。高质量的线上课程视频能以清晰易懂的方式呈现复杂的会计概念、准则和方法，结合丰富的实际会计案例，如企业财务报表分析、税务筹划等，帮助学生更好地理解知识在实际中的应用。线上学习平台提供的电子会计教材、学术论文和行业财务报告等丰富的学习资料，能拓宽学生的知识面，让他们及时了解会计学科的前沿动态和行业最新趋势。而在线讨论区和作业提交系统等交互功能，则为学生提供了一个交流讨论的平台，让他们能及时获得学习反馈，促进对会计学知识的理解和掌握。如果线上教学资源质量欠佳，视频画面模糊、讲解含混不清或资源更新滞后，不仅会降低学生的学习兴趣，还会阻碍他们对知识的掌握和能力的提升。

2.线下教学资源的影响

线下教学资源在会计学专业教学中扮演着举足轻重的角色。良好的教学设施，配备先进多媒体设备的宽敞教室，能为学生营造一个舒适的学习环境，保障会计学课程教学的顺利开展。专业的会计实验室设备，如财务软件模拟系统、会计凭证仿真教具等，能满足学生进行会计账务处理、财务报表编制等实务操作和模拟实验的需求，切实提高学生的实践操作能力。而教师是线下教学资源的重要组成部分，其专业水平、教学经验和教学态度直接影响着学生的能力提升。专业素养高、经验丰富的教师能深入讲解会计学知识，引导学生运用所学知识分析和解决实际会计问题，从而充分激发学生的学习兴趣和潜力。如果线下教学设施不足、实验室设备陈旧或教师教学能力有限，就会限制学生对会计学知识的学习和实践操作能力的提升。

3. 教学资源的整合与共享

教学资源的整合与共享对于会计学专业学生的能力提升具有重要意义。通过整合线上线下教学资源，构建完整的教学资源体系，实现线上课程与线下课堂的有机互补。线上课程为线下课堂提供预习资料和拓展知识内容，帮助学生提前了解课程内容，做好学习准备；线下课堂对线上学习的重点难点进行深入讲解和实践应用，帮助学生巩固所学知识，提高实践操作能力。不同院校、专业间加强会计学教学资源的共享，能让学生接触更丰富多样的学习资源，如其他院校的优质会计学课程、特色实践项目等，从而提高资源利用效率，为学生创造更好的学习条件，有力促进学生在会计学领域的能力提升。

第三节 教学反馈与持续改进机制

在教育领域，尤其是在会计学课程的教学过程中，教学反馈与持续改进机制是保障教学质量稳步提高、确保教学活动契合学生学习需求与专业发展方向的关键环节。它通过多渠道收集信息，深入分析教学现状，精准定位问题，并据此制定和实施有针对性的改进措施，形成一个闭环式的动态优化体系。下面将从教学反馈渠道建立以及反馈信息整理与分析两个主要方面展开详细阐述。

一、教学反馈渠道建立

（一）学生问卷调查设计与实施

学生是教学活动的直接参与者，其反馈对于了解教学效果、发现教学过程中存在的问题至关重要。在设计学生问卷调查时，需要全面且细致地涵盖教学的各个方面。问卷内容先聚焦于课程内容。针对会计学课程，详细询问学生对各章节知识讲解的清晰度、深度以及实用性的看法。对于财务会计中复杂的会计分录编制和财务报表分析章节，了解学生是否理解相关概念和方法，是否认为这些内容与实际会计工作联系紧密。同时，关注学生对课程知识体系连贯性的感受，判断他们是否能清晰把握各知识点之间的逻辑关系，是否存在学习上的断层。

教学方法是问卷重点关注的内容。了解学生对混合教学模式下不同教学方法的接受程度，如案例教学法、项目式学习法、线上线下互动教学法等。询问学生在案例分析过程中的参与度和收获，是否认为案例具有代表性和启发性；对于项目式学习，了解学生在项目实施过程中的困难和建议以及对团队协作效果的评价；针对线上线下互动教学，了解学生对线上学习资源的利用情况以及线上线下教学衔接的流畅性感受。学习体验方面的问题同样不可或缺。包括学生对学习压力的感受，是否觉得作业量和考试难度合理以及学习时间的安排是否得当。了解学生在学习过程中的兴趣变化，分析教学活动是否激发了学生对会计学的学习热情，还是导致部分学生产生了畏难情绪。

问卷的设计应遵循科学合理的原则，问题表述清晰明确，避免模糊或有歧义的表述。采用多种题型相结合的方式，如选择题、简答题、量表题等，以满足不同类型信息的收集需求。选择题便于统计和量化分析，简答题能让学生充分表达自己的观点和建议，量表题则可以更精确地衡量学生对某一事项的态度和感受。在实施问卷调查时，要确保问卷发放的广泛性和随机性。针对参与会计学课程学习的不同专业、不同年级的学生进行分层抽样发放，保证样本的代表性。利用线上问卷平台和线下纸质问卷相结合的方式，拓宽问卷发放渠道，提高问卷回收率。为学生提供足够的时间填写问卷，并在问卷开头说明调查目的和重要性，鼓励学生如实、认真地填写，以获取真实可靠的反馈信息。

（二）教师教学反思与自我反馈

教师在教学过程中，自身的教学反思与自我反馈是推动教学改进的重要动力。每堂会计学课程结束后，教师都应及时回顾和反思教学过程。

在教学内容传授方面，教师需关注教学目标的达成情况。明确是否清晰地向学生传达了本节课重点知识与技能要求以及学生对这些内容的理解和掌握程度。以管理会计中的本量利分析方法教学为例，通过观察学生课堂练习和提问环节的表现，判断其能否熟练运用该方法解决实际问题。若部分学生理解存在困难，教师要反思教学内容讲解方式是否抽象，考虑补充更多案例或采用更直观的教学手段。教学方法的运用效果也是反思的关键部分。教师要回顾课堂上所采用的教学方法，是否有效激发了学生的学习积极性和参与度。在案例教学时，思考案例选择是否恰当，能否引导学生深入思考和讨论；在项目式学习中，审视项目设计是否合理，学生在项目实施过程中的分工协作是否顺利，教师自身的指导是否及时、到位。对于效果欠佳的教学方法，教师应探索新方法或优化现有方法。

课堂管理不可忽视，教师要反思对课堂秩序的维护以及对学生学习状态的关注情况。留意是否能及时发现学生课堂上注意力不集中、参与度不高等问题，并采取有效措施解决。关注师生互动和生生互动效果，确保营造积极活跃的课堂氛围，鼓励学生发表观点和想法。教师可借助教学日志记录教学反思。详细记录每堂课的教学过程、学生表现、遇到的问题以及自己的思考和改进措施。定期整理和分析教学日志，总结经验教训，形成系统的教学反思成果，为后续教学改进提供有力支撑。教师之间的交流与分享也至关重要。积极参加教学研讨活动，与同行教师交流教学心得，倾听他人意见和建议，从不同视角审视自己的教学，拓宽教学反思思路。[1]

（三）同行评价与专家意见反馈渠道

同行评价和专家意见是教学反馈的重要外部来源，能为教学改进提供专业的视角和宝贵的建议。

建立同行评价机制，组织会计学专业的同行教师相互听课和评课。同行教师在听课过程中，从教学内容、教学方法、教学组织、课堂管理、教学效果等多个维度对授课教师进行全面观察和评价。在教学内容方面，关注知识的准确性、系统性和前沿性，是否及时更新教学内容，融入会计学领域的最新研究成果和实践经验；在教学方法上，评估教学方法的多样性和适用性，是否根据教学目标和学生特点选择恰当的教学方法，是否注重培养学生的创新思维和实践能力；在教学组织方面，考察教学环节的设计是否合理，教学节奏的把握是否得当，教学时间的分配是否科学；在课堂管理方面，观察教师对课堂秩序的维护和学生学习积极性的调动情况；在教学效果方面，通过学生的课堂表现、参与度以及对知识的掌握程度来评价教学目标的达成情况。同行教师在听课后，及时与授课教师进行反馈交流，以客观、专业的态度指出教学过程中的优点和不足，并提出具体的改进建议。同行之间的交流和评价不仅能促进教师之间的相互学习和共同提高，还能在专业领域内形成良好的教学研讨氛围，推动会计学课程教学质量的整体提高。

除了同行评价，积极寻求专家意见也是教学反馈的重要方式。邀请会计学领域的专家学者、企业会计实务专家等对教学进行指导和评价。专家具有深厚的专业知识和丰富的实践经验，能从宏观的专业发展方向和微观的教学细节等多个层面提供有价值的反馈。专家对会计学课程体系的设置进行评估，判断课程内容是否符合专业培养目标和行业发展需求，是否存在课程之间内容重复或脱节的现象。在教学方法上，专家根据行业对会计人才的能力要求，提出有针对性的改进建议，如加强实践教学环节、引入更多真实的企业案例等。专家结合企业实际需求，对学生的实践能力培养和职业素养提升提出指导意见，使教学活动更好地与市场需求接轨。

为了确保专家意见的有效收集和利用，学校或教学单位定期组织专家讲座、教学指导工作坊等活动，在专家与教师之间搭建交流平台。在活动中，教师向专家请

[1] 赵桂芹.基于反思性教学理论的高校会计教学改革探讨[J].中国乡镇企业会计,2017(9):282-283.

教教学过程中遇到的难题，听取专家对教学改革和创新的见解。可以建立专家咨询机制，通过线上线下相结合的方式，随时向专家咨询教学相关问题，及时获取专家的指导和建议。

二、反馈信息整理与分析

教学反馈信息的有效收集只是第一步，对其进行科学的整理与分析，才能挖掘出关键问题，为教学改进提供有力依据。下面将从对反馈信息进行分类与汇总、运用数据分析方法挖掘关键问题以及对改进效果的跟踪与再次评估这几个方面展开，深入剖析反馈信息，推动会计学课程教学持续优化。

（一）对反馈信息进行分类与汇总

在通过多种渠道收集到大量的教学反馈信息后，需要对这些信息进行系统的分类与汇总，以便后续的深入分析。

将学生问卷调查反馈、教师教学反思反馈、同行评价反馈和专家意见反馈分别归类。这样可以清晰地了解不同主体对教学的看法和建议，便于从不同角度审视教学过程。对于学生问卷调查反馈，进一步细分维度。将关于课程内容的反馈归为一类，包括对各章节知识讲解、知识体系连贯性等方面的意见；将教学方法相关的反馈归为一类，涵盖对不同教学方法的评价和建议；将学习体验方面的反馈归为一类，包括学习压力、作业量、考试难度、学习兴趣等内容。通过这种细分，能更精准地把握学生对教学各个方面的需求和感受。

将教师教学反思反馈按照教学环节进行分类，分为教学内容反思、教学方法反思、课堂管理反思等类别。在每个类别下，详细梳理教师对自己教学行为的反思内容，总结成功经验和存在的问题。同行评价反馈根据评价的维度进行分类，包括教学内容、教学方法、教学组织、课堂管理、教学效果等。对每个维度下的评价意见进行整理，突出同行教师认为的优点和需要改进的地方。

专家意见反馈按照专业领域和教学环节进行分类。在专业领域方面，分为会计学理论教学、实践教学、课程体系设置等类别；在教学环节方面，与同行评价类似，分为教学内容、教学方法等类别。通过分类，能清晰地呈现专家对教学不同层面的看法和建议。

在分类的基础上，对各类反馈信息进行汇总。采用表格、图表等形式对数据进行整理，使反馈信息更加直观、清晰。对于学生问卷调查中的选择题和量表题数据，进行统计分析，计算各项选项的比例、平均值等指标，以量化的方式呈现学生的反馈；对于简答题和开放性问题的回答，进行归纳总结，提取关键观点和建议，形成文字综述。通过分类汇总，将分散的反馈信息整合为有条理、有层次的数据集，为后续的深入分析奠定基础。

（二）运用数据分析方法挖掘关键问题

在会计学课程教学改进的进程中，对反馈信息进行科学分析极为关键。完成反馈信息的分类汇总仅仅是第一步，后续运用恰当的数据分析方法挖掘关键问题，才是推动教学改进的核心环节。只有精准地找出教学过程中存在的问题，才能有针对性地制定改进措施，切实提高教学质量。

在会计学课程的反馈信息里，量化数据占据重要地位。会计学课程问卷调查中的选择题和量表题数据，蕴含着丰富的教学信息。通过计算频率、百分比、均值、标准差等指标，能深度剖析学生对不同教学方法的评价。就拿均值来说，其能直观展现学生对某种教学方法的整体满意程度，而标准差则反映出学生之间评价的差异状况。对比不同教学方法满意度的均值，能清晰洞察学生在学习会计知识时对教学方法的喜好倾向。可确定最受学生欢迎以及最需要改进的教学方法。一旦发现传统讲授法满意度低，就应思考如何调整，以契合学生的学习需求。相关性分析在会计学教学中也起着重要作用。通过探究教学过程中不同因素的关系，分析学生会计学学习成绩与教学方法满意度的相关性，能了解教学方法对学习效果的影响。若采用项目式学习法时，学生满意度高且成绩较好，说明该方法有助于增强学习效果，可为教学改进指明方向。

对于非量化反馈信息，内容分析法能发挥作用。对学生简答题回答、教师教学反思、同行和专家文字评价等文本进行编码分类，可提取关键主题和观点。从学生对课程内容反馈中，能找出复杂会计分录编制、财务报表分析等难懂知识点，以及他们对教学内容的增减期望；从教师反思中，能总结教学问题，如学生对管理会计成本核算方法的理解有什么困难及改进思路，挖掘深层次教学问题。案例分析方法可辅助会计学课程的数据分析。如选取长期股权投资章节教学过程、会计电算化项目式学习活动等典型案例，深入剖析其中的问题与成功经验。分析长期股权投资教学中，学生对权益法和成本法核算混淆的问题如以及项目式学习活动中团队协作的成功经验，将抽象信息与教学实践结合，为制定可行的改进措施提供有力支撑。

（三）对改进效果的跟踪与再次评估

实施会计学课程教学改进措施后，对改进效果的跟踪与再次评估是确保教学持续优化、满足市场需求的关键环节。构建完善的跟踪与评估机制，有助于及时掌握改进措施的实施状况及其对教学效果的具体影响。

在跟踪改进措施实施进度时，需明确每项措施的责任人、时间节点及具体执行计划。以调整“财务报表分析”章节教学内容和方法为例，应跟踪教师是否按新计划引入了分析案例、采用了新的讲解方式，并关注实施过程中是否遇到新问题，学生对新案例的理解难度、新教学方式对教学进度的影响等。广泛收集教师、学生及教学管理人员的反馈，及时解决问题，确保改进措施顺利推进。评估改进效果时，可采用多元化手段。通过学生问卷调查对比改进前后对会计学教学的评价，若原案例中反映案例陈旧且与实际脱节，改进后应调查学生对新案例教学法的满意度是否提升，是否觉得新案例更贴近实际业务，有助于理解会计学知识应用。分析学生学业成绩变化，关注平均分、及格率、优秀率等指标。若成绩显著提高，尤其是会计分录编制、财务报表分析等关键部分的得分改善，则表明改进措施或许有效促进了知识掌握和能力提升。观察学生课堂表现也是评估改进效果的重要途径，留意学生参与度、讨论积极性、课堂互动氛围及学习兴趣是否增强。在实践教学环节，评估学生会计实务操作熟练度、解决实际问题能力是否提升，模拟企业会计业务处理中，学生是否能更准确、快速地完成账务处理。

邀请同行教师和专家进行外部评价不可或缺。他们能从专业视角提出改进后教学内容、方法、组织等方面的问题及改进方向。专家指出成本会计教学中新方法虽增加了学生参与度，但在知识点系统性讲解上有所欠缺；同行教师发现教学内容与会计准则更新衔接不够紧密。根据跟踪与评估结果，及时总结经验教训。若改进措施效果显著，应推广成功经验并固化为长效教学机制；若效果不理想，需深入分析原因，调整措施后再次实施和评估，形成持续改进的良性循环。通过持续优化会计学课程教学，提高教学质量，培养出符合市场和专业发展需求的会计学专业人才。

第十章 会计学教学重构的实践案例与经验总结

在前面的章节中，深入探讨了应用转型背景下会计学课程教学重构的理论与方法，对教学模式理论框架的构建，课程内容、教学方法的创新，能力培养体系与教学效果评价等方面进行了全面且系统的分析。然而，理论的价值最终需要在实践中得以检验。本章将通过具体的高校会计学混合教学实践案例，展示教学重构的实际操作与成效，总结教学重构过程中面临的关键问题及解决方案，并探讨未来会计学教学发展的趋势与展望，为会计学教学改革提供更具实践指导意义的参考。

第一节 高校会计学混合教学模式的实践案例

在应用转型驱动下，会计学课程教学重构成为众多高校的探索方向，混合教学模式在实践中呈现出多样的形态。以下选取三所高校的实践案例，深入剖析它们在使用会计学混合教学模式方面的做法与成效。

一、案例一：上海财经大学会计学混合教学实践

（一）教学目标设定与课程体系调整

上海财经大学在会计学专业教学目标设定上，紧密围绕应用型人才培养需求。学校在深入调研会计行业发展趋势与企业实际需求后，明确教学旨在培养具备扎实会计学理论基础、熟练掌握会计学实践技能，且能适应数字化时代会计工作要求的专业人才。学校对课程体系进行了全面调整。一方面，精简传统课程内容，去除重复部分，强化核心知识点。在财务会计课程中，聚焦于关键会计业务的核算，减少冗余理论阐述，使学生能更高效地掌握重点知识。另一方面，增加新兴技术与会计

融合的课程，如“大数据与会计”“人工智能在会计中的应用”等。这些课程让学生了解前沿技术在会计领域的应用场景，提升学生对新技术的适应能力，为其未来职业发展奠定基础。学校还注重课程之间的衔接与递进关系。以基础会计、中级财务会计和高级财务会计课程为例，基础会计着重教授基本概念和核算方法，为后续课程筑牢根基；中级财务会计在此基础上，深入讲解复杂业务的账务处理；高级财务会计则关注特殊业务和前沿问题，企业并购、国际会计等。通过这样的课程设置，学生能逐步构建起完整且系统的会计学知识体系。

（二）线上线下教学资源整合与利用

在混合教学模式下，上海财经大学积极整合线上线下教学资源。在线上，学校引入知名在线课程平台的优质课程资源，中国大学 MOOC 上的会计学精品课程，让学生接触不同风格、不同层次的教学内容。学校还自主开发了一系列数字化教学资源，包括教学视频、电子教材、在线测试题等。这些资源不仅涵盖课程知识点，还结合实际案例进行讲解，帮助学生更好地理解和应用知识。学校利用线上学习平台的互动功能，组织学生进行在线讨论、答疑等活动。教师在平台上发布讨论话题，引导学生积极参与，促进学生之间的思想碰撞。在讲解财务报表分析时，教师发布某企业的财务报表，让学生分析其中的问题并提出建议，学生在讨论区各抒己见，教师适时进行引导和总结，加深了学生对知识的理解。在线下，学校加强了实验室建设，配备了先进的会计模拟软件和设备，为学生提供真实的实践环境。在会计手工模拟实验室中，学生通过填制凭证、登记账簿等实际操作，巩固所学理论知识。学校还与多家企业合作建立了实习基地，为学生提供实习机会，让学生在实践中了解企业实际会计工作流程。学校注重线上线下教学资源的互补。线上资源用于学生自主学习和知识的初步理解，线下教学则侧重于实践操作、知识的深化和拓展。在讲解新的会计法规时，学生先在线上学习法规的基本内容和相关解读，在线下课堂上教师结合实际案例进行深入分析，引导学生讨论法规对企业财务的影响，提升学生的应用能力。

（三）教学过程组织与学生学习成果展示

在教学过程组织方面，上海财经大学采用线上线下相结合的方式。课前，教师通过线上学习平台发布预习任务，学生观看教学视频、阅读电子教材等资料进行预习，并完成相应的预习测试题。教师根据学生的预习情况，了解学生的学习难点，调整课堂教学重点。课中，教师将线上线下教学有机结合。对于一些抽象的概念和理论，教师先通过线上视频进行直观展示，帮助学生理解；然后在线下课堂上进行深入讲解，并结合实际案例组织学生进行讨论和分析。在讲解会计信息系统时，教师先让学生在线上观看系统操作演示视频，了解系统的基本功能和操作流程；在线下课堂上，教师组织学生进行实际操作练习，并针对学生在操作过程中遇到的问题进行指导。课后，学生通过线上平台完成作业、参与讨论，教师及时批改作业并给予反馈。学校还组织了丰富多样的实践活动，如会计技能竞赛、企业财务案例分析大赛等。这些活动为学生提供了展示学习成果的平台，激发了学生的学习积极性和竞争意识。

在学生学习成果展示方面，上海财经大学通过多种方式进行呈现。学生在课程作业和考试中展现出对知识的掌握程度和应用能力。在实践活动中，学生的团队协作能力、创新思维和解决实际问题的能力得到了充分体现。如在一次会计技能竞赛中，学生需要在规定时间内完成企业财务报表的编制和分析任务，参赛学生运用所学知识，高效准确地完成任务，展现出扎实的专业功底。学校还通过学生的实习报告和毕业论文来检验学生的学习成果，许多学生在实习中能将所学知识应用到实际工作中，得到了实习单位的高度评价，其毕业论文也体现出对专业知识的深入理解和独立思考能力。

二、案例二：东北财经大学会计学混合教学探索

（一）基于项目式学习的教学模式构建

东北财经大学在会计学混合教学中，积极构建基于项目式学习的教学模式。学校以实际项目为驱动，让学生在完成项目的过程中学习和应用知识。在审计课程教学中，学校与企业合作，引入真实的审计项目。学生分组组成审计团队，在教师的指导下，完成从审计计划制订、审计证据收集到审计报告撰写的全过程。

在项目式学习过程中，学生需要综合运用多学科知识和技能。在完成企业财务审计项目时，学生不仅要运用审计学知识，还会涉及财务会计、财务管理、税法等相关知识。这种教学模式培养了学生的综合应用能力和团队协作能力。学生在项目实施过程中，学会了如何分工协作、如何沟通交流，提高了自身的综合素质。

学校注重项目的多样性和挑战性。除了常规的审计项目，还引入了一些具有创新性和探索性的项目，对新兴行业企业的财务风险评估项目。这些项目让学生接触到不同行业、不同类型的企业，拓宽了学生的视野，培养了学生的创新思维和解决复杂问题的能力。

（二）教师团队协作与教学方法创新

为了保障项目式学习教学模式的顺利实施，东北财经大学组建了教师团队。团队成员包括会计学专业教师、企业兼职教师和其他相关学科教师。专业教师负责传

授理论知识，企业兼职教师提供实际工作经验和案例，其他学科教师则从跨学科角度提供支持。在教学方法创新方面，教师团队采用了多种教学方法。案例教学法在教学中广泛应用，教师选取具有代表性的企业案例，引导学生进行分析和讨论。如在讲解财务成本管理课程时，教师选取某企业的成本控制案例，让学生分析企业成本控制中存在的问题，并提出改进建议。通过案例教学，学生能将理论知识与实际应用相结合，提高分析和解决问题的能力。小组讨论法也是常用的教学方法之一。如在项目实施过程中，学生分组进行讨论，共同解决遇到的问题。教师在小组讨论中发挥引导作用，鼓励学生发表不同观点，促进学生之间的思想交流。教师还运用了问题导向教学法，通过提出问题引导学生自主探究和学习。如在讲解会计政策选择对企业财务报表的影响时，教师提出一系列问题，包括不同会计政策对利润的影响、如何根据企业实际情况选择合适的会计政策等，引导学生自主查阅资料、分析问题，培养学生的自主学习能力。

（三）学生评价与教学效果反馈

东北财经大学重视学生对教学的评价，通过多种方式收集学生的反馈意见。学校定期组织学生进行问卷调查，了解学生对教学内容、教学方法、教师教学水平等方面的评价和建议。学校还组织学生召开座谈会，让学生面对面与教师交流，提出自己的想法和问题。通过对学生评价和教学效果的反馈分析，学校发现基于项目式学习的教学模式受到学生的广泛认可。学生认为这种教学模式让他们在实践中学习，提高了学习的积极性和主动性。在项目实施过程中，学生的团队协作能力、沟通能力和独立解决问题的能力得到了锻炼。学生也提出了一些建议，如增加项目的难度和多样性、加强教师对项目的指导等。学校根据学生的反馈意见，对教学进行了调整和改进。在项目选择上，更加注重项目的难度和多样性，满足不同层次学生的需求。学校加强了对教师的培训，提高教师的项目指导能力和教学水平。通过不断改进教学，学校的教学质量得到了进一步提高，学生的学习效果也得到了显著增强。在毕业生就业方面，该校会计学专业毕业生受到用人单位的高度认可，就业竞争力明显增强。许多毕业生在工作中能迅速适应岗位需求，展现出较强的专业能力和综合素质。

三、案例三：中南财经政法大学会计学混合教学实践成果

（一）针对不同专业方向的特色教学实践

中南财经政法大学的会计学专业设置了多个专业方向，如财务会计、管理会计、审计等。针对不同专业方向，学校开展了特色教学实践。在财务会计方向，学

校注重培养学生的财务核算和报表编制能力。在课程设置上，加强了财务会计相关课程的深度和广度，增加了高级财务会计专题课程，深入讲解复杂业务的会计处理。学校与企业合作，引入企业实际财务数据，让学生进行账务处理和报表编制实践。学生通过对真实数据的操作，提高了实际工作能力。在管理会计方向，学校强调培养学生的成本管理和决策支持能力。学校开设了成本管理、管理会计工具应用等课程，并通过实际案例教学，让学生掌握管理会计的方法和工具。在教学过程中，教师引导学生运用成本性态分析、成本量利分析等方法，为企业制定成本控制和决策方案。在审计方向，学校注重培养学生的审计实践能力和风险评估能力。学校与会计师事务所合作，为学生提供参与实际审计项目的机会。在教学中，教师结合实际审计案例，讲解审计流程、审计方法和风险评估技巧。学生通过参与审计项目，熟悉了审计工作的实际操作流程，提高了审计实践能力。

（二）实践教学环节与企业合作模式

中南财经政法大学高度重视实践教学环节，与多家企业建立了紧密的合作模式。学校与企业共建实习基地，为学生提供稳定的实习场所。在实习过程中，企业为学生配备了实习导师，对学生进行一对一的指导。实习导师不仅指导学生的实践操作，还向学生传授实际工作中的经验和技巧。学校还与企业合作开展实践项目。如在会计信息化课程教学中，学校与企业合作开发了会计信息系统优化项目。学生参与项目实施，通过对企业会计信息系统的调研、分析和优化，提高了对会计信息系统的应用能力和实践能力。学校邀请企业财务人员到学校举办讲座和培训，为学生介绍企业实际工作中的会计业务处理方法和行业最新动态。企业财务人员的经验分享让学生了解到行业的实际需求，为学生的学习和未来职业发展提供了指导。

（三）毕业生就业竞争力提升成效

通过一系列的教学改革和实践，中南财经政法大学会计学专业毕业生的就业竞争力得到了显著提升。在就业市场上，该校会计学专业毕业生受到用人单位的广泛欢迎。许多企业表示，该校毕业生具备扎实的专业知识和较强的实践能力，能迅速适应工作岗位的要求。从就业数据来看，该校会计学专业毕业生的就业率一直保持在较高水平，且就业质量不断提高。毕业生的就业岗位涵盖了财务会计、管理会计、审计等多个领域，许多毕业生进入了知名企业和会计师事务所工作。在职业发展方面，该校毕业生在工作中表现出色，得到了用人单位的认可和晋升机会。许多毕业生在工作几年后，成为企业的财务骨干或管理人员。这得益于学校在教学过程中注重培养学生的综合素质和实践能力，使学生在就业市场上具有较强的竞争力，能为企业创造价值，也为会计学专业教学改革提供了成功的范例。

第二节　教学重构中的关键问题与解决方案

在会计学教学重构进程中，诸多关键问题随之浮现。这些问题涵盖教学理念、教学资源以及教学管理等多个重要层面，对教学重构的成效有着直接影响。深入剖析并妥善解决这些问题，是推动会计学教学改革顺利进行、提高教学质量的关键所在。下面将对这些关键问题及相应解决方案展开详细阐述。

一、教学理念转变问题

（一）传统教学理念的束缚表现

传统教学理念在会计学教学领域的束缚体现在多个关键层面。在教学目标设定上，过于侧重知识记忆，学生对会计知识的记忆是重要的考量内容，却对学生综合能力与职业素养的培育关注不足。在课程考核环节，大量题目围绕理论知识的记忆来设置，会计科目的定义、会计分录编制规则等内容频繁出现。学生为应对考试，多采用死记硬背的方式，这使他们在面对实际会计工作场景时，难以将所学知识灵活运用。在处理企业复杂财务业务时，学生可能因缺乏对知识的深入理解和实践应用能力，无法准确进行账务处理，导致理论与实践严重脱节，无法满足企业对应用型会计人才的需求。

在教学过程中，“以教师为中心”的模式占据主导。教师在课堂上主导知识的传授，采用“满堂灌”的讲授方式，学生处于被动接受知识的状态，缺乏主动思考和探索的机会。在讲解财务报表分析课程时，教师通常按部就班地讲解指标计算和分析方法，学生只是机械地记录，很少主动去思考数据背后的经济意义以及不同分析方法的适用场景。这种教学方式抑制了学生创新思维和自主学习能力的发展。在当今会计行业，创新型人才备受青睐，他们需要具备独立思考和解决问题的能力，但传统教学方式显然难以满足这一需求。

传统教学理念下的教学评价体系较为单一，过度依赖考试成绩。这使教师的教学活动围绕着考试展开，学生的学习目的也多为获取高分。在部分学校的会计学课程中，期末考试成绩在总成绩中所占比重过高。为追求高分，学生通常仅注重记忆理论知识，而忽视了实践操作和综合素养的培养。这种片面的学习方式不利于学生的长远发展，他们在毕业后进入职场，可能因实践能力不足，难以快速适应实际工作中的会计业务需求。

（二）推动教学理念更新的措施

为推动教学理念更新，高校和教育机构应从多方面入手。加强教师培训至关重要。组织教师参加各类教学研讨会、学术讲座，邀请教育专家和企业一线会计人员分享前沿教育理念和实践经验。在研讨会上，专家介绍以学生为中心的教学理念及成功案例，企业会计人员讲述实际工作对会计人才能力的需求，让教师深入理解现代教学理念内涵与价值。鼓励教师参与教学改革项目，在实践中探索新教学理念的应用方法。在项目中，教师尝试将案例教学、项目式学习等方法融入教学，引导学生主动学习，提升学生实践能力和创新思维。

在课程设计方面，要紧密围绕培养应用型会计人才的目标进行优化。增加实践课程比重，让学生在实际操作中巩固理论知识，提升实践技能。设置会计手工模拟实验、会计电算化实践等课程，学生在模拟企业财务环境中处理真实业务，熟悉会计工作流程。整合跨学科课程，培养学生综合运用多学科知识解决会计问题的能力。开设“会计学与信息技术”课程，让学生掌握大数据分析、会计信息系统等知识，提升学生在数字化时代的会计工作能力。

更新教学评价体系是推动教学理念更新的关键环节。构建多元化评价体系，综合考量学生学习过程与成果。除考试成绩外，纳入课堂表现、作业完成情况、实践项目成果等评价指标。课堂表现评价学生参与讨论的积极性、发言质量；作业完成情况考查学生对知识的理解和应用能力；实践项目成果评估学生团队协作、问题解决能力。采用多样化评价方式，教师评价、学生自评、互评等。教师评价注重专业知识和技能掌握程度；学生自评促进学生自我反思和自我管理；互评让学生从同伴角度获取反馈，拓宽视野，全面提升学生综合素质。

（三）教师与学生对新教学理念的适应过程

在会计学课程教学迈向新模式的进程中，教师与学生对新教学理念的适应，成为教学模式成功转型的核心要素。新教学理念以学生为主体，着重培养学生自主学习、实践及创新思维能力，与传统教学理念差异显著，因此双方都需经历一段适应期。教师长期受传统教学模式影响，在接触新教学理念初期，部分教师对案例教学、项目式学习等新方法心存顾虑。他们担心难以获取契合会计学知识点且具有时效性的案例，害怕案例分析占用过多课堂时间，影响教学进度，导致无法完成教学任务。在项目式学习上，教师担忧项目设计难度大，学生在实施过程中遇到问题时，自己无法及时给予有效指导，进而影响教学效果。

为助力教师适应新教学理念，学校和教育机构应发挥关键作用。定期组织针对会计学课程的教学培训，邀请会计学教育专家与实践成果显著的教师授课，深入讲解新教学理念及其在会计学教学中的应用方法，并结合实际案例展示优势。通过展示企业收入确认案例，引导教师理解案例教学如何助力学生掌握复杂会计概念；呈现企业财务报表分析项目实施步骤，让教师直观感受项目式学习的成效。学校还应安排经验丰富的教师进行示范教学。在成本会计课程示范中，采用项目式学习让学生分组完成企业成本核算项目，其他教师观摩后开展研讨交流，分享心得、探讨问题，助力教师逐步掌握新教学方法。在教学实践中，教师需持续调整教学策略。在案例教学时，围绕教学目标和知识点选取案例，引导学生分析；在项目式学习中，依据课程要求和学生情况设计任务，指导学生制订计划、合理分工，培养其自主学习与团队协作能力。

学生长期接受传统教学，自主学习意识薄弱，在新教学模式下容易迷惘。在会计学小组项目学习中，部分学生不知如何主动参与，缺乏团队协作经验，影响项目进展。教师的引导至关重要。在课程开始时，教师详细介绍新教学模式特点与要求，帮助学生明确学习目标与方法。在小组项目初期，根据学生特点合理分工，并组织团队建设活动。在教学过程中，鼓励学生参与课堂讨论和实践活动，对学生的积极表现及时肯定，逐步培养其自主学习意识和能力。教学推进，使学生将逐渐适应新教学理念，提升学习积极性与主动性，在实践中不断增强专业能力。

二、教学资源整合难题

在会计学教学重构的进程中，教学资源整合是极为关键的一环。然而，目前这一环节面临着诸多难题。教学资源整合的成效，直接关乎教学质量的提高以及学生学习效果的优化。若无法妥善解决这些难题，将会对会计学教学的发展形成阻碍。下面将深入剖析教学资源整合中存在的线上线下资源不匹配、教学资源更新不及时、多渠道教学资源整合难等问题，并探讨相应的解决策略。

（一）线上线下教学资源不匹配问题

线上线下教学资源不匹配是会计学教学重构面临的重要问题。在内容方面，线上教学资源丰富多样，但与线下课程内容缺乏有效衔接。线上课程侧重于理论知识讲解，案例更新不及时，与线下实践教学使用的案例和教材不一致。线下教材案例多为传统企业案例，而线上课程涉及新兴行业案例，但两者未形成有机整体，学生难以将线上所学知识与线下实践相结合。在形式上，线上教学资源多以视频、电子文档为主，线下教学则依赖课堂讲授、纸质教材和实验操作。线上学习平台的互动功能与线下课堂互动方式差异较大，导致学生在学习过程中难以适应。线上讨论区学生参与度不高，而线下课堂小组讨论氛围热烈，两者缺乏有效融合，影响教学效果。线上教学资源的质量参差不齐，部分资源的准确性和权威性难以保证，与线下教学中使用的经过严格审核的教材和教学资料形成鲜明对比。这使学生在学习过程中获取错误信息，干扰学习效果，也给教师筛选和整合资源带来困难。[1]

（二）教学资源更新不及时困境

教学资源更新不及时严重制约会计学教学质量的提高。会计行业法规政策和技术发展迅速，新会计准则、税收政策不断出台，大数据、人工智能等新技术在会计领域广泛应用。教材更新周期长，通常滞后于行业变化。从教材编写到出版，需要经过多个环节，导致教材内容无法及时反映最新行业动态。当新收入准则实施后，部分教材未能及时更新收入确认和计量方法，学生学习的知识与实际工作需求脱节。线上教学资源虽更新相对较快，但仍存在不足。一些在线课程平台的教学视频更新不及时，教师录制的课程内容或许在录制后不久就因行业变化而过时。部分线上案例资源也未能及时更新，无法反映最新的会计业务处理方式和行业热点问题。教师获取和更新教学资源的渠道有限，且缺乏有效的激励机制。学校和教育机构对教师更新教学资源的支持力度不足，教师忙于日常教学工作，没有足够时间和精力去收集和更新资源。这使教学资源无法及时跟上行业发展步伐，影响学生对新知识、新技能的学习。

（三）多渠道教学资源整合策略

为解决教学资源整合难题，需采取多渠道整合策略。建立教学资源共享平台是关键举措。学校、教育机构和企业共同参与，将各自的优质教学资源整合到平台上。学校上传校内教师开发的精品课程、教学案例；教育机构提供专业的培训资料和行业报告；企业分享实际工作中的案例和经验。平台对资源进行分类管理，按照课程类型、知识点、适用专业等进行分类，方便教师和学生查找使用。

加强校企合作，促进教学资源深度融合。学校与企业建立长期稳定的合作关系，企业为学校提供实习基地、实际项目案例和兼职教师。企业兼职教师参与学校教学，将实际工作中的最新案例和经验融入课堂教学。学校教师深入企业调研，了解行业最新需求，将企业实际问题引入教学，开发实践教学项目。在会计信息化课程中，学校与企业合作开发基于企业实际会计信息系统的实践项目，让学生在实践中掌握最新技术和业务处理方法。

利用信息技术实现教学资源的动态更新和整合。借助大数据、人工智能等技

[1] 崔红，袁建华，张雅琪.线上线下混合式教学模式在初级会计学课程教学中的应用研究 [J].中国农业会计，2023, 33(13):112-114.

术，对教学资源进行分析和筛选。通过大数据分析学生学习行为和需求，为教师推荐合适的教学资源。利用人工智能技术对教学资源进行自动更新，及时将新的法规政策、行业动态融入教学内容。建立资源更新审核机制，确保更新后的资源质量可靠，符合教学要求。通过这些策略，实现多渠道教学资源的有效整合，为会计学教学提供有力支持。[1]

三、教学管理协调障碍

教学管理协调是保障教学活动顺利开展的重要环节。在教学模式变革创新的背景下，教学管理面临着一系列障碍，这些障碍影响教学秩序稳定与教学质量提高，若不解决，会制约会计学教学改革推进。下面将深入分析教学过程监管难度加大、不同教学环节衔接不畅等问题，并探索建立有效的教学管理协调机制，以应对这些挑战。

（一）教学过程监管难度加大问题

在会计学教学重构进程中，教学过程监管难度的上升成为亟待解决的关键问题，其背后的影响因素错综复杂，严重制约着教学质量的提高。混合教学模式的兴起，使教学场景变得多元且分散。线上线下教学并行，打破了传统教学在时间和空间上的限制，却也给监管带来了极大挑战。在线上学习时，学生自主学习的时间和地点极为灵活，教师难以像传统课堂那样实时关注学生状态。部分学生可能在观看教学视频时开小差，刷手机、做其他事情；参与在线讨论时敷衍了事，不认真发表观点或不积极回应他人。而教师由于无法直接观察到这些情况，难以及时察觉并纠正学生的不良学习行为，导致学生学习效果大打折扣。

在教学过程中丰富多样的教学方法和技术工具，进一步加剧了监管的复杂性。案例教学、项目式学习、线上互动等创新教学方法不断涌现，每种方法都对教师的教学组织和管理能力提出了不同要求。以案例讨论为例，教师不仅要精心挑选合适的案例，还要巧妙引导学生积极参与讨论，确保讨论围绕主题有序进行，充分挖掘案例背后的知识点；在项目式学习中，教师需要密切关注项目进度，协调学生团队协作，及时解决学生遇到的各种问题。各类技术工具的广泛应用也带来了新的风险。在线学习平台、教学软件等在使用过程中，时常会出现卡顿、掉线等故障，一旦发生此类问题，教学进度和质量必然受到影响。而教师通常缺乏专业的技术知识，难以迅速解决这些技术难题，导致教学活动被迫中断或无法正常开展。

不同教师的教学风格和方法存在较大差异，这也给教学过程的统一规范带来了

[1] 张轶，曹莹.大数据背景下数字化教学资源的多元化共建与共享 [J]. 江苏高教，2017 (11):71-73.

困难。在同一门会计学课程中，不同教师对教学内容的侧重点、教学进度的安排可能截然不同。有的教师更注重理论知识的讲解，而有的教师则倾向于通过大量实际案例来加深学生对知识的理解。这种差异使教学管理部门难以制定统一的监管标准，无法准确衡量教师的教学质量和学生的学习效果，进而影响了教学整体质量的提高。

（二）不同教学环节衔接不畅问题

不同教学环节衔接不畅是教学管理面临的突出问题。在课程设置方面，理论课程与实践课程之间缺乏紧密联系。在理论课程教学时，学生学习会计理论知识，但在实践课程中，由于实践内容设计不合理，未能充分体现理论知识的应用，导致学生无法将理论与实践有效结合。在学习财务会计理论课程后，实践课程中案例过于简单，无法涵盖理论课程中的复杂业务处理，学生难以运用所学理论解决实际问题。线上教学与线下教学衔接存在问题。线上学习的自主性与线下教学的集中性难以协调。线上学习阶段，学生自主安排学习进度，可能出现学习进度不一致的情况；在线下教学时，教师难以根据学生不同学习进度进行有针对性的教学。线上线下教学内容重复或脱节现象时有发生。线上课程讲解了部分知识点，但线下教学未对其进行深化拓展，或者线下教学内容与线上所学缺乏关联，影响学生知识体系的构建。不同学期课程之间的衔接也不够顺畅。会计学专业课程具有系统性和连贯性，但在实际教学中，部分课程在内容上存在重复或递进关系不明确的问题。基础会计课程与中级财务会计课程部分内容重复，高级财务会计课程又未能很好地衔接中级课程，导致学生学习过程中出现知识混淆，无法形成完整的知识体系。

（三）建立有效的教学管理协调机制

建立有效的教学管理协调机制是解决教学管理问题的关键。构建统一的教学管理平台，整合线上线下教学资源和教学活动管理功能。平台记录学生学习过程数据，包括线上学习时长、作业完成情况、考试成绩，以及线下课堂表现、实践操作成绩等。教师通过平台发布教学任务、批改作业、组织考试；学生通过平台获取学习资源、提交作业、参与讨论；教学管理部门利用平台数据进行教学质量评估和教学过程监控，及时发现问题并进行调整。加强教师之间的沟通与协作。建立课程组或教学团队，由同一门课程或相关课程的教师组成。课程组定期开展教学研讨活动，共同制定教学大纲、制订教学计划，统一教学内容和进度安排。教师分享教学经验和教学资源，共同解决教学过程中遇到的问题。在会计学专业课程组中，教师共同研讨新会计准则在课程中的融入方式，确定案例教学和实践教学的内容和方法，确保教学环节的连贯性和一致性。明确各教学环节的职责和分工，制定详细的教学管理规章制度，明确教师、学生、教学管理部门在教学过程中的职责。教师负责教学内容设计、教学活动组织和学生学习指导；学生按照教学要求完成学习任务，积极参与教学活动；教学管理部门负责教学资源调配、教学质量监督和教学服务保障。建立有效的沟通反馈机制，各教学环节及时反馈问题，共同协商解决，确保教学过程顺利进行，提高教学质量。[1]

第三节 未来会计学教学发展的趋势与展望

在会计学教学变革的进程中，技术的发展和社会对人才需求的持续变化，使未来会计学教学处于关键的转折点。传统教学模式与方法在契合新时代要求方面存在诸多困难，探寻新的发展路径对提高教学质量、培育适应市场需求的人才至关重要。本节将从技术驱动的教学变革、人才需求导向的教学调整以及教学模式创新的持续发展等维度，深入剖析未来会计学教学的发展趋势，展望其前景，为会计学教学的持续革新提供有益的思路与方向。

一、技术驱动的教学变革趋势

（一）人工智能在会计学教学中的应用展望

人工智能的发展为会计学教学带来了新的机遇与变革，正逐步渗透到教学的各个环节。在智能辅导层面，其能依据学生的学习情况精准剖析知识薄弱点。当学生对成本核算知识点理解困难时，智能辅导系统会推送有针对性的练习题和详细讲解视频，助力学生巩固知识。

智能批改作业与评价功能提高了教学效率。该系统不仅能自动识别学生作业中的问题，指出错误所在，还能提供详细的解题思路和参考解析。在财务报表分析作业批改中，智能系统可快速判断学生对各项财务指标计算和解读的准确性，让教师从繁重的批改工作中解放出来，有更多精力投入教学研究和对学生的个性化指导。人工智能助力构建的智能化教学场景同样意义重大。通过模拟真实的会计工作环境，虚拟企业财务部门，学生在其中处理各类会计业务时，系统会根据操作实时给予反馈和指导。这种沉浸式学习体验能让学生更好地理解和掌握会计知识与技能，提高解决实际问题的能力。学生在虚拟环境中处理复杂的账务时，系统及时指出错误并给出正确处理方法，加深学生对知识的理解和运用。

基于人工智能技术，教师还能根据学生的学习习惯和认知特点，制订个性化的教学计划和方法，实现“因材施教”。这有助于激发学生的学习兴趣和潜力，提高学习效率和质量。充分发挥人工智能在会计学教学中的作用，教师需要不断学习和掌

[1] 李静 . 高校教学管理规章制度建设的思考 [J]. 中国管理信息化 , 2018, 21 (8):209-210.

握新的技术与方法，以适应教育发展的需求。只有这样，才能更好地将人工智能融入教学，为会计学教学的发展开辟新的道路，培养出更符合时代需求的会计专业人才。[1]

（二）虚拟现实、增强现实技术对实践教学的影响

虚拟现实和增强现实技术为会计学实践教学带来了新的机遇，丰富了教学形式和内容。在会计实验教学中，VR技术发挥着独特的作用。学生借助VR设备，能仿佛真实地置身于企业财务工作场景之中。在这个虚拟的环境里，学生可以亲自动手进行会计凭证填制、账簿登记等操作。学生模拟在月末结账时，根据各类原始凭证编制记账凭证，再将这些凭证数据登记到相应的账簿上。这种沉浸式的体验，使学生对会计工作流程有了更加直观的感受。他们不再是单纯地从书本上学习理论知识，而是在实践操作中去理解每一个步骤的意义和作用，从而增强了对知识的记忆和应用能力。

AR技术同样为会计学实践教学注入了新的活力。它将虚拟信息与现实场景巧妙地结合在一起，为学生提供了更加丰富的学习资源。以讲解财务报表为例，当学生使用AR设备扫描报表时，相关数据的详细解读、图表分析以及背后的业务案例等信息便会呈现在眼前。学生可以清晰地看到各项财务指标是如何计算得出的，不同数据之间的关联和影响以及这些数据所反映的企业经营状况。这有助于学生深入理解财务报表，提升他们的财务分析能力。

这两项技术的优势还体现在能模拟复杂的会计业务场景，如企业并购、资产重组等特殊业务。在传统实践教学中，这些复杂业务场景难以真实地模拟出来，学生通常缺乏对这类业务的实际操作经验。而借助VR和AR技术，学生可以在虚拟环境中进行实践操作，学习如何处理企业并购中的财务整合、资产重组中的资产估值等问题。通过这样的模拟实践，学生能锻炼应对复杂业务的能力，弥补传统教学的不足，提升自身的实践能力和职业素养，为未来在会计领域的工作积累宝贵经验。[2]

（三）大数据分析助力个性化教学发展

大数据分析在会计学教学中，为个性化教学提供了强大支持。它通过收集学生学习过程中的各类数据，涵盖学习时间、答题情况以及课程参与度等方面，深入剖析学生的学习习惯、知识掌握程度和学习进度。

基于这些翔实的分析结果，教师得以制订个性化学习计划。对于学习进度较快的学生，提供拓展性学习资源、高级财务分析案例、学术前沿研究报告，满足他们

---

[1]　杨昕．人工智能背景下会计职业教育发展面临的挑战与应对 [J]. 商业会计，2020 (20):121-123.

[2]　马红梅．虚拟现实技术在旅游会计课程中的应用研究 [J]. 教书育人（高教论坛），2018 (30):100-101.

的求知欲，助力其进一步提升专业素养；对于学习困难的学生，推送基础知识讲解和强化练习，帮助他们巩固基础，逐步跟上教学进度。大数据分析还能助力教师发现教学过程中的问题。通过分析数据，教师明确哪些知识点学生普遍理解困难，哪些教学方法效果不佳。在财务会计课程中，若数据显示学生对复杂会计分录的编制理解困难，教师可及时调整教学策略，增加案例分析或采用更直观的教学方法，优化教学内容和方法，进而提高教学质量。

在课程设计方面，大数据分析为课程内容的优化提供重要依据。通过分析不同学生群体对课程内容的关注度和学习效果，教师能确定哪些内容需要重点讲解，哪些适当精简，使课程内容更贴合学生实际需求。如在管理会计课程设计中，依据数据分析结果，对成本性态分析等学生关注度高且学习效果不佳的内容重点讲解，对部分理论性过强且应用较少的内容进行精简，实现个性化教学，提高学生的学习效率和满意度。[1]

二、人才需求导向的教学调整趋势

社会经济发展推动产业结构调整，新兴产业不断出现，致使市场对会计学人才的需求产生显著变化。在此情形下，会计学教学需要进行相应调整，从而培养出符合时代需求的专业人才。下面将深入探讨人才需求导向下会计学教学的调整趋势。

（一）新兴产业对会计学人才的新要求

在大数据、人工智能、区块链等新兴产业蓬勃发展的当下，会计学人才面临着全新且更高的要求。新兴产业独特的业务模式与运营特点，和传统行业有着天壤之别，这使对会计人员专业知识与技能的要求更为严苛且全面。

扎实的会计专业知识依然是会计人员开展工作的根基，但仅有这些已远远不够，他们还需掌握跨学科知识和技能，如数据分析、信息技术等。以人工智能领域为例，会计人员必须理解人工智能算法在财务分析、风险预警中的应用原理，熟练运用相关技术进行数据挖掘和分析，从而为企业决策提供精准支持。在区块链技术应用方面，会计人员要深入熟悉区块链的分布式账本原理，熟练掌握基于区块链的会计信息系统操作和审计方法，保障会计信息的安全性和可追溯性。新兴产业发展，充满不确定性和创新性，这对会计人员的创新思维与解决复杂问题的能力提出了极高要求。在新的业务模式下，会计人员需要不断探索合适的会计处理方法和财务风险管理策略。面对新兴产业中频繁出现的新型业务交易，会计人员要依据现有准则，结合业务实质，创新会计处理方式；在风险管理上，要打破传统思维，构建

[1] 边疆，曹红英，刘丽芳 .基于大数据分析的个性化教学模式分析 [J].集成电路应用，2023,40(8):362-363.

适应新兴产业特点的风险防控体系，以适应新兴产业不断变化的需求。

新兴产业要求会计人员具备良好的沟通协调能力。他们需要与IT人员、业务部门等密切沟通，推动新技术在财务领域的应用和融合。只有这样，才能更好地发挥会计在新兴产业中的职能作用，助力企业在复杂多变的市场环境中稳健发展。[1]

（二）跨学科融合趋势下会计学教学改革

跨学科融合已成为未来教育发展的重要趋势，会计学教学也顺应这一趋势，与经济学、管理学、信息技术等学科的交叉融合越发深入，这对教学改革提出了新要求。在课程设置方面，增加跨学科课程势在必行。诸如大数据与会计决策、区块链技术与财务审计之类的课程，能让学生了解不同学科在会计学中的应用，有效拓宽学生的知识视野，帮助学生更好地适应未来复杂多变的会计工作环境。在教学过程中，跨学科教学方法的运用十分关键。组织学生开展跨学科项目式学习，如在企业财务风险评估项目中，学生需要综合运用会计学、经济学、统计学等多学科知识，对企业的财务风险进行评估和分析，并提出应对策略。通过这样的学习过程，能培养学生的跨学科思维，提升其综合运用知识解决实际问题的能力。跨学科融合在师资队伍建设上也有体现。学校应当鼓励教师积极进行跨学科研究和学习，不断提升自身的跨学科教学能力。邀请其他学科的专家参与会计学教学，共同指导学生的实践项目，从而为学生提供更全面的指导，给予学生更广阔的思维视角，进而培养出适应时代发展需求的复合型会计人才。

三、教学模式创新的持续发展展望

教育理念的不断更新和技术的持续进步，使会计学教学模式正处于变革的关键节点。传统教学模式已难以满足当下教学需求，创新迫在眉睫。下面将围绕混合教学模式深化、以学生为中心的探索以及终身学习理念融入等方面，展望教学模式创新的持续发展方向。

（一）混合教学模式的深化与拓展方向

在未来会计学教学中，混合教学模式有着广阔的深化与拓展空间。它会更注重线上线下教学资源的深度融合，线上丰富的教学视频、案例库、模拟实验等资源，与线下的实践教学、小组讨论、教师指导等活动相辅相成，充分发挥两者优势，提高教学效率。教学方法的融合也将更趋多样化。教师会依据教学内容和学生学习状况灵活选择线上线下教学方法。在讲解新知识点时，先借助线上微课让学生预习，

[1]　边疆，曹红英，刘丽芳.基于大数据分析的个性化教学模式分析[J].集成电路应用，2023,40(8):362-363.

线下课堂再深入剖析、开展案例分析；在实践教学环节，线上利用虚拟仿真实验平台模拟操作，线下进行实际案例讨论总结，帮助学生更好地理解和应用知识。混合教学模式对学生个性化学习需求的关注会进一步加强。通过分析学习数据，精准把握学生的学习进度和知识掌握程度，为学习困难的学生提供额外辅导资源与练习机会，为学有余力的学生推荐拓展内容，为每个学生量身定制学习路径，满足不同学习需求，切实提高教学效率。信息技术发展，大数据、人工智能等技术将深度融入教学，实现对学生学习过程的实时监控、反馈以及对教学内容和方法的动态调整，使教学更加精准高效。评价方式也会不断创新，结合线上客观自动化评价与线下教师主观评价，构建多元化、立体化的评价体系，全面评估学生的学习成果与能力发展，以更好地适应教育需求的快速变化和学生的个性化发展需求。[1]

（二）以学生为中心的教学模式创新探索

在教育理念持续革新的当下，以学生为中心的教学模式正逐渐成为未来会计学教学创新的关键路径。这一模式将学生置于教学活动的核心位置，致力于全方位激发学生的学习潜能，促进其综合素质的提升。

在课程设计环节，充分考量学生的兴趣和需求是关键所在。项目式学习、问题导向学习等教学方法被广泛应用，以此激发学生的学习积极性与主动性。以项目式学习为例，学生围绕企业财务报表分析、税务筹划方案设计这类实际会计项目展开学习。在这一过程中，学生需要自主制订学习计划，通过多种渠道收集资料，深入分析项目中存在的问题，并尝试运用所学知识解决问题。这不仅锻炼了学生的自主学习能力，还提升了其实践操作能力，让学生在实际项目中真正掌握会计学知识和技能。在教学过程中，培养学生的思辨性思维和创新能力至关重要。教师通过设置开放性问题，引导学生从多元角度思考和分析问题，鼓励学生大胆提出自己独特的见解和解决方案。如在探讨企业财务风险管理案例时，教师引导学生全面剖析不同风险管理策略的优缺点以及这些策略在不同市场环境下的应用效果。这种方式促使学生突破固有思维模式，学会辩证地看待问题，进而培养学生的思辨性思维和创新能力，为学生今后应对复杂多变的会计工作场景奠定坚实基础。

建立良好的师生互动机制是该教学模式的重要组成部分。教师积极鼓励学生参与课堂讨论，营造活跃的课堂氛围。在学生表达观点的过程中，教师及时给予反馈和指导，纠正学生的错误认知，肯定学生的创新想法。教师还密切关注学生的学习过程和成长轨迹，根据学生的实际情况调整教学策略，为学生提供个性化的学习支

[1] 周谦 .线上线下混合式教学模式在会计学专业课程中的应用研究 [J].湖北开放职业学院学报，2024, 37(15):180-182.

持。通过这种方式，营造出积极向上、充满活力的学习氛围，有助于促进学生的全面发展，使学生在知识获取、能力提升和思维塑造等多方面都能取得进步，成长为适应时代发展需求的会计学专业人才。[1]

（三）终身学习理念融入会计学教学的途径

在会计学领域，终身学习理念的融入对教学有着不可忽视的重要性。会计行业处于不断变化的环境中，会计法规、准则持续更新，相关技术也日新月异，这就要求会计人员必须具备持续学习的能力，才能紧跟行业发展步伐。

在课程设置层面，融入学习方法和职业发展规划内容是关键举措。在课程中专门安排章节讲解如何进行有效的文献检索，帮助学生学会从海量信息中筛选出有价值的会计学习资料；教导学生制订合理的学习计划，根据自身情况安排学习进度，以提高学习效率；引导学生进行职业发展规划，分析不同会计职业路径所需的技能和知识，使学生明确自己的学习目标，从而树立终身学习意识，掌握适合自己的学习方法。学校和教育机构在推动终身学习方面也承担着重要责任。一方面，要打造多样化的学习资源和平台。建立在线学习社区是个不错的选择，在社区里，学生能分享学习心得，交流在学习复杂会计分录时的独特理解；能交流行业动态，了解最新的会计政策变化对企业的影响等。社区还能整合各类最新学习资源，方便学生获取。另一方面，定期举办培训课程和学术讲座，邀请行业专家分享实践中遇到的复杂案例及解决方案，邀请学者介绍最新的会计研究成果，为学生提供持续学习的渠道。

鼓励学生积极参与实践活动和职业认证考试，是融入终身学习理念的重要途径。学生在实习或参与实际会计项目时，会遇到各种实际问题，如在处理企业税务申报时会遇到新的税收政策适用问题。这时，学生为解决问题会主动学习，从而提升专业能力。而职业认证考试，注册会计师考试、税务师考试等，其严格的考核标准能检验学生的学习成果。为通过这些考试，学生需要不断学习新知识、新技能，这种压力能转化为持续学习的动力，让学生始终保持对新知识、新技能的学习热情，以适应会计行业不断变化的要求。

四、制定并实施持续改进措施

在会计学教学发展的进程中，为确保教学质量紧跟时代步伐、契合学生需求，制定并实施持续改进措施至关重要。这些措施不仅关系到教学效果的增强，还对培养适应行业变化的会计学专业人才意义深远。下面将围绕教学调整策略和对改进效

[1] 潘立新，周宁，徐扬．多元驱动案例教学模式在本科“会计学”平台课中的探索 [J]. 管理案例研究与评论，2023, 16(6):829-836.

果的跟踪与再次评估展开深入探讨。

（一）基于反馈问题的教学调整策略

教学反馈在会计学教学中意义重大，是推动教学持续改进的关键依据。通过广泛收集学生学习反馈、教师教学反思以及行业专家意见，能全面掌握教学过程中存在的各类问题。

当发现学生在知识掌握上存在薄弱环节，尤其是对复杂会计业务处理方法理解困难时，教师应及时调整教学内容和方法。一方面，增加这些知识点的讲解时间，让学生有更充足的时间消化吸收；另一方面，采用案例分析、动画演示等直观教学方式。在讲解复杂的合并财务报表编制时，借助实际企业案例，详细剖析编制过程，或者通过动画展示数据的流动和处理，帮助学生更直观地理解抽象的概念和流程。若出现教学方法效果不佳的情况，小组讨论参与度不高，教师需要深入分析原因。若是讨论题目缺乏吸引力，就对题目进行优化，使其更具挑战性和实际意义，设置关于新兴企业特殊业务会计处理的讨论题目，激发学生探索欲；若是组织方式不合理，便改进组织方式，明确小组分工和讨论规则，增强学生参与度和讨论效果。

教学进度应依据反馈灵活调整。对于学生普遍掌握较好的内容，适当加快进度，为学生留出更多拓展学习时间，引入前沿的会计研究成果供学生探讨；对于学生理解困难的内容，放慢进度，加强辅导和练习。如在教授高级财务会计中的套期保值业务时，增加有针对性的练习，安排专门辅导时间，确保学生扎实掌握知识。教师还可利用现代信息技术手段，如在线讨论区、电子邮件、在线作业系统等，拓宽与学生的沟通渠道，及时了解学生学习进展和问题。建立全面系统的教学评估体系，综合学生作业表现、考试成绩、课堂参与度等多方面数据以及同事、专家的反馈，为后续教学改进提供有力依据，进而不断提高教学质量，使教学活动更好地满足学生学习需求和兴趣。[1]

（二）对改进效果的跟踪与再次评估

对改进效果的跟踪与再次评估在会计学教学改进中极为关键，是检验教学改进成效的重要环节。学校和教学管理部门要构建完善的跟踪评估机制，定期收集多方面数据，包括学生的学习成绩、学习态度、实践能力以及教师的教学效果反馈。通过对比教学改进前后的数据，能客观评估改进措施的实施效果。若学生学习成绩明显提高，对知识的理解和应用能力变强，学习态度更加积极主动，便表明改进措施

[1] 高洋.以学生为中心的教学模式研究与实践:以郑州商学院会计专业为例[J].营销界，2022,(6):56-58.

有一定成效；若效果不佳，则需深入剖析原因，判断是措施执行不到位，还是措施本身存在问题，进而进行调整和改进。依据评估结果，应及时总结经验教训。将有效的改进措施固定为教学常规，形成长效机制；对存在问题的措施，优化完善后再次实施并评估。

参考文献

[1]张新民，钱爱民.财务报表分析[M].7版.北京：中国人民大学出版社，2024.

[2]刘永泽，陈立军.中级财务会计[M].8版.大连：东北财经大学出版社，2023.

[3]王化成，刘俊彦，荆新.财务管理学[M].9版.北京：中国人民大学出版社，2022.

[4]孙茂竹，文光伟，杨万贵.管理会计学[M].8版.北京：中国人民大学出版社，2021.

[5]戴德明，林钢，赵西卜.财务会计学[M].11版.北京：中国人民大学出版社，2020.

[6]盖地，周守华.会计改革与发展"十四五"规划纲要辅导读本[M].北京：中国财政经济出版社，2021.

[7]余绪缨，胡玉明.管理会计[M].8版.北京：中国人民大学出版社，2023.

[8]汤谷良，杜菲.财务管理学[M].8版.北京：中国人民大学出版社，2024.

[9]杨子睿.大数据背景下应用型会计人才培养的转型思考探索[J].纳税，2018(15):100.

[10]王蕾，葛军.应用型本科院校会计专业课程思政建设研究：基于数智化背景[J].财会通讯，2024(5):166-171.

[11]马喆.大数据背景下应用型会计人才培养的转型思考[J].财会学习，2020(14):255,257.

[12]孔维伟，孟祥屾，李凯.应用型会计人才培养体系设计的校际经验：基于5所高校的文本分析[J].经济研究参考，2018(64):19-25.

[13]潘晓.在互联网模式之下应用型会计人才培养的新变化及途径探究[J].中小企业管理与科技，2020(2):96-97.

[14]徐丹丹.数智时代应用型本科高校会计人才培养模式创新与改革研究[J].老字号品牌营销，2024(24):213-216.

[15]邸红娜 . 高职成本会计信息化教学探究 [J]. 中外企业家 , 2018(32):151.

[16]牟星旭 , 胡金言 , 刘雨佳 , 等 . 多变动会计准则下的会计学课程教学改革的探讨 [J]. 中国乡镇企业会计 , 2019(2):279-280.

[17]施书磊 . "互联网 +" 视域下财务会计课程教学创新研究 [J]. 科技资讯 , 2024, 22(13):204-207.

[18]曾月明 . "会计学" 课程学习方法论及教学逻辑起点与路径选择 [J]. 财会通讯 , 2020 (9):161-164,172.

[19]邱金平 . 刍议分层教学在会计实务课程项目教学中的应用 [J]. 现代职业教育 , 2019(6):22-23.

[20]马燕臻 . 基于混合式学习模型的会计教育改革 : 理论与实践相结合 [J]. 老字号品牌营销 , 2025(2):216-218.

[21]刘翠侠 . 一流课程目标下会计学课程混合式教改研究 [J]. 现代商贸工业 , 2024, 45(22): 156-158.

[22] 崔凯瑞 . 混合式学习在云财务智能会计课程中的应用研究 [J]. 现代职业教育 , 2024(29): 125-128.

[23] 陈蓉 .《会计信息化》课程混合式教学设计研究 [J]. 产业与科技论坛 , 2024, 23(12): 152-154.

[24]王智慧 , 张月芳 . 基于翻转课堂的财务会计课程教学 [J]. 学园 , 2024, 17(25):59-61.

[25]秦瑜 . 翻转课堂教学模式在基础会计教学中的应用 [J]. 现代职业教育 , 2020(3):224-225.

[26]李兴鑫 , 曹瑞峰 , 刘起霞 . 翻转课堂教学模式在材料力学课程中的应用效果评价研究 [J]. 造纸装备及材料 , 2024, 53(12):224-226.

[27]邱雅琴 . 翻转课堂在中职会计教学中的应用探析 [J]. 现代经济信息 , 2019(15):460.

[28]庄霏霏 .OBE 视角下中职基础会计课程思政的教学改革 [J]. 福建教育学院学报 ,2023(8):64-66.

[29]郭青萍 . 基于云平台的中职 "基础会计" 课程混合式教学模式实践探索 [J]. 老字号品牌营销 ,2023 (20):188-190.

[30]李菁 . 课程思政视角下中职《基础会计》教学改革探讨 [J]. 老字号品牌营销 ,2021(1):135-136.

[31]董令令 . 高职院校会计学课程混合式教学模式应用研究 [J]. 天中学刊 , 2023, 38(5):154-156.

[32]崔红 , 袁建华 , 张雅琪 . 线上线下混合式教学模式在初级会计学课程教学中的

应用研究 [J]. 中国农业会计 , 2023, 33(13):112-114.

[33]杨昕 . 人工智能背景下会计职业教育发展面临的挑战与应对 [J]. 商业会计 , 2020(20):121-123.

[34]马红梅 . 虚拟现实技术在旅游会计课程中的应用研究 [J]. 教书育人 (高教论坛), 2018(30):100-101.

[35]边疆 , 曹红英 , 刘丽芳 . 基于大数据分析的个性化教学模式分析 [J]. 集成电路应用 , 2023, 40(8):362-363.

[36]潘立新 , 周宁 , 徐扬 . 多元驱动案例教学模式在本科"会计学"平台课中的探索 [J]. 管理案例研究与评论 , 2023, 16(6):829-836.

[37]高洋 . 以学生为中心的教学模式研究与实践 : 以郑州商学院会计专业为例 [J]. 营销界 , 2022(6):56-58.

[38]彭倩 , 张婧 . 基于逆向教学模式的高校会计专业课程改革研究 [J]. 科学周刊 , 2025(7):13-16.

[39]应丽君 . 浙江万里学院会计学专业 : 培养新经济亟需的新型会计人才的创新与实践 [J]. 高教学刊 , 2020(27):166-169.

[40]李静 . 会计学与财务管理专业的区别与联系 [J]. 中国市场 , 2020(34):190,192.

[41] 李现宗 , 秦海敏 , 王保忠 . 基于财务数智化需求的会计类人才培养改革 : 河南财经政法大学会计学院人才培养实践与探索 [J]. 中国注册会计师 , 2024(7):112-115.

[42]徐文聪 . 案例教学法在会计教学中的应用研究 [J]. 商业会计 , 2019(4):122-124.

[43] 陈丽花 . 基于应用型人才培养的会计学专业实践教学评价指标体系构建 [J]. 商业会计 , 2019(3):120-122.

[44] 李静 . 基于网络教学平台的高校会计教学改革探索 [J]. 中国管理信息化 , 2019, 22(13):209-210.

[45] 李丽 , 李洁 . 应用型本科院校会计学专业实践教学体系构建研究 [J]. 中国管理信息化 , 2019, 22 (17):214-215.

[46] 赵息 , 王璐婵 . 基于跨学科视角的会计人才培养模式创新研究 [J]. 商业会计 , 2018(10):114-116.

[47]刘洋 . 智能时代中等职业教育会计专业人才培养方案设计研究 [D]. 武汉 : 湖北工业大学 ,2023.

[48] 徐圣男 , 杨姣鹤 , 代阳阳 . 新质生产力发展趋势下会计专业教改研究 [N]. 青海日报 , 2024-10-24.